城市轨道交通概论

主　编　陈东东　陈锦生　常秀娟
副主编　王萌萌　李培锁　安　飞

重庆大学出版社

内容提要

本书共9个单元,其内容为:城市轨道交通概述;城市轨道交通线路及站场;城市轨道交通车辆设备;城市轨道交通供电系统;城市轨道交通运营组织;城市轨道交通运营安全管理;城市轨道交通通信系统;城市轨道交通信号系统;城市轨道交通机电设备。本书是一本面向高等以及中等职业院校轨道交通类各专业学生的基础通用教材。

图书在版编目(CIP)数据

城市轨道交通概论/陈东东,陈锦生,常秀娟主编
.—重庆:重庆大学出版社,2019.8(2022.9 重印)
高等职业教育城市轨道交通专业规划教材
ISBN 978-7-5689-1685-1

Ⅰ.①城… Ⅱ.①陈… ②陈… ③常… Ⅲ.①城市铁
路—轨道交通—高等职业教育—教材 Ⅳ.①U239.5

中国版本图书馆 CIP 数据核字(2019)第 157587 号

城市轨道交通概论

陈东东 陈锦生 常秀娟 主 编
王萌萌 李培锁 安 飞 副主编
策划编辑:周 立
责任编辑:周 立 版式设计:周 立
责任校对:谢 芳 责任印制:张 策

*
重庆大学出版社出版发行
出版人:饶帮华
社址:重庆市沙坪坝区大学城西路 21 号
邮编:401331
电话:(023)88617190 88617185(中小学)
传真:(023)88617186 88617166
网址:http://www.cqup.com.cn
邮箱:fxk@ cqup.com.cn(营销中心)
全国新华书店经销
重庆市正前方彩色印刷有限公司印刷

*
开本:787mm×1092mm 1/16 印张:17 字数:405 千
2019 年 8 月第 1 版 2022 年 9 月第 3 次印刷
印数:4 001—6 000
ISBN 978-7-5689-1685-1 定价:49.00 元

QIANYAN 前 言

随着我国城市化建设步伐的加快,中心城市不断向周边辐射,城市人口剧增且高度集中,公共交通的建设和发展越来越成为各地政府重视的焦点。作为城市公共交通系统的一个重要组成部分,轨道交通的作用和地位日益彰显。截至 2017 年底,我国 34 个城市开通城市轨道交通运营线路达 165 条,总里程达 5 033 km。北京、上海均超过 600 km。城市轨道交通行业正步入一个跨越式发展的新阶段,中国已经成为世界上规模最大、发展最快的城市轨道交通市场。为使学生较为全面地了解和掌握城市轨道交通的基本知识、基本理论和实践技能,我们组织了长期工作在职业教育第一线的教师和生产现场具有丰富实践经验的技术人员编写了这本《城市轨道交通概论》教材,供中、高等职业院校的城市轨道交通运营管理、城市轨道交通供电、城市轨道交通车辆检修、城市轨道交通通信信号等专业的课堂教学和实践教学使用。

本书结合轨道交通的行业特征和重庆市轨道交通的具体情况,阐述了轨道交通的现状、特点和未来发展趋势。全书共分 9 个单元,包括城市轨道交通基础;城市轨道交通线路与车站;城市轨道交通车辆;城市轨道交通供电;城市轨道交通运营组织;城市轨道交通运营安全管理;城市轨道交通通信系统;城市轨道交通信号系统及设备;城市轨道交通站场设备。

本书的主要特点如下:①在内容的组织上注重理论联系实际,强调基本概念和宽基础,在叙述上深入浅出,通俗易懂。②体现了注重培养学生职业能力的特点。③本书结构严谨、体系完整,通过翔实的内容和生动的图例,以城市轨道交通构架为主线,采用任务驱动的方式进行教学。本书由陈东东、陈锦生、常秀娟担任主编,由王萌萌、李培锁、安飞担任副主编,靳丽丽编写第 1 单元,常秀娟编写第 2 单元、第 5 单元,陈锦生编写第 3 单元和第 9 单元,李培锁编写第 4 单元,安飞编写第 6 单元,赵小红、孙莉编写第 7 单元,王萌萌编写第 8 单元。

本书参考了大量的专业书籍及国内外学术期刊,在编写过程中,兰州交通大学、西南交通大学等院校的多位轨道交通专家提了很多宝贵意见,在此表示感谢。

编　者
2019 年 3 月

MULU 目录

单元1 城市轨道交通基础

城市是人类社会发展的产物,随着人类社会的发展而发展。为了使高密度、快节奏的城市人们有序工作,生活便利,良好的城市交通是其必不可少的基本保障。

任务一 城市与城市交通

任务目标

掌握城市的概念和城市交通系统的主要组成结构,了解城市交通与城市发展的关系,理解我国城市交通现状及主要问题。

任务分析

重点:城市与城市交通的关系。

难点:理解我国城市交通现状及主要问题。

知识链接

城市是人类社会发展的产物,而城市的发展离不开城市公共交通的支持。现代城市的发展表明城市交通在城市发展与城市化进程中起到了极其重要的作用。

知识描述

一、城市的产生及发展

1.什么是城市

对于城市的概念,不同的学科对其有不同的定义。在地理学领域认为城市是一种特殊的地理环境;在经济学中则认为城市是为开展各种经济活动提供场所;社会学则认为城市是城市中人的阶层构成、行为活动及相互关系。而从汉字组成上看,城是以武器守卫土地的意思,是一种防御性的构筑物;市则是一种交易的场所。因此,城市的早期定义是有着商业交换和防御职能的居民(包括军队)的聚集区域。

建居民集中定居点要考虑:水源、气候、地势、物产、交通、军事、政治等因素。历史上因为某些因素的恶化,城市也有迁移、废弃的情况发生。

2. 城市的发展与城市交通

早期的城市一般发源于人类自然村落、部落聚集地,而随着人类社会的进步与发展,人们认识自然、改造自然的能力逐步提高,人类社会更加有意识的在需要的地方建造城市,城市规划得更加合理,城市也具有了更多更强大的功能。

在城市的发展过程中,城市定位、城市区域的功能划分产生了城市道路网。而城市发展的另一个重要标志是城市人口的大量增加。随着城市功能的细分和道路体系的完善,带来了工业生产的发展和商业的繁荣,从而吸引周边人口向城市的迁移,使得城市人口快速增长,城市人口的增长又导致城市地域的扩展。然而在城市的长期发展过程中,由于科学技术,特别是交通工具的制约,城市的发展十分缓慢。18世纪,蒸汽机的发明在欧洲导致了一场工业革命,同时也推动了欧洲城市化的发展。19世纪中期,机械交通工具的出现与发展引发了城市交通变革,促使城市不断的朝着现代化方向发展。

今天的城市就是在不断完善的交通系统基础上发展而来。一般来说,在从城市边缘到市中心去的旅行时间就是居民单程出行可能承受的最大旅行时间,城市的半径往往等于居民在1h内所能到达的距离。而交通工具的方便、快捷、舒适等特性决定了居民出行距离,通过对居民出行活动的影响,又间接作用于城市空间形态的变迁。城市发展的不同时代都以当时的主导交通方式为主要特征,在城市结构、功能布局、土地使用、人口密度等方面呈现出各自显著的特点。

城市都有自己的特色,城市交通方式尤其受到当地的地理特征的影响,比如平原成都和山城重庆虽同属四川盆地内陆城市,但因为地势的巨大差异,使得两地的交通方式有很大的不同。

二、城市交通在城市发展与城市化进程的地位与作用

传统观念认为城市交通仅是城市发展的产物,是为城市服务的第三产业的一部分,是城市基础设施的一部分,尤其是未对其主导型、超前性特征给予充分重视。

现代城市的发展表明城市交通在城市发展与城市化进程中起到了极其重要的作用。

①城市生存与发展的必要条件:城市运转的"供血系统",现代城市更是需要一个合理的交通体系作为支撑,发展才有后劲,高效畅通的交通将使城市的运转高速顺畅。否则很容易患大城市病;

②城市布局的框架:交通既保证城市布局优化合理的可能,又是科学合理完善城市布局的主要构架依据。现代城市布局,交通规划必须先行;

③城市内外联系的通道:城市不是孤岛,城市内外除了城市道路及铁路、公路、水路、航空、管道等联系通道之外,广义的"交通"概念还包含通信网络在内;

④城市生活的主要组成部分:市民交通出行的时间、方式、过程从一定程度上反映了城市生活的品质;交通系统的水平直接表现了城市现代化水平,这一水平从交通系统的硬件设施和软件管理水平两方面体现出来。

三、城市交通系统的主要组成

城市交通系统的主要交通形式如图 1.1 所示：

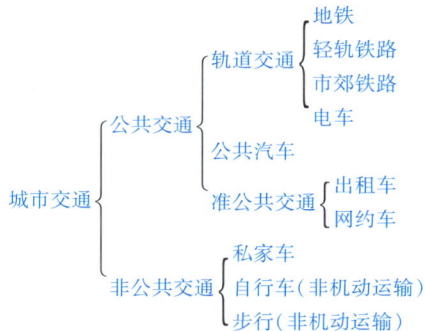

```
                                          ┌ 地铁
                          ┌ 轨道交通 ┤ 轻轨铁路
                          │            │ 市郊铁路
              ┌ 公共交通 ┤            └ 电车
              │          │ 公共汽车
              │          │               ┌ 出租车
城市交通 ┤          └ 准公共交通 ┤
              │                           └ 网约车
              │              ┌ 私家车
              └ 非公共交通 ┤ 自行车(非机动运输)
                             └ 步行(非机动运输)
```

图 1.1　城市交通系统的主要交通形式

现代化的城市交通系统是一个复杂的庞大体系，在这个系统里面交通形式呈现出多样性，道路设施呈现出网状性和立体性，交通服务要求呈现出方便性、快速性和舒适性等。如何根据城市自身情况，合理发展城市交通是各个城市所面临的共同问题。

城市交通的理想特征是：在规划上具有科学性、前瞻性、合理性和可调整性；在法律上具有权威性、连续性；在建设方面具有资金保障、技术先进、时机恰当的特点；在管理方面具有现代化、高效率、低成本、应变强的特点。

四、我国城市交通现状及主要问题

1. 城市人口剧增

随着国民经济的迅速发展，城市建设规模不断扩大，城市人口剧增。20 世纪 80 年代末，我国百万以上人口的大城市只有 28 座。2005 年，中国百万人口城市数达到 51 个。截至 2016 年全国城区人口超过 100 万的有 88 个城市，城区人口达 500 万~1 000 万的有 8 个城市，城区人口到 1 000 万的有 5 个城市。在 2000 年至 2012 年的 12 年间，北京流动人口每年增长 43 万，上海每年增长 53 万，广州每年增长 43 万，深圳每年增长 56 万。由于发展过程中，城市结构及区域经济布局的变化主要表现在空间的利用和平面的扩展，致使流动人口大为增加，居民出行更为频繁。

表 1.1　2015 年中国城市人口排名(不含港、澳、台地区)

排　名	城市名	人口数量	排　名	城市名	人口数量
1	重庆	3 016.55 万	6	广州	1 270.08 万
2	上海	2 301.91 万	7	保定	1 119.44 万
3	北京	1 961.24 万	8	哈尔滨	1 063.60 万
4	成都	1 404.76 万	9	苏州	1 046.60 万
5	天津	1 293.82 万	10	深圳	1 035.79 万

2. 城市道路规划滞后,交通设施建设滞后于城市的发展

由于历史的原因,我国城市交通设施落后,最典型的特点就是路网密度不够、立交少。特别是老城区道路狭窄,行车速度慢,常引起交通堵塞,交通秩序混乱。

城市人口剧增使得城市交通日趋紧张,城市交通更为突出的问题表现在城市公共交通方面。我国绝大多数城市的公共交通方式主要还是以公共汽车为主。公共交通服务质量不高,乘坐体验性较差。尤其是早晚上下班高峰时间,车站站台拥挤,候车时间长,车上秩序差,车内拥挤混乱。而且大部分城市没有公交专用车道,道路混用,公交的优势不能很好的体现出来,城市居民纷纷购置自行车、私家车等用作交通工具,造成上下班高峰期间满街都是自行车、私家车,使城市公共交通处在恶性循环之中。这种状况严重影响着城市居民的生活质量和经济发展的活力。

3. 公路交通必配设施停车场严重不足

由于汽车数量的惊人发展,使道路陷于拥挤和阻塞。我国城市历来习惯在路边停放车辆,不仅妨碍交通,而且使得有些人员集散频繁场所处于非常困难和混乱的状态。因此,在修建道路或修建高层建筑时都应考虑设置停车场。而目前我国城市在考虑交通设施时,对停车场没有引起足够的重视,是造成城市交通困难的又一重要原因。

城市道路等基础设施建设,远远跟不上发展的需要,单一的道路系统与多元化交通工具的共存已显得越来越不相适应,传统的公共交通客运方式已不能满足现代化城市居民快速频繁出行的要求,急需寻求新型的交通工具来缓解实际矛盾。

任务二　城市轨道交通概述

任务目标

掌握城市轨道交通的概念、城市轨道交通的分类和形式及各种城市轨道交通工具的特点。理解城市轨道交通工具的优势和局限。

任务分析

重点:城市轨道交通的概念;
　　　城市轨道交通系统的分类和形式;
　　　各种城市轨道交通工具的特点。
难点:理解城市轨道交通工具的优势和局限。

知识链接

城市轨道交通是促进城市经济发展、改善城市生态环境、优化城市结构、实现城市可持续发展的关键。

知识描述

城市轨道交通是指以轨道运输方式为主要技术特征,以城市客运公共交通为服务形

式的交通运输方式。自1863年在英国伦敦出现世界上第一条地下铁道线路以来,城市轨道交通经历了曲折的发展历程。近年来,随着科学技术的进步和城市的快速发展,城市交通也得到了非常快的发展,尤其是城市轨道交通的发展非常明显。

一、城市轨道交通的种类

城市轨道交通发展不但呈现速度快、数量多,而且呈现类型多样化、设施更先进、管理更科学、整体效益更佳的趋势,随着城市发展与城市化进程的发展,轨道交通的地位与作用正被重新估量。

1. 按基本技术特征分类

根据轨道交通系统基础技术特征的不同,城市轨道交通系统主要有市郊铁路、有轨电车、地下铁道、轻轨铁路、独轨系统、磁悬浮系统和自动导向系统等。

（1）市郊铁路

市郊铁路是指把城市市区与郊区,尤其是远郊区联系起来的城市轨道交通系统。它们极大地扩展了城市的空间,降低了城市中心区的人口密度,减缓了地铁拥挤的程度,提高了都市的生活质量。这些城市,地铁的长度往往不是很长,也就是200～400 km,但是却拥有着上千甚至几千 km 的市郊铁路。坐上市郊铁路,30分钟左右可以到达市中心的某个换乘站,再转乘地铁,十几分钟就可以顺利到达办公室。下班以后,坐着市郊铁路回家,又能远离市中心的高房价与喧嚣。

图1.2　北京市郊线路

图1.3　京津城际铁路

铁路参与城市交通建设在我国有着优良传统。我国市郊铁路的建设起步较早,北京、天津、上海、南京、武汉、郑州、重庆、沈阳、哈尔滨等大城市都开行有市郊铁路列车,而且在20世纪80年代之前承担了一定的客运量,为城市和郊区居民的上下班提供了便利。只是随着我国城市经济迅速发展,特别是公路交通的快速发展,市郊铁路的优势越来越弱,站点与城市交通衔接不紧密,加之车次少、间隔大、车况较差,使人们感到了乘坐的不便。目前多数市郊铁路列车主要为通勤的铁路职工及其家属服务,已丢失了应有的客运市场。

而如今,随着城市规模的扩大,城市中心环境容量饱和,地价上升,致使人口不断向郊区的乡镇扩散。那些相对独立的卫星城镇与中心城市间存在着巨大的潜在客运市场,这为市郊铁路重新发展客运业务提供了契机。由于郊区客流量小,不宜采用地铁、轻轨等轨道交通所采用的高密度运作经营模式,而应运行小密度的市郊列车,这也是铁路参与城市轨道交通建设和运营的机遇。市郊铁路联系着大城市外围的卫星城镇,反过来又影响着卫星城镇的布局。与此同时,铁路运输能力大、旅行速度快,而且投资省、见效快,工程费只相当于高架线的1/2、地铁的1/5,环境污染和能耗又较低,因此非常符合城市可持续发展的目标。

奥运前夕,北京开通了从北京北站到西北新城延庆站的 S2 线市郊铁路。该铁路既方便了市民出行,又使得国内外游客能快捷地前往八达岭长城等景区游览,还能带动首都西北部地区社会经济的快速发展。据悉,除 S2 线之外,北京在 2020 年前还将建设通往门头沟、密云、大兴、房山等地的 5 条市郊铁路,形成市郊铁路网。

城市群的城际列车也可算作市郊铁路的一种。我国京津冀、长三角、珠三角等城市分布密集区域由于经济的快速发展,城市之间的联系更加紧密,来往非常频繁。城市的市郊铁路已经相互交融连接,形成了城际轨道交通系统,甚至修建专用的城际高速列车线路。运营管理公交化,极大地方便了城市之间的交流交往。甚至出现了家住 A 城市,上班 B 城市的情况,城市之间的分界已经变得愈加模糊,形成了共依存的城市群。

2016 年 6 月,苏昆沪市域快线(S1 线)初步规划出炉。全长约 71.3 km,可与上海轨交11 号线花桥站对接换乘。

苏昆沪市域快线(S1线)初步规划方案正式出炉,从上海可一路做地铁到苏州

图 1.4　苏昆沪市域快线(S1 线)

东莞地铁规划中 4 号线增加 4 号线支线,衔接深圳城市轨道 4 号线。

国际上,拿东京来说,其地铁总长约为 301 km,但是其 JR 等市郊铁路,在东京通勤区内总长有 2 300 余 km,出东京的 5 个方向,都修了 4 线电气化铁路;巴黎地铁长度 214 km,而市郊铁路 RER(Réseau Express Régional)长度 587 km,设站 246 座,日客运量逾 214 万人次,法兰西岛区域铁路 1 280 km,设站 385 座,日客流 168 万人次;德国柏林 S-bahn,市郊铁路,长 331 km,设站 166 座,日客流超过 106 万人次,在 S-bahn 的列车上,几乎每人手里都捧着一本书,成为一道独特的风景线;纽约市,每天乘坐市郊铁路——大都会北方铁路和长岛铁路来上班的旅客超过 500 万人。

(2)有轨电车

有轨电车是一个由电力牵引、轮轨导向、单车或多车铰接运行在城市路面线路上的低运量城市轨道交通系统。

有轨电车亦称路面电车或简称电车,属轻铁的一种(以电力推动的列车,亦称为电车)。但通常全在街道上行走,列车只有单节,最多亦不过三节。另外,某些在市区的轨道上运行的缆车亦可算作路面电车的一种。由于电车以电力推动,车辆不会排放废气,因而是一种无污染的环保交通工具。

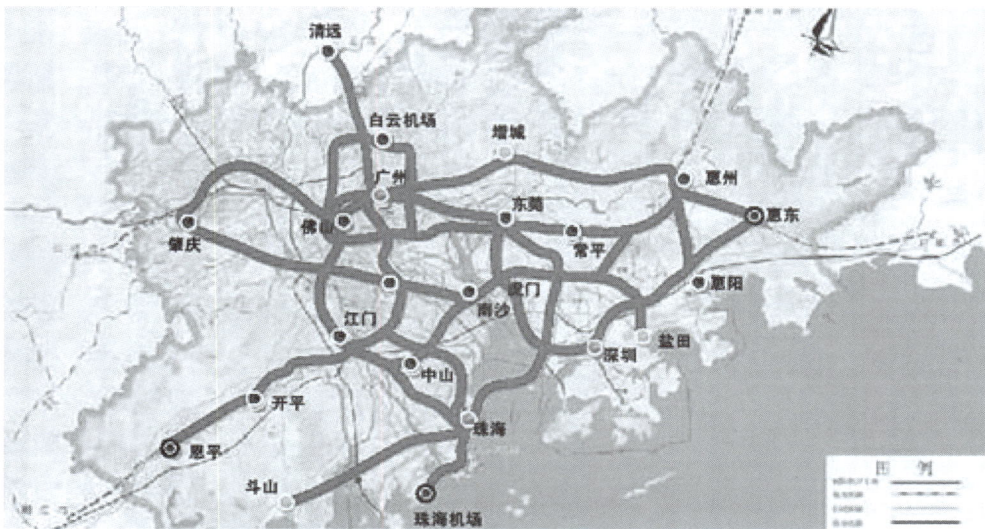

图1.5 珠江三角洲地区城际轨道交通同城化规划初步方案构想

图1.6 奥地利有轨电车

图1.7 苏黎世有轨电车

路面电车在20世纪初的欧洲、美洲、大洋洲和亚洲的一些城市风行一时。随着私家汽车、公共汽车及其他路面交通在20世纪50年代起的普及，不少路面电车系统于20世纪中叶陆续拆卸。路面电车网络在北美、法国、英国、西班牙等地几乎完全消失。但在瑞士、德国、波兰、奥地利、意大利、比利时、荷兰、日本及东欧等国，路面电车网络仍然保养良好，或者被继续现代化。

中国大陆最早的有轨电车出现于北京，时间是1899年，由德国西门子公司修建，连接郊区的马家堡火车站与永定门。1904年香港开通有轨电车，此后设有租界或成为通商口岸的各个中国城市相继开通有轨电车，天津、上海先后于1906年、1908年开通。日本和俄国相继在大连、哈尔滨、长春、沈阳、抚顺开通有轨电车线路。北京的市内有轨电车在1924年开通。20世纪20年代，南京曾修建市内窄轨火车线路。

（3）地下铁道（地铁，Metro Rail Transit）

地铁泛指高峰时单向客运量在3万~7万人次/h左右的大容量、以地下运行为主的城市轨道交通系统。简称地铁，亦称为地下铁。地铁狭义上专指在地下运行为主的城市铁路系统或捷运系统；但广义上，由于许多此类的系统为了配合修筑的环境，可能也会有地面化的路段存在，因此通常涵盖了各种地下与地面上的高密度交通运输系统。有地下、地面和高架三种形式。

地铁的建设需要大量用户来证明隧道开挖的可行性。因此，50万人口以下的城市很

图1.8 上海早期中门型有轨电车

图1.9 大连新型有轨电车

少能建地铁。苏联曾有一项政策,城市只有达到100万人口以上才能建地铁。

世界上首条地下铁路系统是在1863年开通的伦敦大都会铁路(Metropolitan Railway),是为了解决当时伦敦的交通堵塞问题而建。当时电力尚未普及,所以即使是地下铁路也只能用蒸汽机车。由于机车释放出的废气对人体有害,所以当时的隧道每隔一段距离便要有和地面打通的通风槽。到了1870年,伦敦开办了第一条客运的钻挖式地铁,在伦敦塔附近越过泰晤士河。但这条铁路并不算成功,在数月后便关闭。现存最早的钻挖式地下铁路则在1890年开通,亦位于伦敦,连接市中心与南部地区。最初铁路的建造者计划使用类似缆车的推动方法,但最后用了电力机车,使其成为第一条电动地下铁。早期在伦敦市内开通的地下铁亦于1906年全数电气化。

中国第一条地铁线路始建于1965年7月1日,1969年10月1日建成通车,使北京成为中国第一个拥有地铁的城市。

(4)轻轨铁路(Light Rail Transit)

轻轨泛指高峰时单向客运量在1万~3万人次/h的中等客运量轨道交通系统。因其车辆轴重较轻和对轨道施加的载荷轻而得名。轻轨交通车辆轴重较轻,施加在轨道上的荷载相对于市郊铁路或地铁的荷载来说比较轻,故称轻轨。它是一种介于有轨电车和地铁之间的中运量的轨道交通工具。

图 1.10　旧式北京地铁

图 1.11　新式北京地铁

图 1.12　广州地铁

图 1.13　上海轨道交通 3 号线线路

　　轻轨可分为两类：车型和轨道结构类似地铁，运量较地铁略小的轻轨交通称为准地铁；另一类为运量比公共汽车略大，在地面行驶，路权可以共用的新型有轨电车。

图 1.14　大连轻轨

图 1.15　日本轻轨

　　轻轨系统的雏形是城市有轨电车，后者由于与道路交通间的冲突而被淘汰和改造为与道路交通具有一定程度隔离的轻轨系统。一般而言，轻轨要求有至少 40% 的股道与道路完全隔离，以避免拥挤，这也是它区别于有轨电车之处。轻轨运输系统可以在地面、地下或高架建设，其最大运送能力根据列车编组确定，每列车 2 节编组时每小时单向能力可达 13 500 人。

　　轻轨与地铁区别：划分两者区别的依据是所选用列车的规格。按照国际标准，城市轨道交通列车可分为 A、B、C 三种型号，分别对应 3 m、2.8 m、2.6 m 的列车宽度。凡是选用 A 型或 B 型列车的轨道交通线路称为地铁，采用 5～8 节编组列车；选用 C 型列车的轨道交通线路称为轻轨（上海轨道交通 8 号线除外），采用 2～4 节编组列车，列车的车型和编组决定了车轴重量和站台长度。在我国的规范中是指，轴重相对较轻，单方向输送能力在 1 万～3 万人次的轨道交通系统，称为轻轨；每小时客运量 3 万～8 万人次的轨道交通系统，称为地铁。以重庆为例：重庆轻轨（单轨）和重庆地铁都是重庆轨道交通的重要组成部分，在重庆目前运营和动工的四条轨道交通线路中一号线（重庆地铁一号线）和六号线（重庆地铁六号线)是地铁,二号线和三号线是单轨(俗称轻轨),重庆轻轨即指重庆轨道交通二号线和三号线。二号线一期工程投资概算35.51亿元,建设工期4年半,于2004年建成通车。二期工程设4座高架车站,1座车场,于2005年建成通车。

图1.16　上海轨道交通6号线(轻轨)

图1.17　重庆轻轨

(5)独轨系统

独轨铁道是指车辆在一根轨道上运行的一种城市轨道交通系统。独轨系统又称单轨系统,是种全线高架的轨道交通系统,其基础结构是架空的T形或I形轨导梁,同时起承载、导向和稳定作用,占用空间小,可以适应急弯及大坡度,其投资小于地铁系统。独轨系统可分为跨座式和悬挂式两种:车辆由若干节车厢组成,在轨道梁上部行驶的称为跨座式独轨交通,在轨道梁下部行驶的称为悬挂式独轨交通。独轨交通的运送能力在5 000 ~ 2万人/h,运送速度在30 ~ 40 km/h。

图1.18　跨座式独轨系统

1820年,英国在伦敦北部建成世界上最早的一条用于货物运输的独轨铁路。1901年,法国伍珀塔尔市在巴门和埃尔伯费尔德间,建造用于客运的独轨铁路。

1964 年,日本在东京建成了一条 13 km 的跨座型单轨系统,即东京的滨松町—羽田机场间的系统;1970 年又开通了大船—湘南江之岛间的悬挂式单轨系统。

图 1.19　悬挂式独轨系统

(6)磁悬浮系统

磁悬浮交通系统是指一种非粘着、用直线电机驱动列车运行的新型轨道交通系统。磁悬浮列车是一种采用无接触的电磁悬浮、导向和驱动系统的磁悬浮高速列车系统。它的时速可达到 500 km 以上,是当今世界最快的地面客运交通工具,有速度快、爬坡能力强、能耗低、运行时噪声小、安全舒适、不燃油、污染少等优点。并且它采用高架方式,占用的耕地很少。磁悬浮列车意味着这些火车利用磁的基本原理悬浮在导轨上来代替旧的钢轮和轨道列车。磁悬浮技术利用电磁力将整个列车车厢托起,摆脱了讨厌的摩擦力和令人不快的锵锵声,实现与地面无接触、无燃料的快速"飞行"。

根据吸引力和排斥力的基本原理,国际上磁悬浮列车有两个发展方向。一个是以德国为代表的常规磁铁吸引式悬浮系统——EMS 系统,利用常规的电磁铁与一般铁性物质相吸引的基本原理,把列车吸引上来,悬空运行,悬浮的气隙较小,一般为 10 mm 左右。常导型高速磁悬浮列车的速度可达每小时 400 ~ 500 km,适合于城市间的长距离快速运输;另一个是以日本的为代表的排斥式悬浮系统—EDS 系统,它使用超导的磁悬浮原理,使车轮和钢轨之间产生排斥力,使列车悬空运行,这种磁悬浮列车的悬浮气隙较大,一般为100 mm左右,速度可达每小时 500 km 以上。这两个国家都坚定地认为自己国家的系统是最好的,都在把各自的技术推向实用化阶段。

图 1.20　磁悬浮列车

2001 年 8 月,中国第一辆国产磁悬浮客车在长春客车厂竣工下线,这标志着我国继德国和日本之后,成为第三个掌握磁悬浮客车技术的国家。上海磁悬浮列车设计时速为

430 km/h,实际时速约 380 km/h,转弯处半径达 8 000 m,肉眼观察几乎是一条直线,最小的半径也达 1 300 m,乘客不会有不适感。轨道全线两边 50 m 范围内装有目前国际上最先进的隔离装置。磁悬浮列车的车窗是减速玻璃,乘客可以更好地观赏窗外的风景。

图 1.21 上海磁悬浮

磁悬浮列车分为高速和中低速两种类型。一般认为,高速磁悬浮适合远距离交通,而中低速磁悬浮适合近距离交通,特别是城市轨道交通。中低速磁悬浮具有环保、噪音低、无辐射、安全性高、转弯半径小、建设成本低等优点。其中爬坡能力尤其突出,可达到 70‰的水平,而且对地面震动影响较轻,更加适合在城市复杂线路运行,并可大幅降低线路建设拆迁成本。2014 年 8 月,中国中低速磁悬浮列车技术在常州实现新突破:西南交通大学牵引动力国家重点实验室与西南交大常州轨道交通研究院联手,自主研制出时速可达140 km 的磁悬浮列车车架。2016 年 5 月 6 日,中国首条拥有完全自主知识产权的中低速磁浮铁路在长沙开通运营。该线全长 18.55 km,连接高铁长沙南站和黄花机场,设计时速为 100 km/h。

（7）自动导向系统（Automatic Guideway Transit,AGT）

自动导向系统是一种通过专用轨道引导列车运行的新型无人驾驶轨道交通系统。自动导向系统轨道采用混凝土道床、车辆采用橡胶轮胎,有一组导向轮引导车辆运行,列车运行自动控制,可实现无人驾驶,自动化程度较高,适用于城市机场专用线或城市中客流相对集中的点对点运送乘客,必要时,中间可设少量停车站。

2. 按路权及列车运行控制方式分类

城市轨道交通主要有以下三种类型:

图1.22 中国首条中低速磁悬浮列车

图1.23 自动导向系统

（1）路权专用、按信号指挥运行

该类型轨道交通线路与其他城市交通线路没有平面交叉，路权专用。由于路权专用及按信号指挥运行，行车安全性好，行车速度也高。属于该种类型的轨道交通系统有市郊铁路、地铁、高技术标准的轻轨、单轨和自动导向交通等。

（2）路权专用、按可视距离间隔运行

该类型轨道交通线路与其他城市交通线路没有平面交叉，路权专用。行车安全性较好，但由于不设信号、按可视距离间隔运行，行车速度稍低。属于该种类型的轨道交通系统主要是中等技术标准的轻轨。

（3）路权共用、按可视距离间隔运行

该类型轨道交通线路允许其他车辆和行人占用，与其他城市交通线路有平面交叉，交叉口设置信号进行控制，其余线路段按可视距离间隔运行、行车安全稍差，行车速度较低。

属于该种类型的轨道交通系统主要是低技术标准的轻轨。

3. 按高峰小时单向运输能力分类

城市轨道交通主要有以下 3 种类型：

（1）大运量轨道交通系统

该类型轨道交通系统的高峰小时单向运输能力为 30 000 人以上，属于该种类型的轨道交通系统主要有重型地铁和轻型地铁。

（2）中运量轨道交通系统

该类型轨道交通系统的高峰小时单向运输能力为 15 000～30 000 人，属于该种类型的轨道交通系统主要有微型地铁、高技术标准的轻轨和单轨。

（3）小运量轨道交通系统

该类型轨道交通系统的高峰小时单向运输能力为 5 000～15 000 人，属于该种类型的轨道交通系统主要有低技术标准的轻轨和自动导向交通。

应当强调，以上对城市轨道交通系统的分类并不是绝对的。事实上，在某些类型的轨道交通系统之间并没有明确的、清晰的界限，这就可以解释为什么在不同的技术文献资料中有时存在将同一轨道交通系统归入不同的轨道交通类型的情况。此外，决定轨道交通系统高峰小时单向运输能力的基本参数是列车间隔时间、车辆定员和列车编组数等。通常是根据这些参数的常用取值来决定某个轨道交通系统应纳入何种运能类型，但由于这些参数的取值并不是唯一的，因而上面所提出的按运能分类也是有条件的。

二、城市轨道交通的优势及局限

1. 城市轨道交通的发展优势

城市轨道交通的优势主要体现在运能大、速度快、能耗低、污染少、安全可靠、舒适性佳和占地面积少等多个方面。

（1）运能大

现代化的轨道交通，由于先进科学技术的作用，使得列车行车密度和单列载客能力得到了大幅度的提高，从而大大地提高了城市轨道交通的运输能力，能够充分满足现代化城市大客流的需要。目前，大型地下铁道系统的高峰小时单向运能可达 6 万～7 万人次。

（2）速度快

由于列车采用先进的电动车组动力牵引方式，又有良好的线路条件和列车运行自动控制系统体系，列车的快速运行安全有了保障。因此，现代城市轨道交通系统的列车运行速度比过去有了明显的提高。目前，地下铁道列车的最高运行速度能达到 100 km/h，旅行速度基本可达到 35～45 km/h，这在各种城市交通方式中是最快的。

（3）能耗低

由于城市轨道交通为大运量集团化客运系统，且采用了多项高新技术，在客流得到保证的情况下，使得每位乘客的能源平均消耗远远低于其他任何一种城市交通方式。

（4）污染少

城市轨道交通一般均采用电力牵引动力方式，列车在运行过程中由于以电为能源产生动力，较之以燃油为动力的交通工具没有废弃污染；就算采用以内燃机为动力的内燃动力组列车,也因大运量集团化运输方式使每位乘客所均摊的污染微乎其微。因而城市轨道交通有"绿色交通"之称,这正是现代都市可持续发展最为关注的问题——环境保护问题。

（5）安全可靠

由于城市轨道交通线路一般都采用立交方式与地面其他交通方式完全隔离,不受地面交通干扰;现代化轨道交通一般都采用先进的信号安全系统来确保列车运行安全,因而受气候条件影响很小;轨道运输的准点性也是其他交通形式不可比拟的。因此,城市轨道交通是城市客运交通方式中可靠性最强的一种。尤其是在上下班高峰时段、气候条件恶劣之时,对于时间观念极强的现代城市交通行为者而言,这个优势是至关重要的。

（6）舒适性佳

城市公共客运交通方式的舒适性主要表现在环境质量与拥挤度两个方面。对城市轨道交通系统而言,不论是车站的环境还是车厢内的乘车环境均因有现代化的环控设施保障而环境质量较佳;拥挤度则因轨道交通的快速性、准时性和列车间隔时间小带来的乘客候车时间短而得到较佳的调整。

（7）占地面积少

城市轨道交通一方面因大量采用立交形式甚至采用地下轨道交通线路而大大减少了城市土地的占用,另一方面又因大运量集团化运输方式致使乘客的交通行为人均所占的道路面积进一步减少。

城市轨道交通另外还使得沿线土地得到有效利用和开发,使得城市的布局更加合理和方便市民的出行,同时也增添了现代都市景观效应。因此,城市轨道交通的发展近年来在世界各地呈现出蓬勃向上之势,无论是在经济发达的国家与地区还是在发展中国家和地区,城市轨道交通均成为发展城市交通的重要手段。

2. 城市轨道交通的局限性

城市轨道交通虽然有许多优点,然而在具体的发展过程中还存在建设投入大、线路建成后不易调整、运营成本高等局限性。

（1）建设投入大

为了使城市轨道交通的优势得到充分体现,城市轨道交通路线的修建往往需要立交并且形成网络。而城市轨道系统建设要求高,施工难度大,设备技术标准高,使得每千米线路的修建需要上亿元的投入,尤其是地下铁道每千米造价达3亿元以上。因此,城市轨道交通路线建设一次性的工程投资巨大,一个国家或地区的城市没有相当强的整体经济实力则无法承担如此巨额的投资负担。

（2）线路建成后不易调整

城市轨道交通线路一般均是永久性结构(如隧道、高架桥结构等),建成后几乎无调整的可能性。因此,城市轨道交通路线的选线及路网规划应严格按照城市发展规划进行认真制定,否则会造成极大的工程投资浪费。

（3）运营成本高

城市轨道交通的运营成本主要包括设备投资成本、运营管理成本、设备维护和保养成本、能源消耗成本及员工工资成本等。

由于城市轨道交通系统使用了科技含量较高的设备与设施,为了使这些设备设施处于良好工作状态,则需要加强日常维修和保养。而用于日常维修和保养的费用则很高;城市轨道交通系统需要人员素质较高,必须对员工进行定期的技术、安全培训,其培训教育经费也较高;除此外,由于城市轨道交通运营系统的特殊性,站间距小,车站服务项目多等,则需要员工人数也较多,这些都是城市轨道交通系统运营成本居高不下的原因。

城市轨道交通系统带有较强的公益性特征,较多地关注间接的社会整体效益,无法按运输成本核收票价,极易导致运营亏损。虽然已有少数城市轨道交通系统因乘客量巨大,产业开发经营较佳而略有盈余,但多数城市轨道交通系统处于"亏本经营"状态,需依赖国家与地方政府、社会机构补贴。

任务三　城市轨道交通发展简介

任务目标

掌握城市轨道交通发展历史,了解我国城市轨道交通建设概况。

任务分析

重点:掌握城市轨道交通发展历史。

难点:理解我国城市轨道交通建设概况。

知识链接

随着科学技术的不断发展,城市轨道交通工具也在不断改良。城市轨道交通使城市的空间结构成为新的高级三维体,它对城市结构的改善及优化作用明显。城市轨道交通是城市重要的基础设施之一,它所提供的服务关系到市民的生活质量,与通信、自来水、燃气等关系到国计民生的城市公共基础设施具有同等重要的地位。

知识描述

一、世界城市轨道交通概况

地铁在现代城市不仅是一个庞大的经济产业,它还是一项民心工程,是整个城市系统工程中最重要的组成部分。在不同国家、不同发展阶段内,凡经济发达的国家与城市都建有地铁。地铁已成为一个国家综合国力、城市经济实力、人们生活水平及现代化的重要标志。西方国家对于建设城市轨道交通的标准一般定为 100 万人以上的大城市。

1. 伦敦地铁

1863 年,世界上第一条地铁在英国伦敦建成通车,它标志着城市快速轨道交通在世界上诞生。今天伦敦已建成总长 408 km 的地铁网,其中 160 km 在地下,共有 12 条路线、共设 274 个运营车站,每日载客量高达 300 万人。在伦敦市中心内,地铁车辆大部分是在地下运行的,而在郊区则在地面运行。

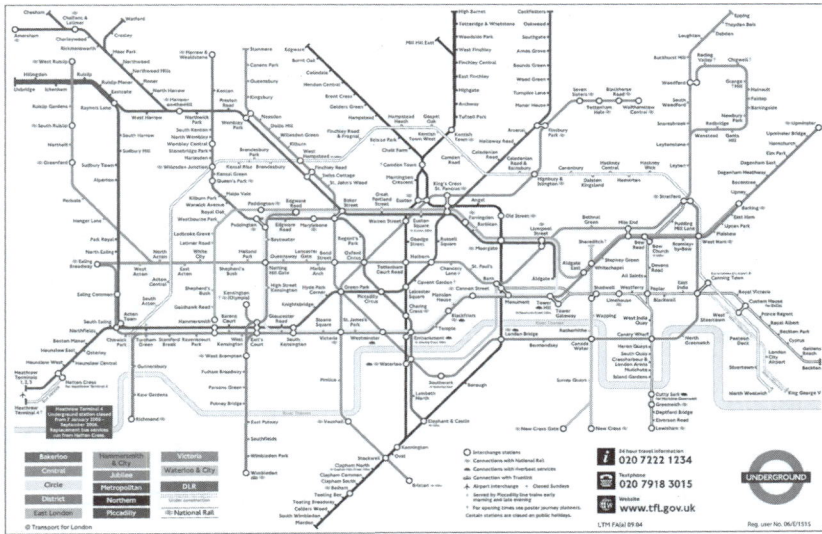

图 1.24　伦敦地铁

2. 纽约地铁

纽约地铁于 1867 年建成第一条线路,现在已发展成为世界上地铁线路最多、里程最长的城市。纽约地铁一共有 27 条线,根据它们的大致走向又分为红、橙、黄、绿、青、蓝、紫、黑、灰、棕等十种颜色。可以根据某条线路在这站标注的色块是圆形还是菱形,是实心还是空心,来判断这条线在这一站是一直停、深夜不停、繁忙时段停还是偶尔停。

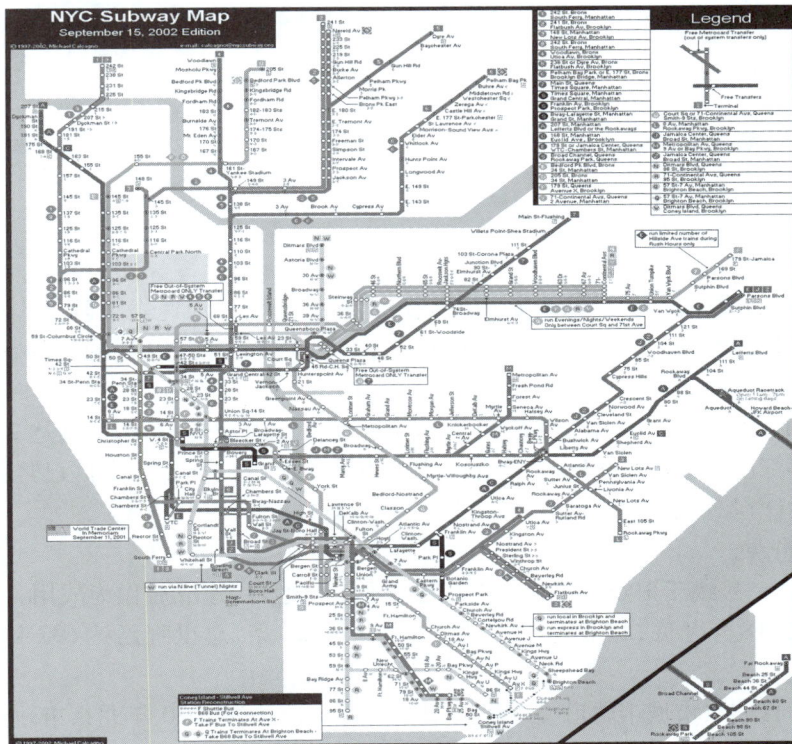

图 1.25　纽约地铁

3. 其他著名城市的地铁线路

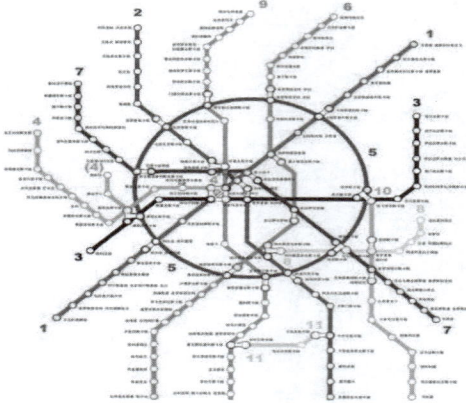

图1.26　莫斯科地铁

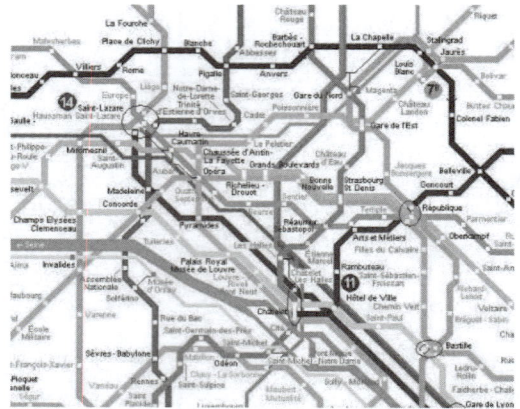

图1.27　巴黎地铁

图1.28　首尔地铁

图1.29　马德里地铁

二、我国城市轨道交通建设概况

随着经济的快速发展,我国开始进入城市化和机动化的加速发展阶段。城市轨道交通以其大运量、高效率、低污染等优势,迅速成为许多大城市解决交通问题的首要选择,并在我国形成以地铁、城市快速铁路、高架轻轨等为主的多元化发展趋势。

截至2017年12月,我国已经有34个城市开通了轨道交通,运营里程达2 764 km,其中北京、上海都已经超过600 km。符合国家建设地铁标准的城市国务院已经批准39个,到2020年估计在50个左右,总规划里程达7 000 km。

1. 北京地铁

北京地铁一号线于1969年10月1日建成通车试运行,建成后作为战用,1981年正式开放。截至2018年年底,北京地铁公司经营的线路22条,总里程已达637 km,共有391座运营车站。

按照新的《北京市城市轨道交通线网调整规划》,预计到2020年北京市轨道交通规划线路总里程增加到1 000 km左右。

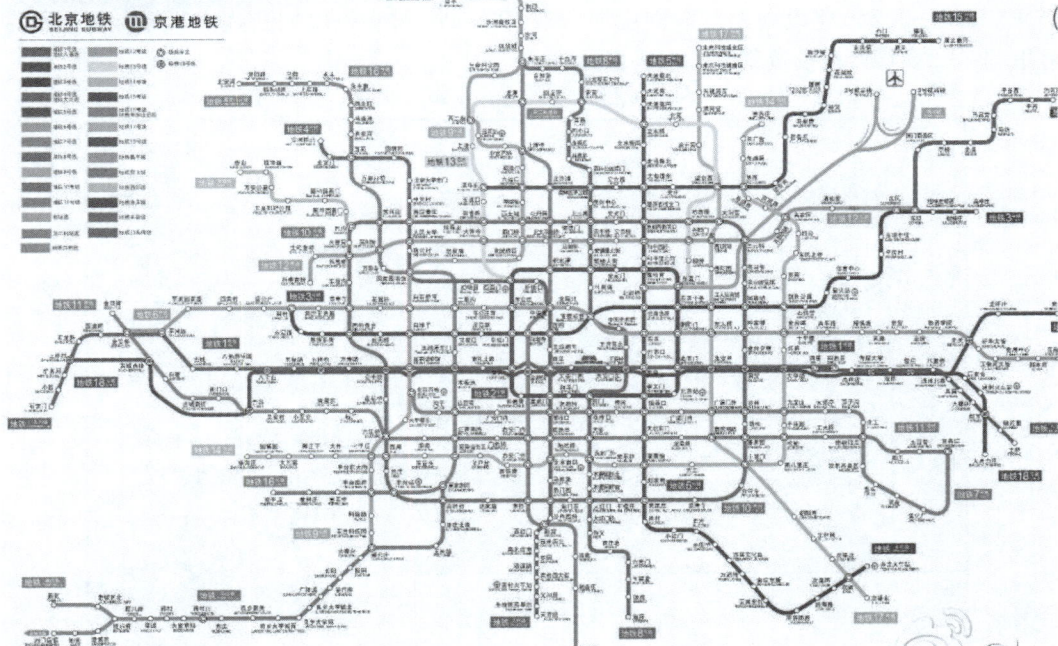

图 1.30　北京地铁

　　北京城区轨道交通以地铁为主,轻轨为辅,线网密度大大增加。这些线路将保证市民在五环以内的出行不超过 20 分钟到达目的地,二环以内从任何地点出发 5 分钟内就能找到一个地铁站,郊区卫星城与城市中心的联系采取市郊铁路的形式解决,在 2020 年以前全部建成。

2. 天津地铁

　　天津地铁老线于 1984 年建成,2001 年停用;津滨轻轨东段 2003 年建成,全长 49.051 km。新 1 号线 2005 年开始使用,全长 26.188 km。西段(9 号线)及 2、3、9 号线(中山门至天津站段)于 2011 年 6 月建成。根据天津市城市总体规划和综合交通规划,天津市城市轨道交通远景线网由 28 条线路组成,总长度 1 380 km。预测 2020 年,天津市公共交通占机动化出行量比例达到 36%,轨道交通占公共交通出行量比例达到 40%。

3. 上海轨道交通

　　上海轨道交通自 1995 开通 1 号线以来,目前已经开通了 16 条线路。截至 2018 年底,上海轨道交通全网运营线路总长达到 705 km,其中地铁线路 676 km,磁浮 29 km,车站总数 415 座。预计到 2020 年,上海运营地铁线路可达 800 km,日均客运量达到 1 200 万人次,承担 60% 的客运量。

4. 广州地铁

　　广州地铁 1 号线于 1997 年通车,截止到 2018 年底,开通运营的 16 条线路总里程达478 km,共设 257 座车站,其中 31 座换乘站,广东省发展计划委员会通过了《珠江三角洲城际快速轨道交通网规划》,按规划要求,城际快速轨道交通网以广州(佛山)、深圳(香港)、珠海(澳门)为中心,以广深、广珠经济带为主轴,形成“A”型结构,辐射到肇庆、江门、惠州、中山、东莞等市。当城际轨道交通建成,并与原高速公路和高速铁路联成网后,整个珠三角地区的交通线可按速度分为四个速度层次,构筑"半小时生活圈"。广州新一轮轨道交通(2015—2025)建设规划方案中规划未来 10 年,广州或将规划新建 16 条地铁线路,新增里程 432.6 km,总投资估算 2 976 亿元。

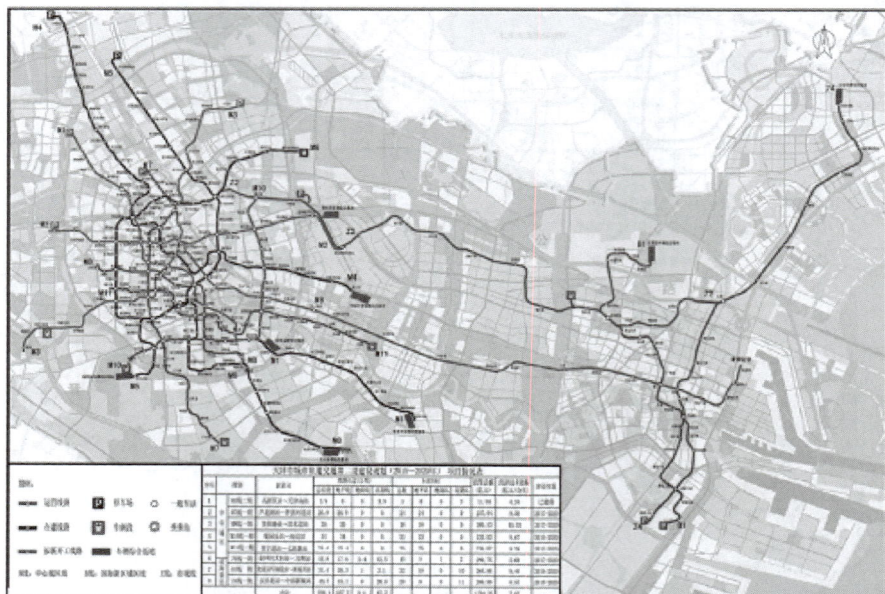

图 1.31　天津地铁

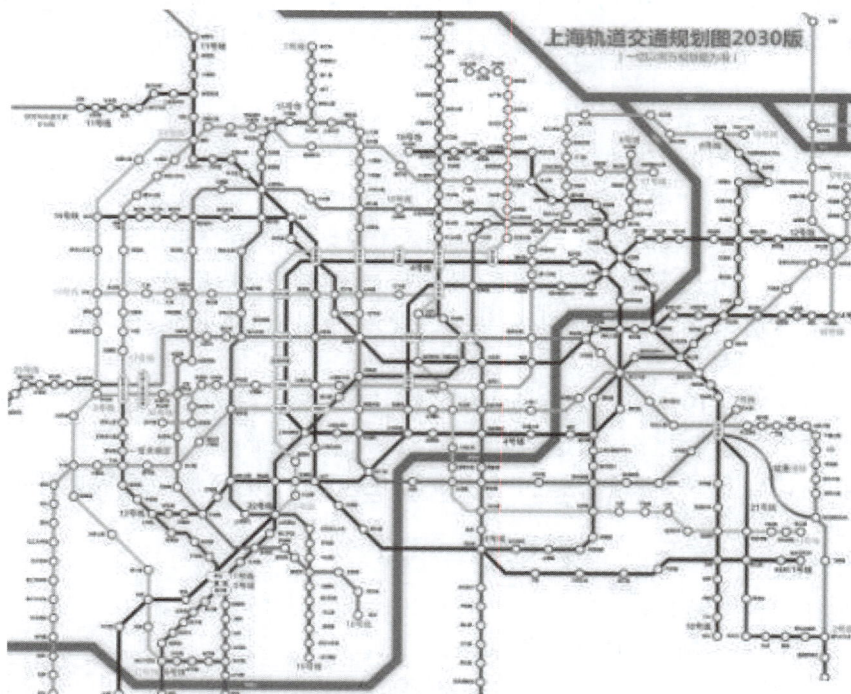

图 1.32　上海地铁

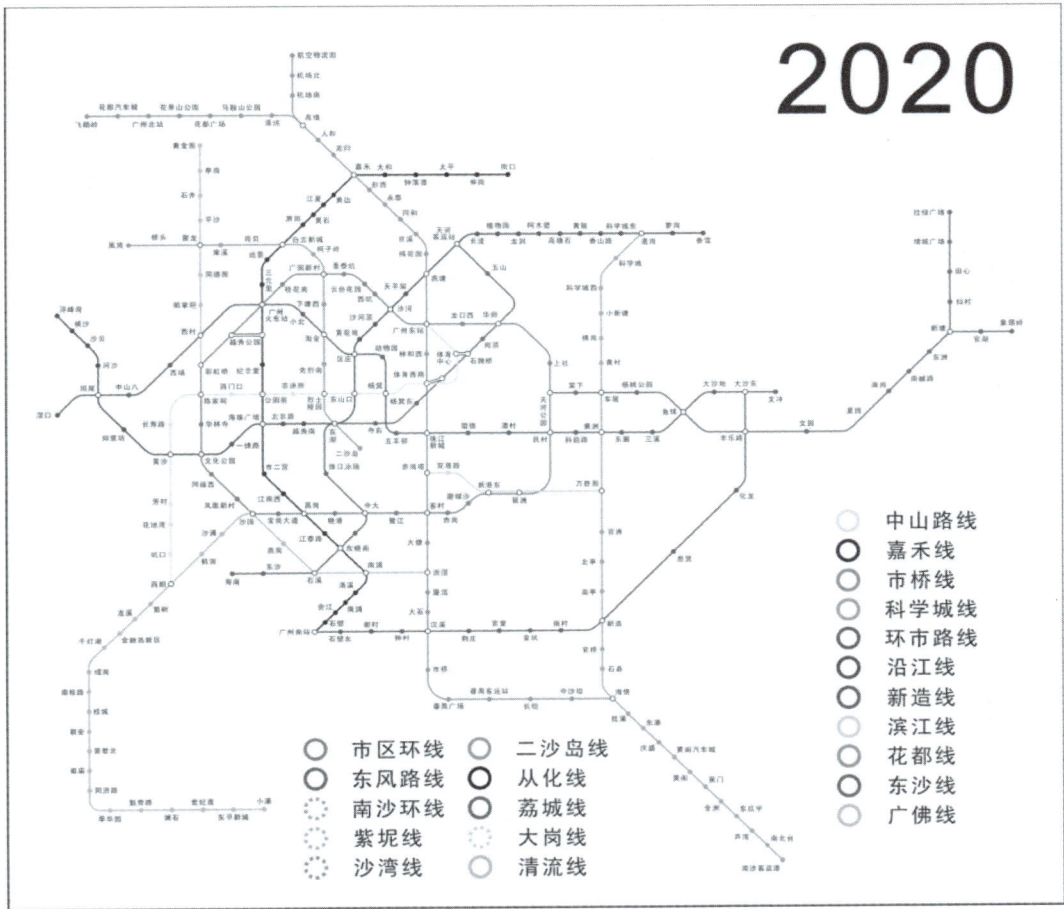

图 1.33　广州地铁

5. 深圳地铁

深圳地铁于 2001 年动工,2004 年分别开通 1 号线和 4 号线一期工程。2 号线和 3 号线于 2005 年兴建,2006 年开始兴建 11 号线。到 2010 年,这 5 条线全部竣工,截止到 2018 年年底已开通线路达到 285 km 的地铁交通网。深圳地铁创造了国内地铁开通运营史上的"八项第一"。根据规划,深圳轨道线网分为区域线(连接城市各区域)、市区线(连接市区副中心、开发区)、郊区线(连接市区与郊区)、支线,共 13 条。其中,地下轨道总长 80 ~ 100 km,地面和高架轨道总长 250 ~ 300 km。在票价方面,明确"福利为主"的方针,鼓励市民使用。

6. 重庆地铁

从《重庆城市总体规划(2005—2020)》中获悉,到 2020 年重庆将实现"九线一环"的轨道交通远景规划。目前,已开通的 1 号线分两阶段进行建设。第一阶段建设朝天门—沙坪坝段,线路长约 16.5 km,设车站 14 座,于 2007 年动工建设,于 2011 年 7 月 28 日建成通车;第二阶段建设沙坪坝—大学城段,线路长约 20.2 km,设车站 9 座,于 2009 年动工建设,2012 年建成通车。2 号线(跨骑式独轨线路)较场口—动物园段长 14 km,于 2005 年 6 月 18 日开通运营;2006 年 7 月 1 日,动物园—新山村段开通,自此,2 号线较场口—新山村段全线 19.15 km 贯通运营。重庆轨道交通 3 号线采用跨座式单轨交通系统,为南北方向的轨道交通骨干线,线路连接 2 个火车站(菜园坝站和龙头寺新火车站)、4 个长途汽车站(南坪、菜园坝、红旗河沟和江北客站)、2 个城市商业副中心(南坪商业副中心、观音桥商业副中心),是缓解重庆交通难的重要轨道交通干线。3 号线建成后,将充分发挥轨道交通容量大、速度快的优势,有效地缓解城市交通困难的矛盾。同时,3 号线的建设将对提高轨道交通的运行效率、吸引客流、促进城市经济发展、改善公共交通环境、提高社会效益发挥重大作用。3 号线南起鱼洞,北至江北机场,全长约 60 km,分三期实施建设。一期工程为二塘—龙头寺;二期工程为龙头寺—江北机场,并延伸到机场远期航站大楼、空港开发区;三期工程从二塘向南延伸至鱼洞。6 号线起于南岸茶园城市副中心,止于北碚城北新区,并设礼嘉至会展中心支线,是重庆市轨道交通线网中一条东南向西北的骨干线路,采用地铁系统。6 号线正线全长约 60 km,设车站 28 座,控制中心与轨道交通 1、2、3 号线合建于两路口。一期工程(上新街—礼嘉)线路长约 23 km,设 16 座车站,于 2009 年开工建设,2012 年建成通车。截止到 2018 年年底,轨道线路总里程已达 313.6 km,位居中国第六位。

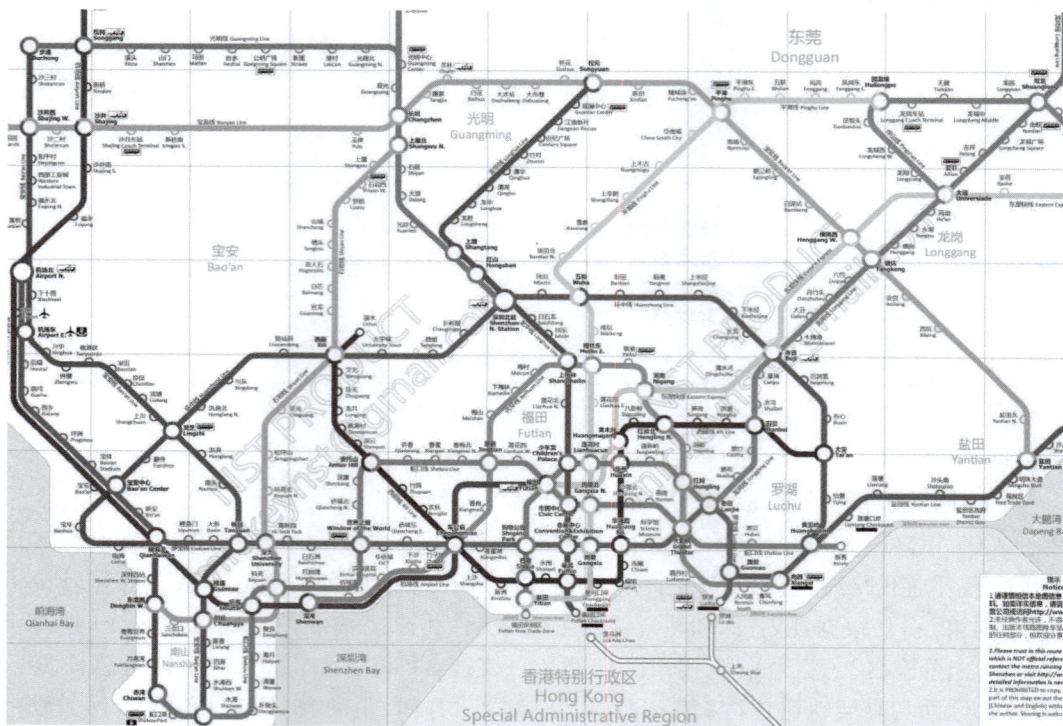

图 1.34 深圳地铁

7. 成都地铁

成都市地铁也提出了一个宏大的设想:从 2003 年至 2035 年,用 30 年时间,分 3 个层次、3 个阶段在 1.23 km² 的大成都范围内规划、建设"一小时"大成都快速轨道交通网络。第一层次:地铁 + 环市铁路,即由 5 条地铁线路和三环路周边已形成的环市大铁路构成第一层次区域内的轨道交通网络。第二层次:轻型轨道 + 既有大铁路,即从第一层次出发,规划长度为 94.3 km 的轻型轨道,连接彭州、新都、郫县、温江、双流、新津、龙泉驿区、青白江区、崇州等卫星城镇,另外改造利用既有大铁路 39 km。第三层次:轻型轨道 + 既有大铁路,即从第二层次出发,规划 3 条轻型轨道,第一条为新津—蒲江,第二条为新津—邛崃,第三条为崇州—大邑;同时,改造利用总长为 89.5 km 的既有大铁路(金堂—青白江—彭州—都江堰),构成第三层次区域内的轨道交通网络。

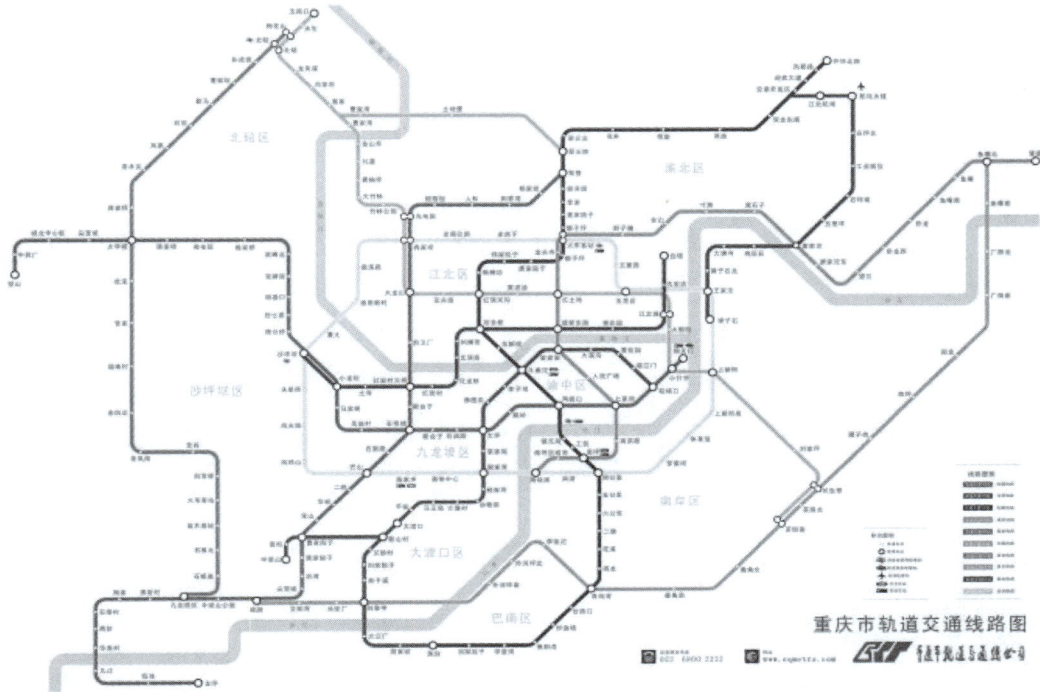

图 1.35　重庆地铁

8. 香港地铁

香港地铁现有荃湾线(1979 年),港岛线(1985 年),机场线、东涌线(1988 年),观塘线(1989 年),将军澳线(2002 年),迪士尼线(2004 年),马鞍山线(2004 年),东铁线等,截止到 2016 年 2 月线路总里程已达 218.20 km。

香港地铁是由政府的地铁公司经营,也是世界上盈利状况最好的城市地铁。香港地铁由地铁公司运营。地铁公司是香港政府全资拥有的一家公用事业企业,但并不由政府直接经营,由港府委任有关人员组成董事局,按"商业原则"进行地铁的修建、运营和管理。在投资、筹资体制方面,香港政府对官办企业的投资力求"花小钱、办大事"。在经营管理体制方面,采取两权分离、自主经营模式。在香港,地铁公司是一家"官办民营"的企业,既接受政府和市民多方面监管,又在不受行政干预的环境下运行。

香港地铁实现盈利主要是依靠票务收入、沿线物业开发、地铁商业以及地铁广告等其他收入。其核心的盈利模式可以总结为"地铁 + 地产"的组合。在政府、地铁公司、开发商三个主要市场参与者中,香港地铁公司扮演了"向上承接政府战略,向下启动市场资源"的角色,成为整合政府与市场资源的平台。而香港地铁公司之所以能成为这一平台,其核心就是获取围绕地铁沿线的土地物业开发权,充分实现规划升值。如今在香港地铁的每一个出口,地铁公司都建了很多建筑。反映出了香港地铁上盖物业巨大的商业价值,而香港地铁公司也成为香港最大的地产开发商之一。

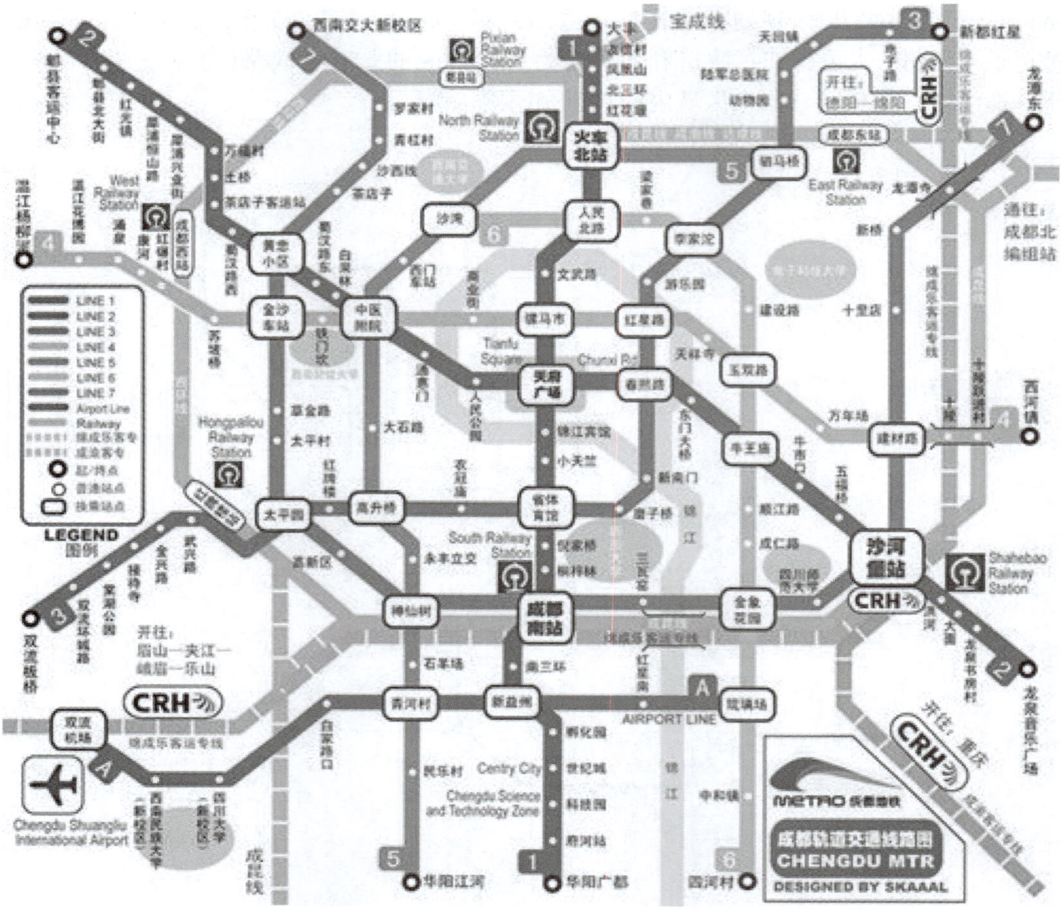

图 1.36　香港地铁

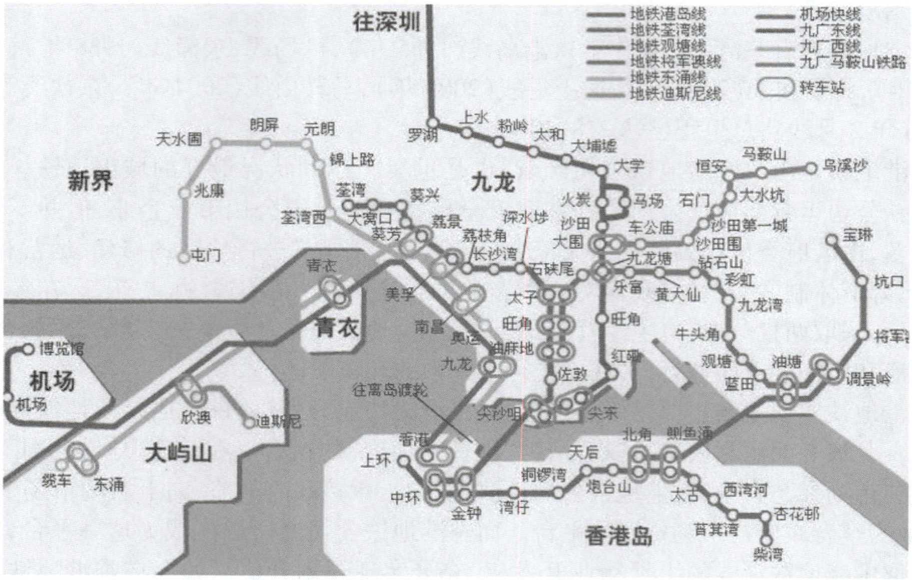

9. 其他城市地铁规划

截止到 2016 年 2 月 17 日,我国已开通地铁的城市有:

北京　上海　广州　深圳　天津　重庆

南京　杭州　武汉　郑州　西安　长春

大连　沈阳　哈尔滨　青岛　宁波　南昌

福州　长沙　昆明　石家庄　南宁　无锡

苏州　佛山　贵阳　东莞　香港　成都

澳门　台北　高雄

图 1.37　中国城市轨道交通 LOGO

表 1.1　2009—2020 年中国主要城市的轨道交通建设规划(单位:km)

城　市	新增营运里程						截至 2020 年运营里程
	2009	2010	2011	2012	2009—2012	2013—2020	
上海	150	104	2	88	343	567	1 172
北京	28	92	69	127	316	273	789
广州	39	87		70	197	145	458
深圳		54	92		147	245	414
天津	7	23	30		59	134	265
重庆		21	36	44	101	229	349
南京		56			56	91	169
武汉	20	28		16	64	178	252
杭州			52		52	61	113
大连					0	121	170
长春		16			16	74	121
沈阳	28	19			47	86	133

续表

城　市	新增营运里程						截至2020年运营里程
	2009	2010	2011	2012	2009—2012	2013—2020	
成都		16		23	39	108	147
苏州			26		26	115	141
哈尔滨				14	14	31	46
宁波						230	230
合肥						181	181
郑州						138	138
厦门						97	97
西安						96	96
青岛						87	87
昆明						63	63
东莞						59	59
无锡						56	56
南昌						51	51
福州						55	55
长沙						53	53
乌鲁木齐						53	53
南宁						44	44
石家庄						18	18
总计	272	516	306	383	1 478	3 738	6 019

本单元小结

1. 城市轨道交通概念：城市轨道交通是指以轨道运输方式为主要技术特征，以城市客运公共交通为服务形式的交通运输方式。

2.城市轨道交通的分类如图：

按轨道空间位置划分,可分为地下铁道、地面铁路和高架铁路
按轨道形式划分,可分为重轨铁路、轻轨铁路和独轨铁路
按支撑导向制式划分,可分为钢轮双轨、胶轮单轨和胶轮导轨系统
按小时单向运能划分,可分为大运量系统、中运量系统和小运量系统
按路权专用程度划分,可分为线路全封闭型、线路半封闭型和线路不封闭型
按服务区域分类划分,可分为市郊铁路、市内铁路和区域快速铁路

3.各种城市轨道交通形式概念

1）市郊铁路:市郊铁路是指把城市市区与郊区,尤其是远郊区联系起来的城市轨道交通系统。

2）有轨电车:有轨电车是一种由电力牵引、轮轨导向、单车或两辆铰接运行在城市路面线路上的低运量城市轨道交通系统。

3）地下铁道:地铁泛指高峰时单向客运量在 3 万 ~ 7 万人次/h 左右的大容量轨道交通系统。该系统在市区内多为地下隧道线。

4）轻轨铁路:轻轨泛指高峰时单向客运量在 1 万 ~ 3 万人次/h 的中等客运量轨道交通系统。因其车辆轴重较轻和对轨道施加的载荷轻而得名。

5）独轨交通:独轨铁道是指车辆在一根轨道上运行的一种城市轨道交通系统。通常分为跨座式和悬挂式两种。

6）磁悬浮交通系统:磁悬浮交通系统是指一种非粘着、用直线电机驱动列车运行的新型轨道交通系统。

7）自动导向交通系统:自动导向系统是一种通过专用轨道引导列车运行的新型无人驾驶轨道交通系统。

4.城市轨道交通的特点:

1）优势:运量大、速度快、能耗低、污染少、安全性和可靠性强、乘车舒适性佳和占地面积小。

2）局限性:建设投入大、线路建成后不易调整、运营成本高。

单元2 城市轨道交通线路与车站

线路是各种轨道交通的重要组成部分,是列车运行的基础。车站是轨道交通必不可少的综合基础设施,是为乘客服务的重要窗口以及轨道运输的生产基地。

任务一 城市轨道交通线路

任务目标

1. 了解城市轨道交通线路的空间设置。
2. 掌握城市轨道交通线路的分类。

任务分析

重点:城市轨道交通线路的分类。
难点:尽端折返线和渡线的区别。

知识描述

城市轨道交通线路是由各种不同材料的部件所组成的,具有规定强度和稳定性,能保证列车以规定的速度平稳、安全、正点和不间断地运行的整体工程结构,也是城市轨道交通运营的重要设备之一。

一、选线

选线就是选择城市轨道交通的行走路线,一般先是经济选线,然后才是技术选线。经济选线就是选择行车路线的起讫点和控制点。线路起讫点常选择在客流量大的地方,如火车站、码头、机场、城郊结合部等地方,并适当考虑机车车辆的停车场及维修基地。由于轨道交通的开通,将改善相应地段的交通条件,形成新的投资热点,进而引起客流的新变化。

中间站在线路中数量最多,也最为通用,它的通过能力决定了线路的最大通过能力。中间站大多设在城市的闹市区,如商业区,文化生活区以及工业区等。

经济选线应当与城市的总体规划相结合,并在充分考虑城市发展的基础上作出轨道交通路线的规划。规划的红线宽度以不小于60 m为好,以减小轻轨或高架的噪声污染。

技术选线就是要按照行车路线,结合有关设计的技术规范,落实线路的位置。其要点是先定点,后定线,点线结合。

二、线路空间设置

城市轨道交通线路空间设置有地下、地面和高架三种方式。

1. 地下

这种方式线路置于地下隧道中。其优点是：与地面交通完全分离，且不占城市地面与地上空间，基本上不受地面气候影响。其不足之处在于需要较大投资、较高的施工技术、较先进的管理，以及完善的环控、防灾措施与设备。地下线路在建设过程中仍会影响地面交通，运营成本较高，改造、调整与维护均较困难。

2. 地面

这种方式一般采用独立路基的方式，以减少与地面道路交通的互相干扰。其优点是造价低、施工简便、运营成本低，线路调整与维护较易。其不足是运营速度难以提高、占地较多，影响城市道路交通，容易受气候影响，乘车环境难以改善，有一定的负效应（如噪声、影响景观等）。

3. 高架

这种方式线路设在高架工程结构物上，与地面交通无干扰。它的造价介于地下线路与地面线路之间，施工、维护、管理、环控、防灾诸方面都较地下线路方便；但它要占用一定的城市用地，并有光照、景观、噪声等负效应，也受气候的影响。

在同一条城市轨道交通线路上，上述三种不同的空间布置方式可组合采用。在市中心、人口稠密、建筑密集、土地价值较高的区域，应采用地下隧道方式，也可适当布置为高架方式；而在城市边缘区或郊区，则宜采用地面独立路基。如要提高轨道交通的效率与安全可靠性，则宜采用高架方式。

三、线路分类

1. 正线

正线是指贯穿所有车站、区间并供列车日常运行的线路，一般为上下行双线，实施右侧行车惯例（日本、英联邦国家除外）。

2. 折返线

折返线是在终点站或中间站设置的方便列车掉头、转线及存车等的线路。

折返线有如下几种折返方式：

（1）环形折返线（灯泡线）

这种线路实际上已消除了折返过程，保证了线路的最大通过能力，节约了有关设备。但它占地面积大，轮轨磨耗大，无法停放和检修列车，难以延长线路等，如图2.1所示。

（2）尽端折返线

尽端折返线数量由检修作业量、代发车存车数量决定。它在需要检修的折返线上设有检修坑，可分为单线折返与双线折返、多线折返等不同布置办法，如图2.2所示。

（3）渡线折返

在车站前或后可设置渡线完成折返，分为站前、站后、区间站渡线三种，如图2.3所示。

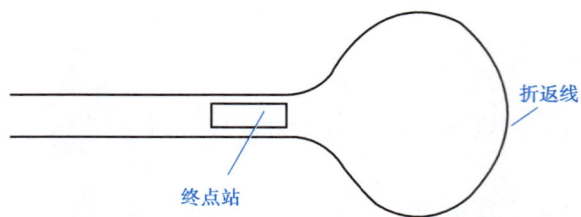

图 2.1 环形折返线

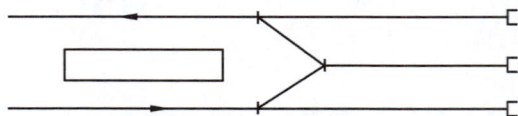

（a）单线折返示意图

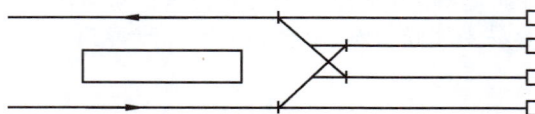

（b）双线折返示意图

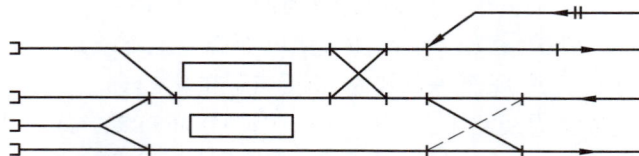

（c）多线折返示意图

图 2.2 尽端折返线

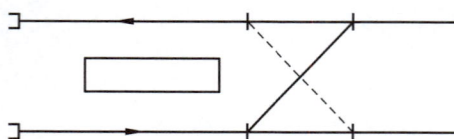

（a）站前渡线折返

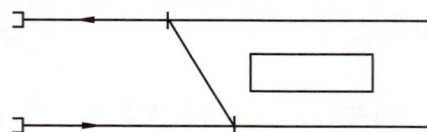

（b）站后渡线折返

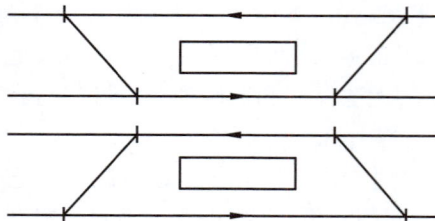

（c）区间站渡线折返

图 2.3 渡线折返

（4）单轨铁路折返

单轨线路（磁浮）折返比较特别，必须采用专门的转线设备来完成，如图2.4所示。

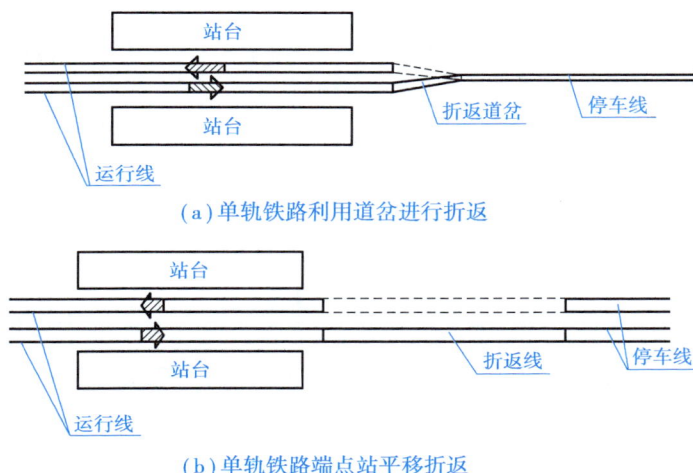

（a）单轨铁路利用道岔进行折返

（b）单轨铁路端点站平移折返

图2.4　线路折返示意图

3.渡线

渡线是指在上下行正线之间（或其他平行线路之间）设置的连接线，通过一组联动道岔达到转线的目的，如前述的站前、后折返用渡线以及车库内线路之间的渡线。

想一想 ....

尽端折返线和渡线有什么区别？

4.停车线

停车线是指用于场内作业停放列车的线路，一般设置在端点站，专门用于停车，也可设置在进行少量检修作业的尽端线。车辆基地则拥有众多的专用停车线，可在夜间停止运营后用于列车停放。

5.检修线

检修线是指设在车辆基地检修库内，专门用于检修列车的线路，一般设有地沟，配有架车设备、检修设备。

6.联络线

联络线是指轨道交通线路之间为调动列车等作业而设置的连接线路，如图2.5所示。

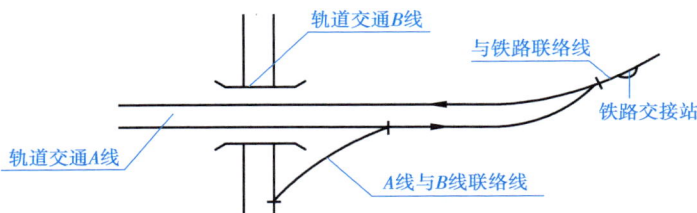

图2.5　联络线示意图

联络线因连接的轨道交通线往往不在一个平面上,因此它有较大的坡道与较小的曲线半径,列车运行速度不可能很高。如果在地下建设联络线,施工难度较大,投资也随之加大。

7. 试验线

试验线是设在车辆基地,用于对检修完毕的列车进行运行状态检测的线路。

8. 出入场线

出入场线是连接车站和正线的线路。根据地铁列车运营及检修的需要,地铁列车出入车场的走行线一般为双行线。

城市轨道交通系统线路的整体布置基本模式如图2.6所示。

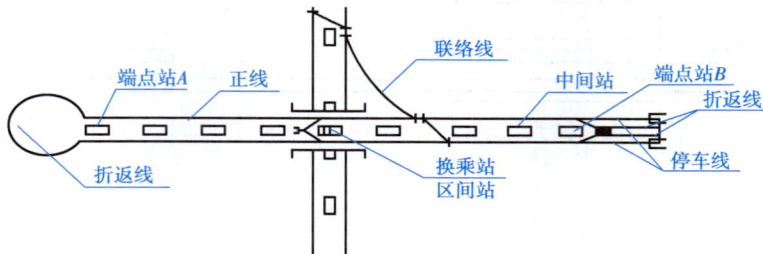

图2.6　立体交叉的车站线路布置图

问题与防治

问题:城市轨道交通各种线路适用于什么情况?

防治:结合现场或实训设备,理解各种线路的作用。

扩展知识

中低速磁浮轨道交通的单线折返轨道线路

中低速磁浮轨道交通的单线折返轨道线路,包括上行轨道线路和返程的下行轨道线路,上行轨道线路的终端与下行轨道线路的起始端之间连接有一段单线曲线型折返轨道线路。这种磁浮列车的转弯半径小,爬坡能力强,将原有的利用道岔和渡线进行折返的方式改进为单线折返方式,使列车在前进中实现了折返,提高了运营能力、效率及安全可靠性。

任务二　轨道结构

任务目标

1. 掌握城市轨道交通轨道的组成。

2. 了解道岔的种类。

3. 了解城市轨道交通线路中的线路标志和信号标志。

任务分析

重点：城市轨道交通轨道的组成。

难点：组成轨道各部分设备的作用。

知识描述

轨道是城市轨道交通线路的重要组成部分，它直接承受列车荷载并引导列车运行，一般由钢轨、轨枕、道岔、道床、联结零件和轨道加强设备等组成，如图 2.7 所示。

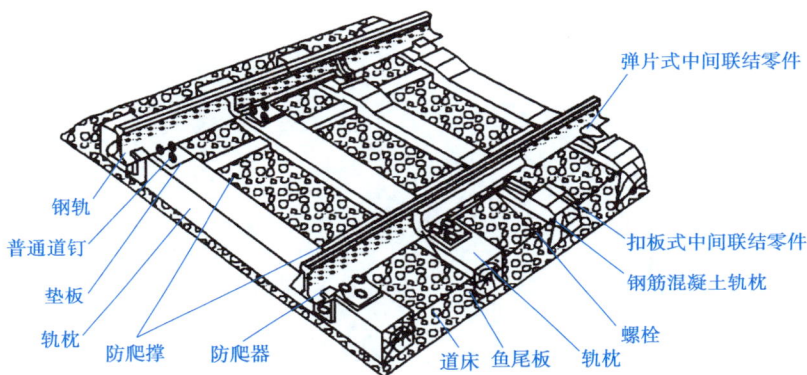

图 2.7　轨道的基本组成

一、钢轨

钢轨是轨道结构的重要组成部分，是轨道的基本承重结构，直接承受列车荷载并将其传递到扣件、轨枕、道床至结构底板（例如路基或桥梁）中，其头部内侧与车辆轮缘的相互作用引导列车前进。钢轨要求有足够的承载能力、抗弯强度、断裂韧性、稳定性及耐腐蚀性，其断面形状为工字形，由轨头、轨腰和轨底三部分组成，如图 2.8 所示。

我国标准钢轨长度分为 12.5 m 及 25 m 两种，另有用于曲线上的标准缩短轨。

普通钢轨有热胀冷缩的性能，为适应钢轨伸缩，铺轨时在两根钢轨的接头处应留有适当的轨缝。

钢轨在使用过程中不可避免地会产生各种损伤，如折断、裂纹及磨耗等，为保证行车安全，出现钢轨损伤时应及时更换。

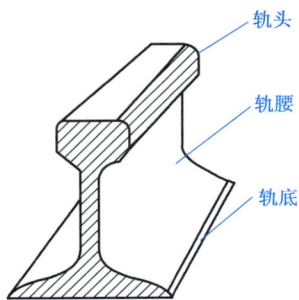

图 2.8　钢轨外形

二、轨枕

轨枕是轨道轨下基础的重要部件。它的作用是承受钢轨传来的作用力，将其传给道床，并有效地保持钢轨的位置和轨距。因此，轨枕应具有一定的坚固性、弹性和耐久性。

轨枕按其材料可分为木枕、混凝土轨枕及钢枕。

1. 木枕

木枕又称枕木，是铁路上最早采用而且到目前为止依然被采用的一种轨枕。其优点是弹性好，易加工，运输、铺设、养护、维修方便，绝缘性能好；缺点是易于腐朽和产生机械磨损，使用寿命短，且木材资源缺乏，价格比较昂贵，所以木枕已逐渐被混凝土轨枕所代替。但是在道岔、停车场等站线部位，由于要求使用不等长的轨枕，混凝土轨枕尚难取代木枕。

2. 钢筋混凝土枕

其主要特点是稳定性好，使用寿命长，能提供较高的阻力，但质量比较大，不利于铺设，且弹性比较差，如图 2.9 所示。

图 2.9　钢筋混凝土枕

城市轨道交通的轨枕现均采用混凝土枕，其稳定性好，坚固耐用。在直线区段，一般每千米配置 1 600 ~ 1 680 根轨枕。在曲线半径较小或坡度较大地段，可适当增加此配额。

我国使用的混凝土枕长度为 2.5 m，目前有增大的趋势，已出现 2.6 m、2.7 m 的轨枕。

3. 钢枕

钢枕主要在德国轨道交通中使用，新中国成立前的某些铁路中也曾使用。

三、联结零件

联结零件分为接头联结零件和中间联结零件。

1. 接头联结零件

接头联结零件由夹板、螺栓和垫圈等组成，如图 2.10 所示，通过它们把钢轨连接起来，使钢轨接头部分具有和钢轨一样的整体性，以抵抗弯曲和移位，并满足热胀冷缩的要求。

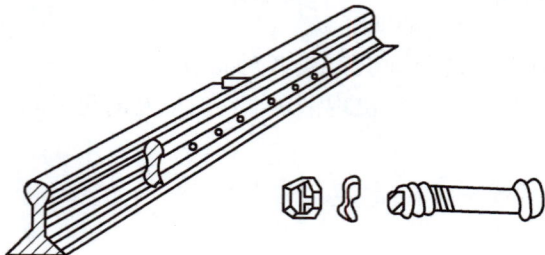

图 2.10　接头联结零件

夹板是用来夹紧钢轨的。每块夹板都要用4枚或6枚螺栓上紧,且为防止车轮在接头部位脱轨时切割全部螺栓,螺栓帽的位置在钢轨的内外侧相互交错。

虽然在地铁和轻轨线路上已大量采用无缝线路,但在无缝线路的缓冲区、轨道电路的绝缘区、有道岔的线路区段中,还必须用钢轨接头。

2. 中间联结零件(扣件)

钢轨与轨枕的联结是通过中间联结零件实现的,这种联结零件称为扣件。它主要由扣压件、轨距垫、铁垫板、橡胶垫板、螺旋道钉、玻璃钢套管等组成,如图2.11所示。

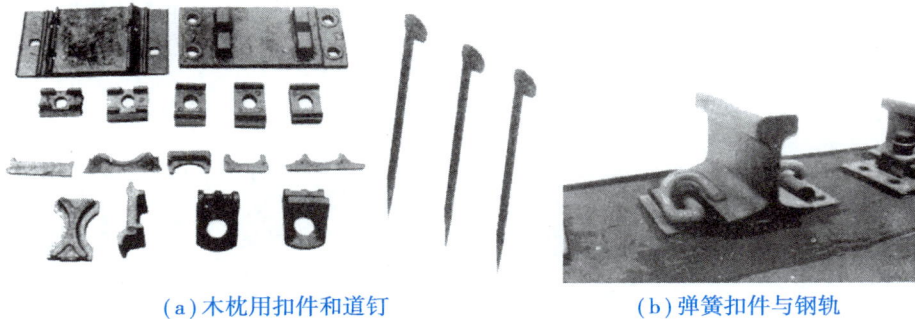

(a)木枕用扣件和道钉　　　　　(b)弹簧扣件与钢轨

图2.11　扣件

扣件的作用是将钢轨固定在轨枕上,保持轨距和阻止钢轨相对于轨枕的纵、横向移动。扣件必须具有足够的强度、耐久性和一定的弹性,以有效地保持钢轨与轨枕的可靠联结。此外,扣件还应结构简单,便于安装和拆卸。

四、道床

道床分为碎石道床和整体道床两种。

1. 碎石道床

碎石道床具有良好的弹性、排水性能,造价低,维护简单易行。但强度较低,且需经常维护保养,不太适合地下隧道及市区高架结构线路。

2. 整体道床

整体道床结构是将道床路基轨枕组合形成钢筋混凝土整体结构的轨下基础。

目前,地铁和轻轨系统区间隧道内一般采用整体道床。整体道床的优点是:道床整体性好,坚固稳定、耐久,轨道建筑高度小,可减少区间隧道净空,节省投资,轨道维修量小,适合地铁和轻轨系统运营时间长、维修时间短的特点。整体道床主要有无枕道床、短枕道床、长枕道床、浮置板式整体道床、弹性整体道床等几种形式。

五、道岔

轨道交通列车车辆由一条线路转向或越过另一条线路时使用的设备称为道岔。地铁和轻轨采用双线线路,线路中间站通常不设配线,两个方向线路之间很少有交叉、连接处存在,但在折返地段,要利用道岔实现线路的转换。

地铁与轻轨线路上常用的是普通单开道岔,如图 2.12 所示。它通过尖轨的平移,形成不同的开通方向,实现列车安全转线的目的。

六、其他附属设备

1.车挡

车挡设置在尽头线末端,用于阻止由于操作不当而使轨道交通车辆冲出尽头线或撞坏其他构筑物。国外有磁力式车挡、液压式车挡和滑动式车挡等。前两种车挡构造复杂、造价高,后一种车挡构造较简单。如图 2.13 所示为滑动式车挡。

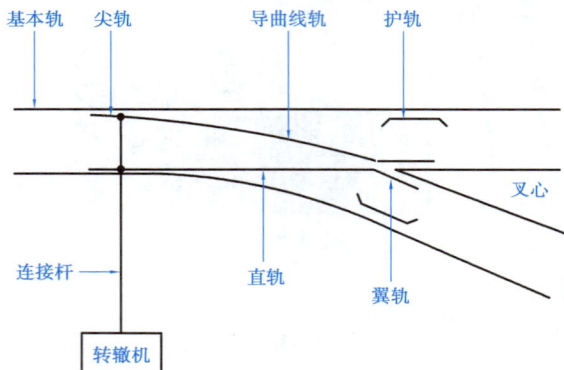

图 2.12　普通单开道岔

图 2.13　滑动式车挡

2.标志

(1)线路标志

根据列车运行和线路养护的需要,在地铁线路上设有各种表示建筑及线路设备位置状态的标志。线路上应设有公里标、坡度标、曲线标、水准基点标等。

①千米标:设在一条线路自起点计算每一整千米处,如图 2.14 所示。

②曲线标:设在曲线中点处右侧墙上,标明曲线中心里程、曲线半径、曲线和缓和曲线长度,如图 2.15 所示。

图 2.14　千米标

图 2.15　曲线标

③坡度标:设在线路纵向坡度的变坡点处,标明其所向方向的上、下坡道坡度值及其长度,如图 2.16 所示。

(2)信号标志

信号标志是指导列车操作人员的一种标志,主要有减速地点标、列车停车位置标、终点停车标和警冲标等。图2.17所示为警冲标,图2.18所示为减速地点标。

图2.16　坡度标

图2.17　警冲标

正面　　　　　　　　背面

图2.18　减速地点标

问题与防治

问题:对组成轨道各种设备的理解有一定难度。

防治:亲临现场,对照实物进行理解。

扩展知识

钢轨的类型

钢轨类型习惯上以每米大致质量的kg整数(kg/m)表示。我国铁路的钢轨按质量划分有75 kg/m、60 kg/m、50 kg/m、43 kg/m及38 kg/m(实际质量为74.414 kg/m、60.640 kg/m、51.514 kg/m、44.653 kg/m、38.733 kg/m)五种,其中60 kg/m和50 kg/m钢轨已成为我国铁路的主型钢轨。钢轨的质量越大,力学性能越好,在相同的条件下,使用寿命越长。随着机车车辆轴重、行车速度和客货运量的提高,钢轨正在向重型发展,目前世界上最重型的钢轨已达到77.5 kg/m。我国也正在铺设75 kg/m重轨,以满足沿海地区运输的需要。

任务三　轨道交通线路建设施工方法

任务目标

1.掌握城市轨道线路的隧道施工方法。

2.了解城市轨道线路的高架结构施工方法。

3.了解城市轨道线路的独立路基施工方法。

任务分析

重点:城市轨道线路的隧道施工方法。

难点:几种隧道施工方法的区别。

知识描述

城市轨道交通系统进入城区后,可以随着城市地势的变化或城区建筑群的不同而有所变化,或进入地下形成隧道,或从空中走形成高架,也可在地面铺设。

一、地下隧道施工

隧道施工为连通地下相邻两座车站而进行的线路建设,一般采用掘进方式形成隧道。隧道掘进需要在三度空间进行精确定位,同时,需要进行支撑形成稳定的结构。

1.明挖法隧道

在进行浅埋隧道、管道或其他地下建筑工程时,采用从地表开挖基坑或堑壕,修筑衬砌后,先将隧道部位的岩(土)体全部挖除,然后修建洞身、洞门,再用土石进行回填的施工方法,称为明挖施工法,简称明挖法,如图2.19所示。

图2.19 明挖法施工

明挖法施工的优点:施工条件有利、速度快、质量好、安全、简单、经济。城市地下隧道式工程发展初期都把它作为首选的开挖技术。

明挖法施工的缺点:土方工程量较大,且影响地面交通。

2.暗挖法隧道

（1）盾构法隧道

暗挖法是利用盾构机进行隧道掘进的一种施工方法。盾构机一般由盾构壳体、推进系统、拼装系统、出土系统四大部分组成。隧道断面形状取决于设计要求,一般可分为圆形、半圆形、矩形、马蹄形四和。其施工工具有自动化程度高、节省人力、施工速度快、一次成洞、不受气候影响、开挖时可控制地面沉降、减少对地面建筑物的影响和在水下开挖时不影响水面交通等特点,尤其在隧道洞线较长、埋深较大的情况下,用盾构机施工更为经济合理,如图 2.20 所示。

图 2.20　盾构法施工

盾构依其断面形状、开挖方式、前部结构的不同可分为很多类,下面介绍几种比较特殊的机械开挖盾构。

①泥水加压盾构。这种盾构的旋转切削头后面有一个用隔板密封起来的泥浆室,其中充满了加压泥浆,泥浆的压力比开挖面的地下水压力略高,从而保持开挖面的稳定。弃渣与泥浆混合后由输泥管抽出洞外进行碴泥分离处理。

②土压平衡盾构。土压平衡盾构是为了在松软粉砂层和松散砂层中进行开挖而研制的。它在机械开挖盾构的前部设置一个土壤密封室,排土采用螺旋式运输机,以回转刀盘开挖下来的土壤经常填满于密封室及螺旋输送机中,通过控制螺旋输送机排出的土量和盾构推进的速度来保持开挖面的土压平衡和稳定。

③插刀盾构。插刀盾构推进时不需要已安装好的管片环作为千斤顶支承后座,它由许多插刀组成,可组合成不同的断面形状和尺寸,自由选择衬砌类型。插刀盾构的推进是用设在插刀和支承框架之间的液压缸,将插刀以单刀或成组插刀的方式进行。当所有的插刀都推进到一个行程的距离时,再由所有的液压缸同步收缩,把支承框架向前拖动。

(2)矿山法隧道

矿山法施工主要包括:全断面法、台阶法、下导坑漏斗棚架法及上下导坑先拱后墙法等。我国现有的铁路隧道大部分采用矿山法修筑而成。

由于矿山法施工的理论基础是传统的结构力学,其基本假定与实际隧道的工作状态相差甚远,另外在施工中需要大量的钢和木材作为临时支撑,工人的劳动强度大,施工环境差,因此近年来已逐渐被新奥法所取代。

(3)新奥法隧道

新奥法是新奥地利隧道施工法的简称。它的基本观点是:围岩既是隧道结构的荷载,又是承受岩体压力的承载体一部分,即围岩本身具有承载能力;围岩自承能力只有通过围岩的变形才能发挥出来,因此隧道开挖后允许围岩发生变形,同时也要限制围岩的变形量,不致由于变形过大而使岩体松弛甚至坍塌,所以最理想的支护结构应当是能随围岩共同变形的柔性支护;在实践中证明这种柔性支护为喷混凝土和锚杆支护;由于允许围岩发生变形,为了掌握围岩和支护的实际工作情况,在施工的各个阶段应进行现场量测监护,及时反馈位移或应力等信息,以指导施工和修改设计,如图2.21所示。

二、高架结构施工步骤

①打桩与浇注桩基。
②浇注承台与支柱。
③安装或现场浇注轨道梁。

三、独立路基施工(一般采用路堤式路基)步骤

①堆筑路基;
②压实成形;
③铺设道床。

问题及防治

问题:几种轨道交通线路建设施工方法的选择,如图2.21所示。

防治:1.理解各种施工方法的原理。
　　　2.有条件的情况下到现场参观。

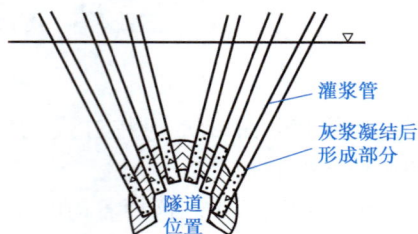

图2.21　隧道预定位置外围灌浆管示意图

扩展知识

车站施工方法

地铁在城市中修建,其施工方法受地面建筑物、道路、城市交通、环境保护、施工机具以及资金条件等因素的影响特别大,因此施工方法的决定,不仅要从技术、经济、修建地区具体条件考虑,而且还要考虑施工方法对城市生活的影响。基于这些情况,车站施工的方法主要有明挖法、盖挖法和浅埋暗挖法。

明挖法是修建地铁车站的常用施工方法,具有施工作业面多、速度快、工期短、易保证工程质量、工程造价低等优点。因此,在地面交通和环境条件允许的地方,应尽可能采用明挖法。

盖挖法施工即利用围护结构和支撑体系,在一些繁忙交通路段利用结构顶板或临时结构设施维持路面通行,在其下进行车站施工法。

采用浅埋暗挖法修建地铁车站的方法与区间隧道大体相仿。只是车站的结构断面形式比区间隧道复杂,断面尺寸比区间隧道大,地表沉降控制要求比区间隧道更严格。

与明挖法相比,浅埋暗挖法的最大优点是避免了大量拆迁、改建工作,减少了对周围环境的粉尘污染和噪声影响,对城市交通的干扰少。盾构法虽然也具有上述同样优点,但却不能适应隧道断面变化,而且当盾构法开挖的隧道不是足够长时,盾构法的经

济性不明显。

任务四　城市轨道交通车站

任务目标

1. 掌握城市轨道交通车站的类型和组成。
2. 了解城市轨道交通车站的设计原则和平面布置。

任务分析

重点：城市轨道交通车站的类型和组成。
难点：城市轨道交通车站的组成。

知识描述

城市轨道交通车站具有供列车停靠和方便旅客乘降、集散的功能，车站的选址、布置、规模等对轨道交通运营效果具有决定性意义。

优良的车站建筑既能为乘客提供安全、便捷、舒适的乘车条件，又能吸引更多的客流，获得更好的运营效益，同时可以美化城市环境，取得经济、社会和环境的综合效益。

一、车站类型

1. 按运营性质分

（1）中间站

中间站也叫普通中间站，设于城市轨道交通运营线之上，仅供乘客上下车。它功能单一，是城市轨道交通线数量最多、最常见的车站。

（2）中间折返站

中间折返站同样位于城市轨道交通运营线之上，但它主要设于轨道线路上行车密度不同的交界处。车站因某一方向的到发客流较大而需设置列车折返设施，以满足列车开行的合理组织。

该车站不仅具有中间站的功能，而且为了满足客流的集中到发需要，还要办理区间列车的终到折返与始发。

（3）换乘站

换乘站位于两条及其以上的线路交叉处，它往往有大量的乘客需要换乘不同线路的列车。因此，换乘站需要设置方便于不同线路乘客的换乘通道。

（4）始发、终到站

始发、终到站往往位于线路的两个端头，需要大量办理列车的终到折返和始发作业。

2.按车站规模分

（1）一级站

一级站客流量大，多建于城市中心区的大型商贸中心、大型交通枢纽中心、大型集会广场、大型工业园区和位置重要的政治中心地段。

（2）二级站

二级站客流量较大，多建于较繁华的商业区、中型交通枢纽中心、大型文体中心、大型公园及游乐场、较大的居住区及工业区地段。

（3）三级站

三级站客流量较小，多建于不太繁华的地段。

3.按车站所处位置分

（1）地下车站

地下车站是位于地面以下的车站。

（2）地面车站

地面车站是和地面连接的车站。

（3）高架车站

高架车站是位于地面以上的车站。

这三种车站如图 2.22 所示。

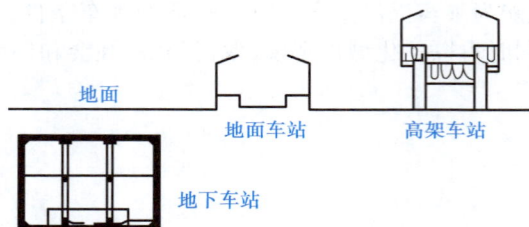

图 2.22　车站与地面的相对位置

二、车站设计原则

1.站址选择

站址的选择应满足轨道线路设计及运营的要求，同时考虑城市公共交通组织和城市规划的要求。因此，站址选择需要轨道交通的主管部门、城建管理部门以及设计部门互相协调，使站间距适宜。

在整个城市轨道交通系统中，就土建投资而言，地下铁道的车站所占的比重较大，同时又是客流汇集场所，要求具有良好的通风、照明和卫生设施，所以要合理设计好车站。

2.车站规模

决定车站规模的主要因素是客流量，可根据预测出的近期和远期客流量来估算车站乘客的集散量和设备容量。

一般情况下车站在高峰期 1 小时内集中了全日乘降人数的 10% ~ 15%，但由于车站所在地区的不同,如居民区与商业区等,其乘降人数的集中程度也不相同。所以在规划时要充分做好预测工作,并考虑轨道交通启用后客流分布所发生的变化。

3. 车站布置

车站布置要方便乘客使用,使其能迅速进出站,并且要有良好的通风、照明、卫生、防火等设备条件,以提供安全和舒适的乘降环境。

4. 建筑设计

地面、高架和地下车站所处的位置不同,其建筑设计应各具特色,因地制宜地考虑建筑风格,力求与城市景观相协调。在设计时,应力求规范化和标准化,充分采用新技术、新工艺和新材料。

三、车站平面布置

车站布置的原则是力求紧凑,能设于地面的设备应尽量设于地面,以降低造价。

车站原则上由站台、站房、站前小广场、垂直交通及跨线设备等组成。其中,站台是最基本的部分,不论车站的类型、性质有何不同,都必须设置。其余的部分,一般情况下都设置,但在某些特殊的情况下,如在满足功能要求的前提下,某些部分可能被简略。城市轨道交通乘客的构成比铁路、公路简单,乘客在车站停留时间短,且没有行李寄存与货物运输等问题,旅客运送方向也基本上是往返方向。因此,在车站,乘客活动流线及车站服务设施都比较简单。在换乘站中,客流流线就比较复杂,大型枢纽站更应认真仔细地分析旅客活动流线。

车站总体布局应按照乘客进出车站的活动顺序,合理布置进出站的流线,使其不发生干扰,要求流线简捷、通畅,为乘客创造便捷、舒适的乘降环境,如图 2.23 所示。

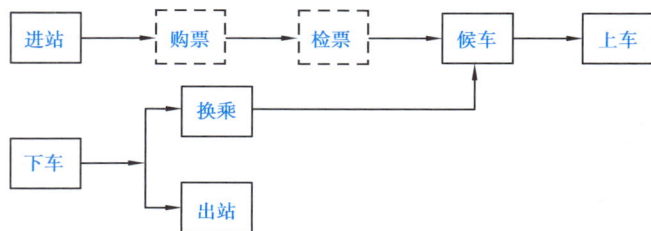

图 2.23　旅客进、出站活动流线

四、城市轨道交通车站组成

城市轨道交通车站是供乘客上下车和换乘、候车的场所,包括供乘客使用、运营管理、安装技术设备和提供生活辅助设施及服务的场所等四大组成部分。

1. 地下车站

地下车站由地面出入口、中间站厅、地下站台三个主要部分组成,如图 2.24 所示。

(1)地面出入口

地面出入口是车站的门户,是客流集疏的第一通道。

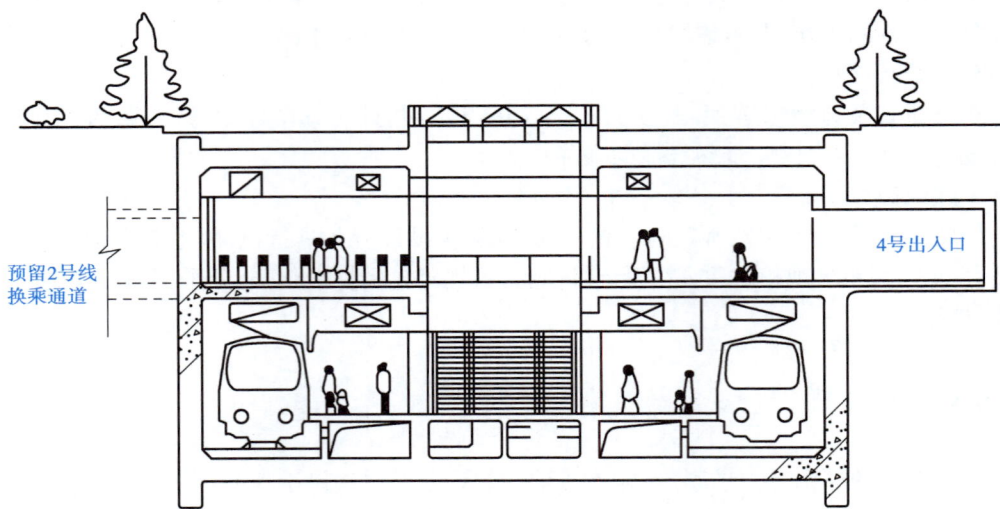

图 2.24　地下车站横剖面图

①设计原则:应尽量设于地面交通车站、停车场附近,形成较佳的换乘组合;尽量与地面建筑结合,可设在地面建筑物内(如商场、公寓的底层、门厅等),也可独立设置,但需与周围景观协调(如建筑风格、色彩、位置),通常可设在人行道、街心花园、绿化带中。当然,最重要的是能保证高峰时段客流通畅,乘客进出方便。

②设计要素:地面出入口必须满足高峰时段客流集疏的需求,保证人流的有效流动。为此,一个车站出入口通道总数不得少于2个。

每个通道或出入口宽度不得少于2 m,净空高不得低于2.5 m。出入口布置方式通常有"L"形、"T"形、"一"形等,如图2.25(a)所示。地下车站的出入口通道还可以兼作人行过街设施,如图2.25(b)所示。

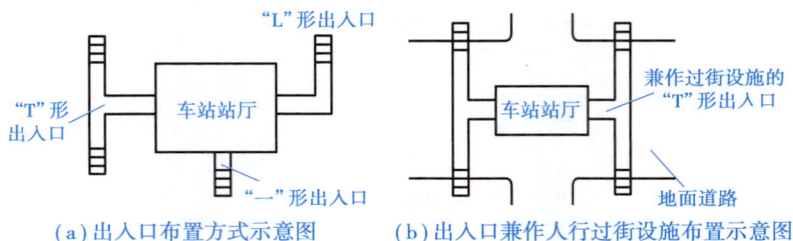

(a)出入口布置方式示意图　　　　(b)出入口兼作人行过街设施布置示意图

图 2.25　出入口布置示意图

(2)中间站厅

为了不占用地面空间,地下车站的中间站厅一般设在地下一层,其主要功能是:集疏客流、售检票及其他服务、设置管理与设备用房。

①布置方式。

a. 分别在两端布置:两个中间站厅分别布置在站台两端上层,如图2.26 所示。

b. 集中在中间布置:中间站厅集中布置在站台上层,如图2.27 所示。

②设计要素。

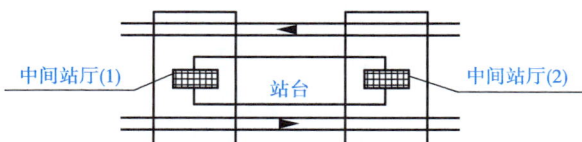

图 2.26　中间站厅在站台两端布置方式示意图

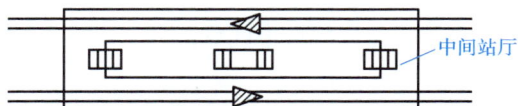

图 2.27　集中布置中间站厅的示意图

a.足够的面积:须充分满足列车同时到达、乘客密集到发时客流移动、集散、售检票的需求,同时在条件允许的情况下应提供充足的服务面积(不收费区)。

b.良好的照明与环控:尽量接近地面环境的指标。

c.便捷的与地面出入口联系方式:选择坡道、楼梯、自动扶梯、垂直升降梯等方式。

d.具有特色的装饰:可采用适当的壁画、雕塑、广告等来表现。

(3)地下站台

地下站台设在地下二层,可供列车停靠、乘客乘降,一般由站台与线路、乘降设备等组成。

①站台类型。

a.岛式站台:站台位于上、下行行车线路之间。

具有岛式站台的车站称为岛式站台车站(简称岛式车站)。岛式车站是常用的一种车站形式。岛式车站具有站台面积利用率高、能灵活调剂客流、乘客中途改变乘车方向方便、车站管理集中、站台空间宽阔等优点。因此,一般常用于客流量较大的车站,如图2.28所示。

图 2.28　岛式站台

b.侧式站台:站台位于上、下行行车线路的两侧。

具有侧式站台的车站称为侧式站台车站(简称侧式车站)。侧式车站也是常用的一种车站形式。侧式车站站台上、下行乘客可避免相互干扰,正线和站线间不设喇叭口,造价低,改建容易,但是站台面积利用率低,不可调剂客流,乘客中途改变乘车方向须经地道或天桥,车站管理分散,站台空间不及岛式宽阔。因此,侧式站台多用于两个方向客流量较均匀(或流量不大)的车站及高架车站,如图2.29所示。

c.混合式站台:将岛式站台及侧式站台设在一个车站内,这种站台布置形式称为混合式站台。

具有这种站台形式的车站称为混合式站台车站。混合式车站主要用于两侧站台换乘或列车折返,如图2.30所示。

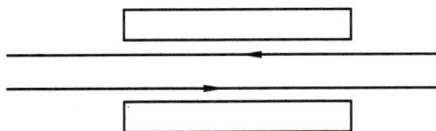

图 2.29　侧式站台

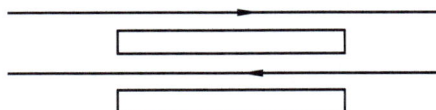

图 2.30　混合式站台

②站台长度。它由列车长度决定,列车长度则是车辆长度与编组辆数的乘积。

③站台宽度。站台宽度应满足高峰时段客流候车、集散的需要。

④站台高度。站台高度指站台到轨顶面的高度,与车型有关。

⑤轨道中心线与站台边缘距离。该值由车辆的建筑限界决定,还应考虑站台的施工误差。

(4)车站乘降设备

车站乘降设备应保证车站地面出入口、中间站厅、地下站台之间乘客垂直移动的便捷舒适、安全可靠。

①楼梯。楼梯是最简单易建的乘降设备,投资低、施工简单、管理方便,但易造成人流交叉干扰,乘客不方便。

②自动扶梯。为减轻乘客疲劳、增强车站吸引力,在条件允许的情况下,在地面出入口与中间站厅、中间站厅与地下站台之间均应设置自动扶梯。自动扶梯可以形成最佳的运送状态,通过能力大,乘客间无冲突干扰,能合理组织客流。

在不设步行楼梯时,自动扶梯梯带总数不少于3条(上行、下行、备用),一般采用"上行自动扶梯、下行步行楼梯"的设置办法降低设备投资及运营成本。

自动扶梯设置方案:中间站厅通道及地面出入口较多,可适当地选用自动扶梯;站台层如需尽快疏散下车乘客,宜将站台两端楼梯尽量放宽,站台中间楼梯则需留出一侧通道,设置自动扶梯用于上行。

③坡道。在条件允许情况下,比如高差较小、施工条件良好时,可用坡道代替楼梯来连接地下站台与中间站台、中间站厅与地面出入口。坡道长度应以乘客走行时间能够承受为限,如考虑是设在地下的坡道,应取较小的值。为防止乘客滑倒,坡道地面需有防滑措施,坡道照明十分重要,两侧墙体可用广告灯箱或装饰面布置,从而创造安全可靠、温馨的环境,减少乘客穿越地下坡道时可能产生的疲劳感和烦躁情绪。

④换乘通道设置方法。

a. 直接垂直换乘方式(图2.31):其优点是换乘距离短、方便,其不足之处在于站台宽度必须保证可以设置垂直换乘梯道,且能满足上下换乘客流的集疏。即使如此,站台上也可能呈现比较杂乱的现象,而且不易管理,所以,它一般只适合于换乘量较小的车站。

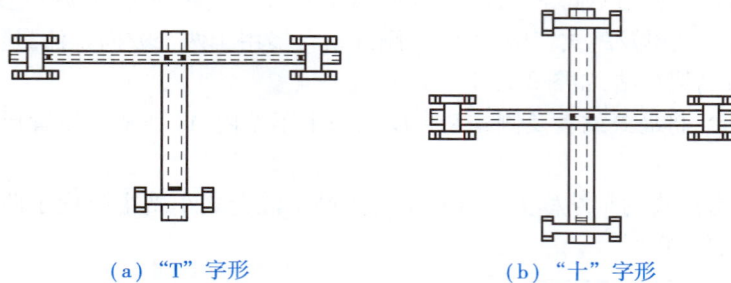

(a)"T"字形　　　　(b)"十"字形

图2.31　直接垂直换乘方式示意图

b. 利用中间联合站厅换乘方式(图2.32):利用两个车站共用的中间联合站组织换乘,可以保证站台层的客流压力下降,同时能妥善完成客流集散、售检票等换乘过程。但因联合中间站厅与两个车站的站台不在一个平面,有一个站台的乘客进出中间站厅的垂直距离加大,需要配套较强的升降设备。又因联合中间站厅需承担两个车站的客流集疏、售检票、服务等作业,因此,需要的空间较大,导致地下工程量变大,造价可能会增加。

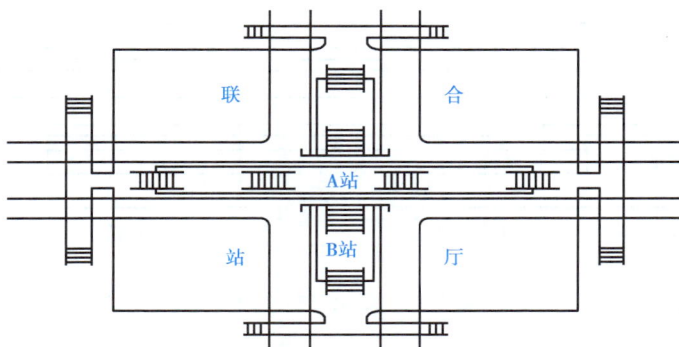

图 2.32 为利用中间联合站厅组织换乘示意图

c.平面换乘(图 2.33):平面换乘是将互相交叉、不在同一平面的两条轨道交通线路通过坡道曲线的处理,构成互相平行的同一平面的换乘方式。

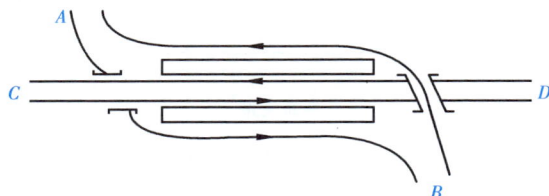

图 2.33 平面换乘示意图

2.高架结构车站

(1)设置方案

①地面出入口、高架站厅、高架站台。

②地面出入口、地面站厅、高架站台。

选择主要依据包括:地面占地可能性条件,高架结构设置条件,投资条件和施工条件。

(2)设置位置

①设在道路两侧:可设在人行道上空或沿街建筑物内,一般采用上下行分线设置的办法。该方案容易与沿街建筑融合,方便乘客出入,但上下行分列布置,建设投资和占地面积均较大。

②设在道路中部上空:上下行并线采用两侧式站台布置,设备集中,管理集中,乘客上下过街方便。但对街道景观影响较大,且占用道路面积。

(3)高架车站示意图(设在道路中间上空)

其平面图如图 2.34 所示,横断面图如图 2.35 所示。

(4)高架车站设计原则

①站台、站厅部分必须全封闭;可用新型轻质材料构筑,以减轻结构总重,提升车站外观形象。

②尽量采用自动扶梯组织乘客乘降。

③保证足够的站厅面积,便于控制站台候车人数。

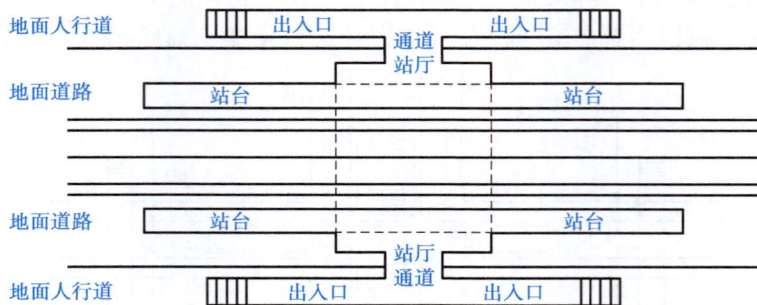

图 2.34　高架车站平面图

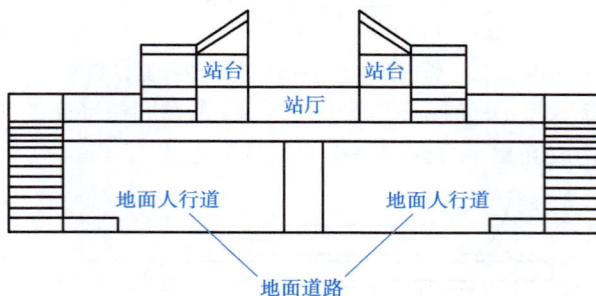

图 2.35　高架车站横断面图

3. 车站辅助用房

（1）运营用房

这包括值班室、站长室、广播室、售票室等。

（2）服务用房

这包括员工休息室、厕所、盥洗室、茶炉房等。

（3）技术用房

这包括通信工作室、信号工作室、继电器室等。

（4）供电用房

这包括降压室、牵引变电室、高压变电室、照明配电室、蓄电池室等。

（5）环控用房

这包括机电室、空调机房、通风机房、消防器材用房、泵房等。

问题与防治

问题1：几种类型车站的区别不易掌握。

防治：借助实例理解几种车站的功能。

问题2：岛式和侧式站台的区别不易掌握。

防治：借助图片和现场理解两种车站。

车站风格

一条城市轨道交通线路上的车站,其风格可以一致,也可以有差异。整个线路的车站建筑群可以像一首乐曲一样,不同车站是其不同的乐章,有序曲、高潮、尾声;也可像一部史书,记下城市的过去、现在和未来。设计者在构思整个城市轨道交通系统车站建筑形式的时候,主要可选择古典、现代、民族、地方几种风格,如图2.36所示。

图 2.36 各种车站风格

本单元小结

1. 城市轨道交通线路的分类。
2. 城市轨道交通轨道的组成。
3. 城市轨道线路的隧道施工方法。
4. 城市轨道交通车站的类型和组成。

单元3 城市轨道交通车辆

任务一 城市轨道交通车辆基本知识

任务目标

1. 了解城市轨道交通车辆的类型及特点。
2. 掌握城市轨道交通车辆的编组形式。
3. 掌握城市轨道车辆的基本组成。

任务分析

重点:城市轨道交通车辆的类型及其特点,城市轨道车辆的基本组成。
难点:城市轨道车辆的编组形式。

知识描述

城市轨道车辆是城市轨道交通系统中运输旅客的工具,根据各城市的运输环境不同其形式多样。不同类型的城市轨道车辆其组成基本相同,其编组运行形式也根据运行环境分为多种。

一、城市轨道交通车辆类型

城市轨道交通车辆根据各城市的运输环境及要求分为多种类型。根据其运行形式来分,常见的有钢轮钢轨式车辆、独轨车辆、直线电机车辆、磁悬浮车辆。常规钢轮钢轨制式车辆技术成熟可靠,应用最为广泛;直线电机车辆和磁悬浮车辆属于新型城市轨道交通工具,具有较好发展前景。此外,城市轨道车辆还有独轨车辆,独轨车辆又分为悬挂式独轨和跨座式独轨,其运行特点为载客量少、运行速度慢及线路短。

为了便于对城市轨道车辆制造、运营、维修的管理,我国对车辆的类型及主要技术规格进行了统一。根据各城市对城轨车辆选型的不同要求和城轨车辆的发展现状,根据车体的宽度不同,车体分可为 A、B、C 三类。

二、城市轨道列车编组

城市轨道车辆是带有动力牵引装置的电动列车,兼有牵引和载客两大功能。车辆按有无动力可分为拖车和动车。拖车是无动力牵引装置,受电弓设置在拖车上。动车本身则带有动力牵引装置。地铁车辆在运营时一般采用动拖结合,固定编组,形成电动列车组。城市轨道列车中,动车和拖车通过车钩连接而成的一个相对固定的编组称为一个(动力)单元,一列车可以由一个或几个单元编组而成。

图 3.1　地铁车辆

图 3.2　磁悬浮列车　　　　　　图 3.3　独轨车辆

我国地铁列车编组形式为:六辆编组的主要有"三动三拖"和"四动二拖",四辆编组主要有"二动二拖"。例如,广州地铁 1 号线每一列车由 6 节车辆组成,采用"四动二拖"形式,六节车有 A、B、C 三类车各两辆(此处 A、B、C 不是按车体尺寸分类),编组为:$-A*B*C=C*B*A-$。A 车为拖车,一端设有驾驶室,车顶上装有受电弓,车下装有一套空气压缩机组。B 车和 C 车均为动车,结构基本相同。其中,"$-$"表示全自动车钩,"$=$"表示半自动车钩,"$*$"表示半永久车钩。

三、城市轨道车辆组成

城市轨道车辆根据城市轨道车辆的用途及特点均可由车体、转向架、制动装置、风源系统、电气传动控制、辅助电源、空调通风系统、内装及设备、车端连接装置、受流装置、车载系统等部分组成。

知识扩展

为了全面掌握城市轨道车辆技术特点,本任务对车辆技术规格的某些指标进行概括地介绍。从总体上表征车辆性能及结构的一些参数称为车辆技术参数,一般可分为性能参数与主要尺寸两大类。

一、车辆性能参数

1. 自重、载重、容积

自重指车辆整备状态下的本身结构及设备组成的全部质量,载重指正常情况下车辆允许的最大装载质量,均以吨(t)为单位。容积以立方米(m^3)为单位。

2. 构造速度

这是指车辆设计时按照安全及结构强度等条件所决定的车辆最高行驶速度。车辆实际运行速度一般不允许超过构造速度。

3. 轴重

这是指按车轴形式及在某个运行速度范围内,车轴允许负担(包括轮对自身的质量)的最大质量。轴重的选择与线路、桥梁及车辆走行部的设计有关。

4. 通过最小曲线半径

这是指配用某种形式转向架的车辆在站场或厂、段内调车时所能安全通过的最小曲线半径。当车辆在此曲线区段上行驶时不得出现脱轨、倾覆等危及行车安全的事故,也不允许转向架与车体底架或车下其他悬挂物相碰撞。

5. 轴配置或轴列式

这是指用数字或字母表示车辆走行部结构特点的方式。例如4轴动车,两台动力转向架,则轴配置记为B—B;6轴单铰轻轨车辆的两端为动力转向架,中间为非动力铰接转向架,其轴配置记为B—2—B。

6. 制动形式

这是指车辆获得制动力的方式,有摩擦制动、再生制动、电阻制动以及磁轨制动等多种形式。

二、车辆的主要尺寸

1. 车辆长度

车辆长度是指车辆处于自由状态、车钩呈锁闭状态时,两端车钩连接面之间的距离。区别于车体长度的概念,车体长度指不包含牵引缓冲装置或折棚的车体结构的长度。

2. 车辆最大宽度

这是指车体横断面上最宽部分的尺寸。

3. 最大高度

这是指车辆顶部最高点与钢轨顶面之间的距离。通常需说明与最高点相关的结构,如有无空调、受电弓的状态等。

4. 车辆定距

这是指同一车辆的两转向架回转中心之间的距离。

5. 固定轴距

这是指同一转向架的两车轴中心线之间的距离。

6. 车钩中心线距离钢轨面高度

它简称车钩高,以 HO^{+10} 表示,是指车钩连接面中点(铁路车钩是指钩舌外侧面的中心线)至轨面的高度,取新造或修竣后空车的数值。

7. 地板面高度

这是指车辆地板面与钢轨顶面之间的距离。地板面高度与车钩高一样,指新造或修竣后空车的数值。

任务二　城市轨道车辆车体及车门

任务目标

1. 掌握车体制造材料的种类。
2. 掌握车体的结构特点。
3. 掌握车门的结构及常见故障。

任务分析

重点:车体的基本结构特征和车门的结构。
难点:根据车门的结构特点分析查找故障。

知识描述

车体坐落在转向架上,是容纳旅客和车辆设备的安装基础,驾驶室也设置在车体中。车体由底架、侧墙、端墙、车顶、车门、车窗及车内设施等组成。车体的强度、刚度要符合安全要求,车体材料要具备防腐、耐腐蚀能力。车体上的车门要根据城市轨道车辆的运行特点及安全、强度的要求而布置。

一、车体的材料

车体材料主要有碳素钢、铝合金和不锈钢三种。早期的城轨车辆车体材料基本上是碳素钢(包括普通低碳钢和耐候钢),目前主要使用铝合金和不锈钢。

二、车体的类型及结构特征

1.车体的类型

按照车体结构有无司机室,车体可分为带司机室车体和无司机室车体两种。按照车体结构承受载荷的方式不同,车体可分为底架承载结构、侧墙和底架共同承载结构,以及整体承载结构三类。城市轨道车辆车体均为整体承载结构。

2.车体的结构特征

整体承载结构如图3.4所示,其特点是在板梁式侧、端墙上固接由金属板、梁组焊而成的车顶,使车体的底架、侧墙、端墙、车顶连接成一个整体,成为开口或闭口箱形结构,此时车体各部分结构均参与承受载荷。

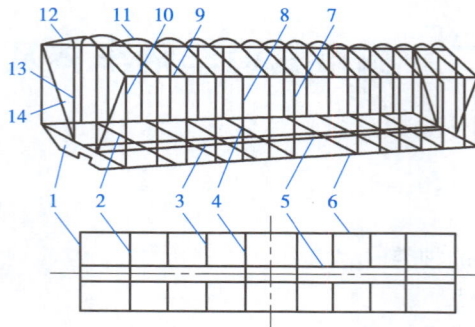

图3.4　车体一般结构形式

1—缓冲梁(端梁);2—枕梁;3—小横梁;4—大横梁;5—中梁;6—侧梁;7—门柱;
8—侧立柱;9—上侧梁;10—角柱;11—车顶弯梁;12—顶端弯梁;13—端立柱;14—端斜撑

城市轨道车辆整体承载结构车体是由若干纵向、横向梁和立柱组成的钢骨架(也称钢结构),再安装内饰板、外蒙皮、地板、顶板及隔热隔音材料、车窗、车门、采光设施等组成。它一般包括底架、端墙、侧墙、车顶、车窗、车门、贯通道和车内设施等部分。

底架是车体结构和设施的安装基础,承受主要的动、静载荷。车底架通常由大型铝合金蜂窝状挤压型材焊接而成,由侧梁、端梁、牵引梁、枕梁和横梁组成。底架上还设有各种吊梁、吊卡、线槽、安装座,用以安装车钩缓冲装置、机电设备、制动装置等设备。底架上部还铺设有地板,一般的地板主要由金属地板、地板布、支撑梁、隔音隔热材料和阻尼浆等组成。

侧墙由杆件、墙板和门窗组成。杆件包括立柱、上弦梁、横梁和其他辅助杆件,它们与底架的侧梁结成一体。墙板有蒙皮和内饰板,蒙皮是用钢板、不锈钢板或铝合金板制成,内饰板具有车内装饰的功能,经过阻燃处理。

端墙结构与侧墙基本相同,除端梁外,还设有角柱、端立柱、上端梁和墙板等。

车顶结构包括车顶弯梁、车顶横梁、车顶端弯梁及车顶板等。

三、车门的类型及结构特点

城市轨道交通运输由于载客流量大，乘客上下车频繁，轨道车辆的车门应方便乘客，一般车体每侧车门开度较大，数量也较多。

对于不同类型的车门，其组成略有不同，但都包括车门悬挂及导向机构、车门驱动装置、左右门页、紧急解锁装置、乘务员钥匙开关（或称为紧急入口装置）、一套安装在车体上的密封型材等机械部件，以及电子门控单元（或气动控制单元）、电气连接、负责监测的各类行程开关、指示灯等电气或气动部件。

车门形式主要有以压缩空气为动力的风动门，也有采用电气驱动的车门。城市轨道车辆车门主要有以下几种：

图 3.5　城市轨道车辆车门

1. 按驱动方式的不同进行区分

（1）电控风动门

电控风动门由压缩空气驱动传动气缸，再通过机械传动系统和电气控制系统完成车门的开关动作。机械传动系统的作用是将传动气缸活塞杆运动传递至车门，使车门动作。电气控制系统包括气动门控制、再开门控制、车门动作监视和列车控制电路连锁等部分，其作用是为了保证车门动作可靠和行车安全。

车门的电气控制系统一般采用电子控制技术，可根据乘客和司机的不同要求编制程序修改操作过程，自动监控装置具有全方位监控车门的系统、自动故障报警和记录等功能。为了防止车门夹伤乘客，现代自动车门还具有防夹功能，根据欧洲标准规定关门时的最大挤夹力应小于 250 N。

（2）电传动门

电气驱动车门由电动机、传动装置（轴、磁性离合器、皮带轮和齿形皮带）、控制器、闭锁装置和紧急开门装置组成。齿形皮带与两个门翼相固定，闭锁和解锁所需的扭矩由电动机提供。另一种电气驱动装置为电动机通过一根左右同步的螺杆和球面支承螺母驱动滚珠摆动导向件和与其固定的门翼。

2. 按开启方式的不同进行区分

（1）内藏钳入式对开侧移门（图 3.6）

这种车门在开关车门时，门翼在车辆侧墙的外墙与内护板之间的夹层内移动，传动装置设于车厢内侧车门的顶部，装有导轮的门翼可在导轨上移动并与传动装置的钢丝绳或皮带相连接，借助气缸或电动机驱动传动机构，从而使钢丝绳或皮带带动门翼动作。

（2）外侧移门（图 3.7）

它与内藏钳入式对开侧移门区别仅在于开关车门时，其门翼均处于侧墙的外侧，车门驱动机构工作原理与内藏钳入式对开侧移门相同。

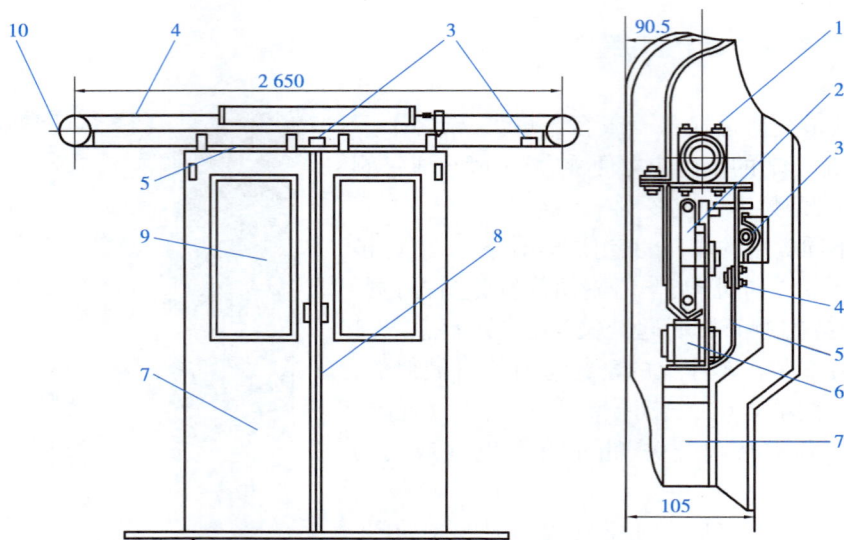

图 3.6　内藏钳入式对开侧移门
1—气缸；2—滚轮；3—行程开关；4—钢丝绳；5—导轨；6—小滚轮；
7—门页；8—橡胶密封条；9—车门玻璃；10—定滑轮

（3）塞拉门（图 3.8）

塞拉门借助于车门上端的传动机构和导轨，在车门开启状态时，门翼贴靠在侧墙的外侧；在关闭状态时，门翼外表面与车体外墙成一平面，这不仅使外表美观，而且也有利于在高速行驶时减少空气阻力，车门不会因空气产生涡流发生噪声，也便于自动洗车装置对车体的清洗。车门的上方设有门翼导轨，气缸（或螺杆）带动连杆机构使门翼沿着导轨滑移。

图 3.7　外侧移门

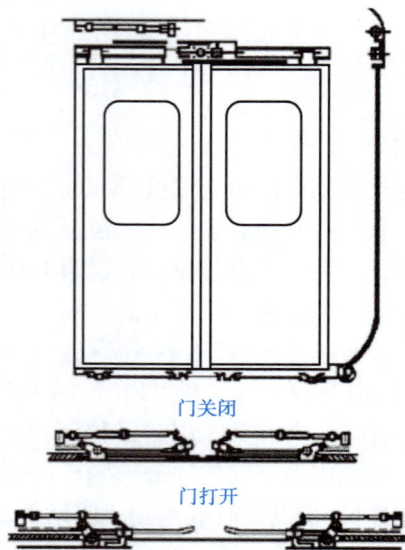

图 3.8　塞拉门

（4）外摆式车门（图3.9）

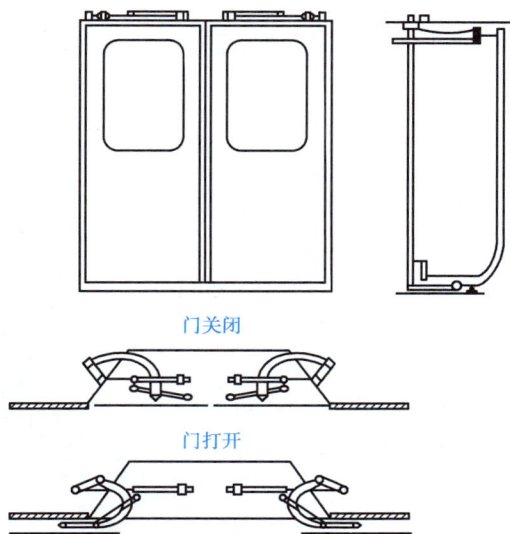

图 3.9　外摆式车门

外摆式车门在开门时通过转轴和摆杆使车门向外摆出并贴靠在车体外墙板上，车门关闭后，门翼外表面与车体外墙成一平面。这种车门的结构特点为开门时具有较大的门翼摆动空间。

四、车门故障类型

车门的故障表现复杂繁多，其中既有车门气路系统、机械传动方面的问题，也有车门电气控制及信息检测系统的故障。

1. 车门机械系统故障

车门机械故障主要分两种：一种是零部件损坏故障，另一种是机械尺寸变化引起的故障。

零部件损坏通常可以通过更换新件解决，但如果同一类零部件损坏率较大，则应当检查是否存在系统设计问题或调整上的失误。在客流量大且集中时，由于车体挠度等因素的影响，往往造成车门相关部件与车体等部位干涉，从而引起车门故障，出现此类故障时应检查车门的尺寸调整是否在规定的范围之内。

2. 车门电路故障

车门电路故障主要有继电器卡滞、烧损，行程开关内部弹簧老化造成触头接触不到位等。这类故障均可以通过相关车门电路分析查出并处理。

3. 车门气路故障

车门气路故障主要表现在气动元件调节功能失效、漏气等，可以通过用零件替换来查找故障。

知识扩展

按其用途的不同,车门除了客室车门以外,还有紧急疏散门和司机室车门等。

一、紧急疏散门(图3.10)

列车在隧道内运行,一旦发生火灾或其他险性事故时,必须疏散车上的乘客。这时司机可打开设在前后A车端墙中间的紧急疏散门,引导乘客通过紧急疏散门走向路基中央,然后向两端的车站疏散。

紧急疏散门为可伸缩的套节式踏级板,两侧设有扶手栏杆,中间铝合金踏板上涂有防滑漆,故乘客在上面行走时不会滑跌。其门锁在驾驶室内或室外都可开启。一旦门锁开启,车门能自动倒向路基,并且还有缓冲器,不致使倒下的加速度过大而使疏散门装置损坏。

图3.10 紧急疏散门

二、司机室车门

司机室两侧墙上各有一扇单叶的内藏式滑动移门,其结构与客室车门类似,只是没有气动装置,用人工开关,以供司机上下车。

司机室背墙中间有一扇通往客室的通道门,是供司机走入客室的通道。它在客室一侧没有开门把手,乘客是不能开启这扇门的。但在其上方有一红色紧急拉手,其用途是当乘客发现司机出现异常情况如突发急病时,可用紧急手柄开启通道门以便对司机进行抢救。

任务三　城轨交通车辆转向架

任务目标

1. 掌握城市轨道车辆转向架的作用及类型。
2. 掌握城市轨道车辆的组成及结构特点。

任务分析

重点:转向架的基本组成及各部件结构特点。
难点:转向架主要故障检修。

知识描述

早期铁路车辆只有前后两个轴距固定的轮对,轮对直接支撑车体。为了使车辆能够顺利通过曲线,轮对的轴距不能太大,车辆长度受限,载重量比较小。因此,为了提高车辆载重量以及使车辆顺利通过曲线,现代铁路车辆走行部分采用转向架的形式。转向架是车辆的重要部件之一,其性能决定了列车的运行速度、载重量、乘坐舒适性和安全性。

一、转向架的作用

目前,城轨车辆走行部主要以转向架的形式出现,如图3.11所示,其构架把两个轮对连接在一起组成一个小车,车体就坐落在这样的两个转向架上。转向架安装于车体与轨道之间,是支撑车体并负担车辆沿轨道走行的支撑走行装置,实现承重、传力、转向、减振功能。它一般由构架、轮对轴箱装置、弹性悬挂装置和基础制动装置、牵引传动装置等组成。其主要作用有以下几点:

①支撑车体、传递载荷;
②使车辆顺利通过曲线;
③传递牵引力和制动力;
④缓和振动和冲击,确保车辆运行的安全性,提高乘坐舒适性。

图3.11　转向架

二、转向架的组成

一般地,城轨车辆的转向架采用二轴构架式转向架,并普遍采用无摇枕结构。主要特点:一系悬挂主要有金属螺旋弹簧、人字形(或称八字形)和锥型金属橡胶弹簧三种结构;二系悬挂主要由空气囊加橡胶金属叠层弹簧构成。不管何种形式的转向架,它们的基本组成部分和主要功能是相同的。根据有无动力装置,转向架可分为动车转向架(图3.12)和拖车转向架(图3.13),其组成可以分为以下几个部分:

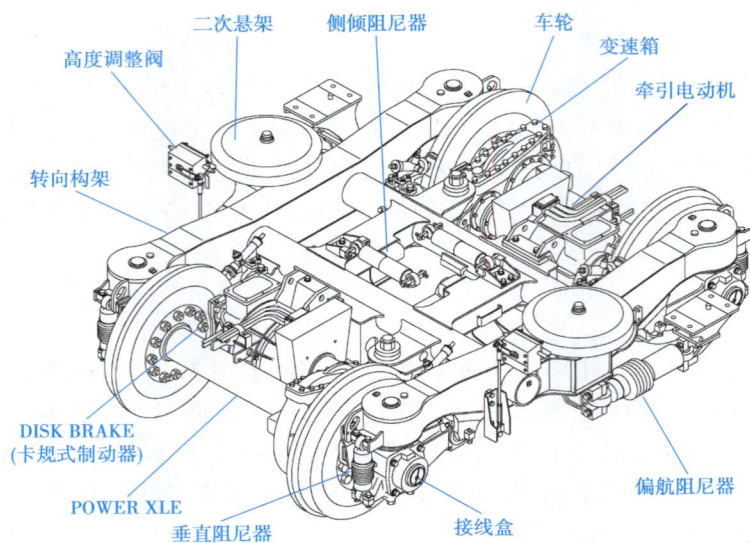

图 3.12　动车转向架

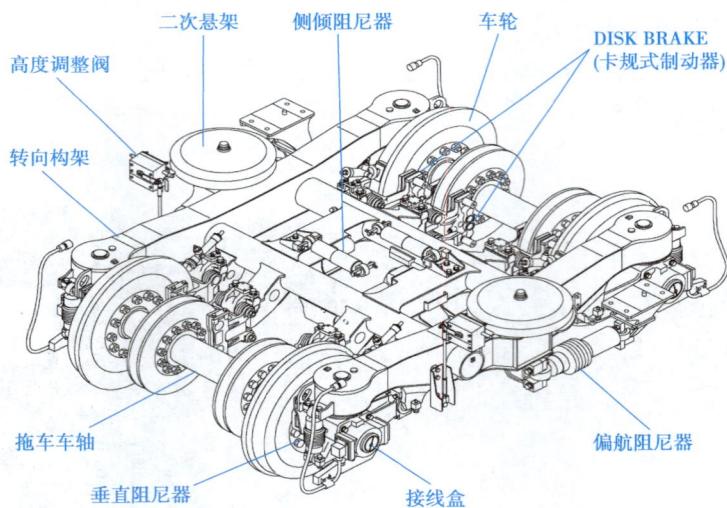

图 3.13　拖车转向架

1. 构架(图 3.14)

构架是转向架的基础,它把转向架的零部件组成一个整体。故它不仅承受、传递载荷及作用力,而且它的结构、形状和尺寸都应满足零部件组装的要求。

2. 轮对轴箱装置(图 3.15)

轴箱与轴承装置是连接构架和轮对的活动关节,使轮对的滚动运动转化为车体沿着轨道的直线运动。轮对沿钢轨滚动的同时,除承受车辆的重量外,还传递轮轨之间的其他作用力,包括牵引力和制动力。

图 3.14　转向架构架

图 3.15　轮对轴箱装置

3.弹性悬挂装置(图3.16)

为了保证轮对与构架、转向架与车体之间的可靠连接,同时减少线路不平顺和轮对运动对车体的影响(如垂直振动、横向振动等),在轮对与构架、转向架与车体之间装设有弹性悬挂装置,前者称为轴箱悬挂装置,后者称中央悬挂装置,也可称它们为一系悬挂装置和二系悬挂装置。弹性悬挂装置包括弹簧、减振器及定位装置等。

4.基础制动装置(图3.17)

为对运行中的列车进行调速或使其在规定的距离内停车,必须安装制动装置。其基础制动装置吊挂于构架上,它的作用是使制动缸的空气压力转化为闸瓦压向车轮的力,从而产生制动作用。

图 3.16　弹性悬挂装置

图 3.17　转向架基础制动装置

5.牵引电机与齿轮变速传动装置(图3.18)

这是动力转向架所特有的一套装置,非动力转向架没有此装置。动力转向架通过它使牵引电机的扭矩转化为轮对或车轮上的转矩,利用轮轨之间的粘着作用,驱动车辆沿着轨道运行。

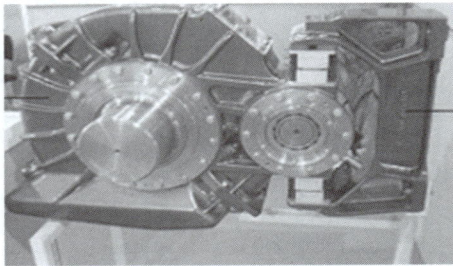

图 3.18　牵引电机及齿轮箱

问题与防治

转向架的检修维护

1. 转向架的分解组装

转向架的分解组装就是从转向架构架上将轮对、驱动装置、弹性悬挂装置等零部件拆卸下来,对各部件检修合格后,再重新装配到构架上的过程。

2. 构架检修

构架检修主要检查构架的外观是否良好,有无裂纹、锈蚀、腐蚀、变形等损伤。构架的主要检查办法是探伤和尺寸测量。

3. 轮对检修

这主要包括车轮检查、车轮的拆卸和压装、车轴探伤等。

4. 轴承检修

5. 驱动装置的检修

6. 弹性悬挂装置检修和减振器检修

知识扩展

目前,独轨车辆主要有两种:一种是跨座式,另一种是悬挂式,其转向架结构有较大的区别。

跨座式独轨车辆转向架为二轴转向架,且全部为动力转向架。该转向架的结构如图3.19所示。转向架每根轴上装有 2 个走行轮,走行轮为内部充入氮气的钢套橡胶车轮。为防止走行轮轮胎放炮,转向架前后两端装有辅助车轮,转向架两侧上方各设 2 个导向轮,下方各设 1 个稳定轮,它们都是内部充入空气的钢套橡胶车轮。为防止导向轮和稳定轮轮胎放炮,在相应位置装有钢制备用轮,并设置了车轮轮胎放炮检测器。

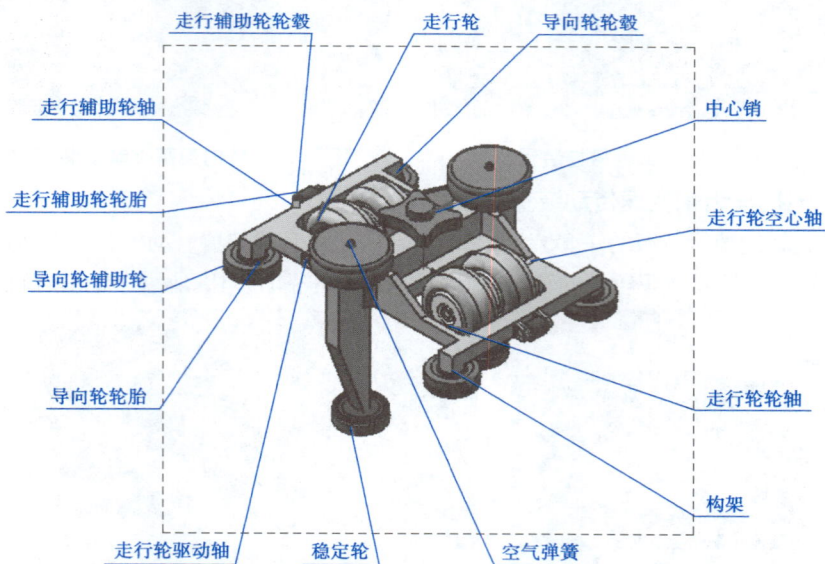

图 3.19 跨座式独轨转向架

任务四　车端连接装置

任务目标

1. 掌握车端连接装置的主要类型。
2. 掌握车端连接装置的结构特点。

任务分析

重点：车端连接装置的类型及其结构特点。

难点：密接式车钩的维修保养。

知识描述

车辆连接装置主要包括车钩缓冲装置和贯通道装置，通过它们使列车中车辆相互联接，实现相邻车辆之间的纵向力传递和通道的连接。车钩缓冲装置分为密接式车钩和缓冲器两个部分，贯通道则包括密接式风挡、渡板等装置。

一、车钩缓冲装置的作用

车钩缓冲装置是车辆最基本的部件，也是最重要的部件之一。它是用来连接列车中各车辆，使之彼此保持一定的距离，并且传递和缓和列车在运行中或在调车时所产生的纵向力或冲击力。

二、城市轨道车辆车钩

城轨车辆用车钩基本上可分为自动车钩、半自动车钩和半永久性牵引杆三种。

自动车钩位于列车端部，其电气和风路连接装置都组装在钩头上。当车辆连挂时，车钩的机械、风路、电路系统都能自动连接；解钩时，操作人员可在司机室控制自动解钩或采用手动解钩。解钩后，车钩即处于待挂状态；电气连接器通过盖板自动关闭，以防止水和尘土进入；主风管连接器也自动关闭，防止压缩空气泄漏。

我国城轨车辆用自动车钩主要有两种：一种是国产密接式车钩，采用半圆形钩舌；另一种是 Scharfenberg 式自动车钩，采用拉杆式连接结构。

1. 国产密接式车钩

国产密接式车钩缓冲装置如图 3.20 所示。它主要由车钩钩头、橡胶金属片式缓冲器、风管连接器、电器连接器和风动解钩系统等部分组成，缓冲器位于钩头的后部。车辆连挂时，两车钩相邻钩头上的凸锥和凹锥孔的相互插入实现了两车钩的紧密连接；同时自动将两车之间的电路和空气通路接通。在两车分解时，亦可自动解钩，并自动切断两车之间的电路和空气通路。

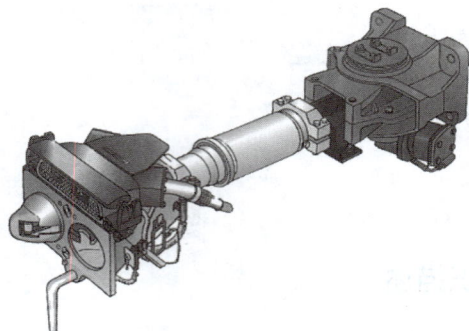

2. Scharfenberg 密接式车钩

Scharfenberg 密接式车钩缓冲装置如图 3.21 所示。它主要由车钩钩头、橡胶缓冲器、风管连接器、电器连接器和风动解钩系统等部分组成，缓冲器位于钩头的后部。车辆连挂时，两车钩相邻钩头前端的锥形喇叭口引导彼此精确对中，从而实现两车钩的紧密连接；同时自动将两车之间的电气线路和空气通路接通。两车分解时，亦可由司机控制解钩电磁阀自动解钩，并自动切断两车之间的电气线路和空气通路。

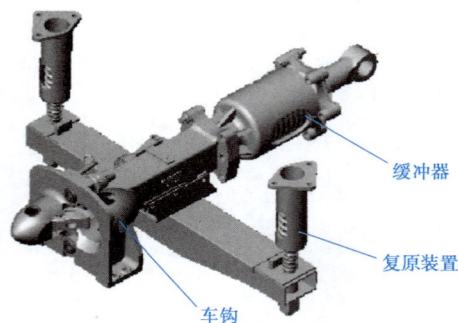

缓冲器
复原装置
车钩

图 3.20　密接式车钩　　　　图 3.21　Scharfenberg 密接式车钩

3. 半自动车钩

半自动车钩用于两编组单元之间的车辆连挂。通常，半自动车钩的钩头连接形式与自动车钩相同，连挂方式和锁闭方式也相同。两个相同的车钩可以在直线线路和曲线线路上自动连挂。半自动车钩可以实现列车单元之间的机械连接和风管连接自动化，而电气连接则只能手动操作。解钩时，机械和气路部分可自动进行，也可手动操作，但不能在司机室集中控制。半自动车钩上设有贯通道支撑座，用于车辆运行过程和解钩之后支撑贯通道。支撑座可以承受贯通道及所承受的载荷。

4. 半永久性牵引杆

半永久性牵引杆用于同一单元内车辆之间的编组，使之编组成单元。列车单元在运行过程中一般不需要分解，通常只在维修时才分解。两车连挂时即形成刚性连接，其连接间隙最小。

三、缓冲装置

缓冲装置是车辆牵引连挂装置的重要组成部分，主要用来传递和缓和纵向冲击力。城轨车辆采用的缓冲装置主要有以下几种形式：

1. 层叠式橡胶金属片缓冲器

如图 3.22 所示，层叠式橡胶金属片缓冲器的作用原理是当车辆受到压缩载荷时，缓冲器体和牵引杆受压，此时力的传递方向为：牵引杆压缩后从板→橡胶金属片→前从板和缓冲器的前端，橡胶金属片受到压缩从而起到缓冲作用。在牵引载荷工况下，缓冲体和牵引杆受拉，此时力的传递方向为：牵引杆上的滑套压缩前从板→橡胶金属片→后从板和缓冲体后盖，同样起到缓冲作用。此种缓冲器常用于国产地铁车辆上。

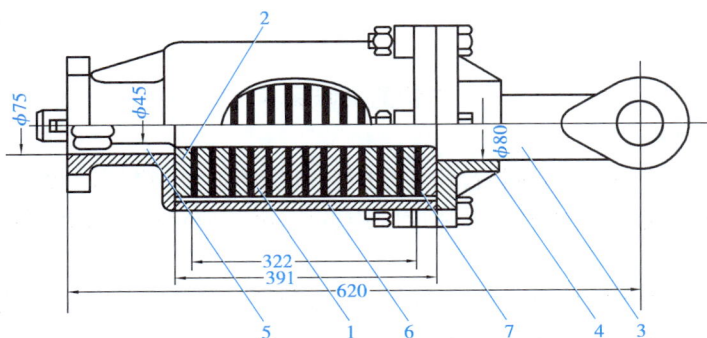

图 3.22　层叠式橡胶金属片缓冲器

1—橡胶金属片;2—前从板;3—牵引杆;4—缓冲器后盖;5—滑套;6—缓冲器体;7—后从板

2.可压溃变形管

车钩缓冲装置是车辆冲击能量吸收系统的一部分,如图 3.23 所示。可压溃变形管可作为车钩缓冲装置的重要部件,用来吸收车辆冲击能量。当两列车相撞时,将会产生可恢复的和不可恢复的变形。

四、贯通道及渡板

贯通道装置也就是风挡装置,位于两节车厢的连接处,是两车辆通道连接的部分,如图3.24所示。它具有良好的防雨、防风、防尘、隔音、隔热等功能,能够使旅客安全地穿行于车厢之间。风挡装置分为整体式和分体式。深圳地铁采用的是分体式风挡装置,即风挡装置的一半装在每辆车的端部,该装置的下部还设有分开式渡板,渡板连接处有车钩支撑。

图 3.23　可压溃变形管

图 3.24　贯通道装置

问题防治

车钩的维修保养

1. 车钩间隙调整

全自动车钩在使用一段时间后,钩锁之间会产生磨损。当磨损达到一定程度后,会造成两车钩无法正常连挂,严重时甚至造成脱钩事故,因此应定期检查和调整车钩间隙。

2. 车钩头润滑

车钩头的润滑是车钩检修过程中的一项重要工作,润滑工作的好坏直接关系到车钩重要部件的使用寿命,这包括中枢轴套注油、钩舌润滑、钩板室润滑、钩头滑动表面润滑等。

任务五　车辆设备及其布置

任务目标

1.掌握城市轨道车辆设备的类型及结构。
2.掌握城市轨道车辆设备布置方式及用途。

任务分析

重点:车辆设备的类型及结构。
难点:各设备的布置方式及用途。

知识描述

按照用途的不同,车辆设备包括车用设备和服务于乘客设备两大类。车用设备主要有:牵引动力设备(如受电弓、逆变器、牵引电机),计算机控制设备(如微机控制单元及总线、传感器),制动设备,风源设备等,它们用于满足列车运行要求。服务于乘客的设备主要有:旅客乘坐设备(如座席、扶手、吊环等),照明设备,信息广播设备(包括信息显示牌和列车广播),空气调节设备等,它们用于为旅客提供方便和服务,保证良好的乘车环境。

城轨车辆体现了先进的计算机控制技术,是集机械和电气于一体的典型机电设备。其设备按照性质分类有:机械设备、电气及控制设备;按照设备的布置位置,车辆设备分为车顶设备、车内设备和车底设备。一般城轨车辆以动车组的形式出现,车内空间尽量用于容纳乘客,设备的布置应使客室环境安全、舒适,与乘客无直接关系的车辆运营所需设备尽可能悬挂于车底,以使车内空间最大化。

一、车顶设备

1. 受电弓

受电弓包括基础框架、框架、集流头、压力弹簧和降低装置等,如图3.25所示。受电弓一般通过基础框架安装在车顶上,并尽量靠近转向架回转中心,以避免车辆通过曲线时引起受电弓偏离接触网导线。广州地铁及上海地铁等城轨列车通常为升双弓运行。考虑接触网振动波的传播速度对后受电弓受流质量的影响,一般柔性接触网供电系统中的运营车辆受电弓布置在头车(可能是拖车)上。而刚性接触网供电系统不必考虑此影响,其受电弓一般安放在动车上,以减少高压线路在车辆之间驳接和对拖车乘客造成的安全隐患。

图 3.25　受电弓结构

1—基础框架;2—高度止挡;3—绝缘体子;4—框架;5—下部支杆;6—下部导杆;
7—上部支杆;8—上部导杆;9—集流头;10—接触带;11—端角;12—升高和降低装置;
13—电流传送装置;14—吊钩闭锁器

2. 空调通风设备

空调系统的作用就是确保车内有舒适的环境温度、湿度和充足的新鲜空气。一般城轨车辆每车的车顶都安装两个车顶一体式空调单元。位于1位端的空调单元称为空调单元Ⅰ,位于2位端的空调单元称为空调单元Ⅱ,如图3.26所示。

一般车辆空调系统主要由通风系统、制冷系统、加热系统、加湿系统以及自动控制系统五大系统组成。考虑城轨车辆实际运行区域的气候条件,有些车辆可不设专门的加热及加湿系统。

通风系统的作用是将车外新鲜空气吸入并与车内再循环空气混合,在滤清灰尘和杂质后,再将其输送和分配到车内各处,使车内获得合理的气流组织;同时将车内污浊的空气排除车外,使车内的空气参数满足设计要求。

制冷系统的作用是在夏季对进入车内的空气进行降温、减湿处理,使夏季车内空气的温度与相对湿度维持在规定的范围内。具体来说,通风机将吸入的车内外的混合空气经过蒸发器冷却后送入车内,以达到降温的目的。由于蒸发器表面的温度通常低于空气的露点温度,空气中的部分水蒸气就凝结成水滴。因此,空气在通过蒸发器冷却的同时也得到了减湿处理。

图 3.26　车顶空调机组

空气加热系统的作用是在冬季对进入车内的空气进行预热和对车内的空气进行加热,以保证冬季车内空气的温度在规定的范围内。

空气加湿系统的作用是在冬季车内空气相对湿度较低时对空气进行加湿,以保证冬季车内空气的相对湿度在规定的范围内。

自动控制系统的作用是控制各系统按给定的方案协调地工作,以使室内的空气参数控制在规定的范围内,并同时对空调装置起自动保护作用。

二、车底设备

车底设备一般包括有高压设备、线路滤波器、牵引逆变器、制动电阻、牵引单元、辅助设备、DC/DC 变换器、空气制动系统、列车自动控制装置(ATC)、列车故障自诊断系统等。

三、车内设备

1. 司机室

司机室是列车司机的工作场所,其主要设备与列车操纵有关,设备布置应方便司机操纵列车和为其提供舒适的工作环境。带司机室车辆位于列车前端部,前端设有紧急疏散梯等设施。

司机室内设备布置各有差异,但也遵循一定的规律,如正司机台放在右侧,副司机台放在左侧,在与客室的隔墙上设有隔门,左右侧各设有一扇侧门,前端一般设有紧急疏散门,司机座椅与地板固定并可前后及上下调整,前端挡风玻璃设有电阻加热丝加热装置、刮雨器和遮光板。

司机室内的正司机台是比较复杂的部件,其上设有牵引和制动手柄、相关仪器、指示灯、各种按钮和显示屏等。

2. 客室

车辆客室设有车门、车窗、座椅、挡风板、扶手栏杆、安全锤、灭火器、排水管罩等设备，如图 3.27 所示。

图 3.27　客室

（1）客室座椅

为了适应城轨交通的短途、大运量特点，客室座椅一般靠侧墙纵向布置在两侧车门之间。

（2）立柱、扶手

为了让站立乘客扶稳，客室内一般设有立柱、纵向扶手和吊环等设施。

（3）客室车窗

客室侧门之间一般都设有车窗，就其结构形式而言，有单层玻璃、双层玻璃之分；有楣窗与无楣窗之分；又有连续式与分连续式之分。如上海地铁 1 号线就是有楣窗、有窗框的结构，而广州地铁 1 号线就是无楣窗、有窗框的结构，它们都是用氯丁橡胶条固定在车体上，香港机场快速线、深圳地铁部采用连续式车窗。

（4）消防设施

每个客室必须设置灭火器、安全锤等消防设施，并放置在规定的地方。上海地铁直流车每个客室设置有两个灭火器，放置在两端控制柜下部；每个客室设置两个安全锤放置在两侧顶内，并有明显标志，以便紧急时使用。

3. 乘客信息设备

为了方便乘客知悉列车信息，特别是为了给弱视和弱听乘客上下车提供方便，客室一般都安装了扬声器和显示屏，可以广播和显示站名等信息。

图 3.28 是广州地铁 2 号线车辆的扬声器和显示屏的安装位置图。其扬声器安装在车顶板格栅的后面，经由变压器与 100 V 车辆线并联连接，且由车辆控制器（SACU）供电。显示器安装在车辆贯通道上部的中间端，它是一个 LED 点阵显示器。客室显示器由 110 V 直流供电并且不卸载，它通过客室控制单元（SACU）接收到连续的数据，并在车辆数据总线上更新数据，由激活司机室的 PISC 来提供。SACU 的输出叫作车辆数据总线，作为客室

显示器的输入输出线。线路是贯通连接的,信号无缓冲,因此无论中间的显示器处于什么状态,信号都将传到下一个显示器。

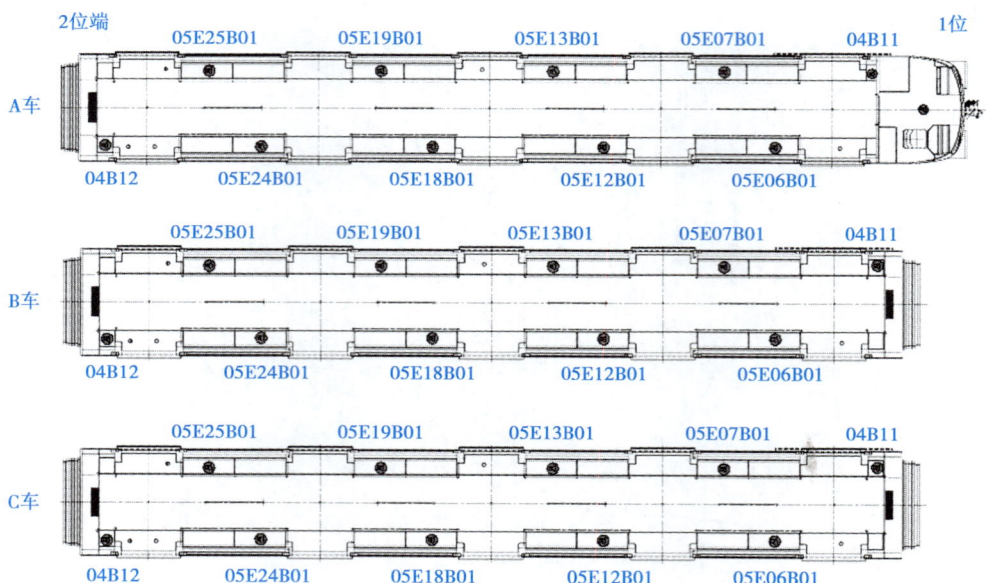

图 3.28 信息设备示意图

为了用内部显示器显示信息和通过扬声器进行广播,列车中必须有一个司机室被激活。一般有两种方法向乘客传递信息,即通过广播或者显示器来广播或显示信息。在被激活的司机室中,按下司机台上 PIS 控制板 04A33 的 PA 按钮之后,司机可以用麦克风(信号名为 04B04)向乘客广播。在这种情况下,只有广播而没有信息显示。

在另一个手动触发模式中,司机可以通过司机台上的彩色显示器(04A25)选择特定的信息,此时信息将被广播并显示在客室的显示器上。

如果列车运行在 ATO 模式下,信息将自动由 ATO 系统触发。不用司机操作。

此外,OCC(操作控制中心)能够通过列车无线电向乘客提供信息。如果列车无线电接收器接收到了有特殊编码的信息,信号将被送到 PIS 系统中,直接向乘客广播。

4. 车辆灯光

车辆灯光从处所上来看,一般可分为司机室灯光、中间车辆灯光和其他灯光;从式作性质上可分为指示灯和照明灯。

任务六 制动装置

任务目标

1. 掌握城市轨道车辆制动类型。
2. 掌握城市轨道车辆空气制动系统的组成。

任务分析

重点:城市轨道车辆制动系统的组成,制动的种类。

难点:制动优先原则。

知识描述

制动是指人为地使列车减速或阻止其加速的过程。使列车减速或阻止其加速的力称为制动力,而产生并控制这个制动力的装置叫作制动机,也称制动装置。制动装置是城轨车辆的重要组成部分。

制动控制装置由制动信号发生、传输装置和控制装置组成,分为空气制动机、电控制动机、手制动机等。制动执行装置就是基础制动装置,主要有闸瓦制动装置、盘形制动装置、磁轨制动装置等形式。

一、城市轨道空气车辆制动系统的组成

空气制动系统采用微处理器控制的单管摩擦制动系统,包括供风设备、制动控制设备、基础制动装置、微处理器控制的车轮防滑保护装置、箱体通风设备、空气悬挂设备、汽笛及操作按钮、受电弓驱动设备、车钩操作设备等。

以广州地铁车辆为例,它采用了德国克诺尔(Knorr)制动机公司生产的模拟式电控制动机,通过列车总线贯通整个列车,采用电控空气、空气再控制空气的控制方式。其中,ECU 为制动微机控制单元,BCU 为制动控制单元,DCU 为牵引控制单元。制动的电指令利用脉冲宽度来调制。

二、城市轨道车辆制动类型

考虑到城市轨道车辆运行及其装备的要求:站间距离短、启动快、制动距离短、停车精度高和每节动车装备有四台交流电机等,同时考虑到电制动本身的特点(低速时电制动发挥不出来)以及安全要求,城市轨道车辆制动系统采用了电制动和空气(摩擦)制动的结合。

1. 电制动

电制动是车辆在常用制动下的优先选择,仅带驱动系统的动车具有电制动,电制动又有再生制动和电阻制动两种形式。电制动具有独立的滑行保护和载荷校正功能。为此,每节动车装备有:1 个三相调频调压逆变器(VVVF)、1 个牵引控制单元(DCU)、1 个制动电阻、4 个自冷式三相交流电机 M1、M2、M3、M4(每轴一个,相互并联)。

(1)再生制动

当发生常用制动时,电动机 M 变成发电机状态运行,将车辆的动能变成电能,经 VVVF 逆变器整流成直流电反馈于接触网,供列车所在接触网供电区段上的其他车辆牵引用和供给本车的其他系统(如辅助系统等),此即再生制动。再生制动取决于接触网的接收能力,亦即取决于网压高低和负载利用能力。

（2）电阻制动

如果制动列车所在的接触网供电区段内无其他列车吸收该制动能量，VVVF 则将能量反馈在线路电容上，使电容电压 XUD 迅速上升。当 XUD 达到最大设定值 1 800 V 时，DCU 启动能耗斩波器模块 A14 上的门极可关断晶闸管 GTO：V1，GTO 打开制动电阻 RB，制动电阻 RB 与电容并联，将电机上的制动能量转变成电阻的热能消耗掉，此即电阻制动（亦称能耗制动）。电阻制动能单独满足常用制动的要求。

电阻制动承担了电机电流中不能再生的那部分制动电流。再生制动电流加电阻制动电流等于制动控制要求的总电流，此电流受电机电压的限制。再生制动与电阻制动之间的转换由 DCU 控制，从而保证它们连续交替使用，转换平滑，变化率不为人所感受到。高速时，动车采用再生制动，将列车动能转换成电能；当再生制动无法再回收时（如当网压上升到 1 800 V 时），再生制动能够平滑地过渡到电阻制动。

（3）电制动滑行保护

电制动具有独立的滑行保护功能。由于四台电机是并联连接的，因此当 DCU 检测出任意一根轴发生滑行时，DCU 只能对四台电机进行同步控制，同时降低或切除四台电机的电制动力。

2. 空气制动

空气（摩擦）制动是用来补充制动指令所要求的和电制动已达到最大的制动力之间的差额，以及没有电制动时完全由气制动来承担的列车制动要求。电制动和空气制动之间的混合制动是平滑的，并满足正常运行的冲击极限。

每节车设计有独立的气制动控制及部件，每根轴设计有独立的防滑装置，由 ECU 实时监控每根轴的转速。一旦任一轮对发生滑行，ECU 能迅速向该轴的防滑电磁阀 G01 发出指令，沟通制动缸与大气的通路，使制动缸排气，从而解除该轮对的滑行现象。制动执行部件采用单元制动缸，有 PC7Y 型和带停放制动器（也称弹簧制动器）的 PC7YF 型两种。

问题与防治

空气制动系统有哪些常见的故障

1. 气路/机械故障

①管路/接头漏气。

②压力值偏差。

③闸瓦间隙调整器自动调整距离有偏差。

④空气干燥器故障。

⑤闸瓦破损/断裂。

2. 电路故障

①压力开关失效。

②电气元件故障。

知识扩展

（常用）制动优先和混合原则

第一优先：再生制动。再生制动与接触网线路吸收能力即网压高低有关。

第二优先：电阻制动。电阻制动承担了不能再生的那部分制动电流,再生制动电流加电阻制动电流等于由电制动所要求的总电流。

第三优先：踏面摩擦制动(气制动)。它在常用制动时补充电制动的不足；当没有再生制动或电阻制动时,所需要的总制动力必须由摩擦制动来提供。

1. 电制动无故障状态下的制动原则

在 DCU 无故障状态情况下,电制动始终起作用,提供常用制动所需的制动力(AW0 ~ AW2)。制动指令值同时送至所有的 DCU 和 ECU,并由它们分别根据车辆的载荷情况计算所需的制动力。

2. 电制动与气制动混合的控制原则

电制动和气制动之间融和(混合)应是平滑的,并满足正常运行的冲击极限。气制动用来填补所要求的制动需求和已达到的电制动力之间的差额。

3. 制动力的分配

电制动力的分配原则：由于车辆编组每单元为 3 节,假设每单元自己提供制动力,总共需要 300% 的制动力；而电制动时只有动车能提供制动力,每单元 3 节车中只有两节动车,因此每节动车承担 150% 的制动力。

气制动力的分配原则：由于每节车有独立的气制动控制 ECU 及部件,在所有假定的恶劣条件下(电压低于 DC1 500 V、滑行影响及 AW3 载荷情况下),由 A、B 和 C 车组成的单元车则需 300% 的气制动力,每节车的气制动控制单元根据本车的载荷重量负责本车 100% 的制动力。

4. DCU 与 ECU 的信号交换

DCU 与 ECU 之间有信号交换(电制动实际值、电制动故障信号、电制动滑行保护等),以供 ECU 计算 DCU 是否提供所必需的 300% 的制动力,并确定是否需要进行气制动补充或完全代替。

5. 制动力

为了清洁轮对踏面,同时使气制动的响应时间最小,制动指令发出后,制动缸获得约为 30 ~ 50 kPa 的压力,制动闸瓦即向车轮踏面施加一个制动力。

6. 紧急制动距离(制动初速度为 80 km/h)

AW0 ~ AW2 载荷时,制动距离不大于 204 m；AW3 载荷时,制动距离不大于 215 m。

7. 停车制动

停车制动采用弹簧制动、空气缓解的形式。停车制动能使超员载荷(AW3)的列车在 40‰ 的坡度上停放。

本单元小结

    作为城市公共交通系统的一个重要组成部分,城市轨道交通目前有地铁、轻轨、市郊铁路、有轨电车以及悬浮列车等多种类型,号称"城市交通的主动脉"。城市轨道车辆是城市轨道交通系统的运载工具,其种类很多,城市轨道车辆是集机械、电气、通信、计算机网络技术、自动控制技术为一体的综合机电设备。城市轨道车辆在运营时一般采用固定编组的电动列车组,它不仅有良好的牵引、制动性能,保证运行安全、正点、快速;同时又有良好的旅客服务设施,使乘客感到舒适、文明、方便。本单元主要介绍了城市轨道车辆的类型和特点,着重介绍了各组成部分的结构特点,以及相关零部件的故障形式及检修知识。城市轨道列车的编组采用动车和拖车混合编组,城市轨道车辆根据城市轨道车辆的用途及特点均可有以下几个部分组成:车体、转向架、制动装置、风源系统、电气传动控制、辅助电源、空调通风系统、内装及设备、车端连接装置、受流装置、车载系统等部分组成。各组成部分相互关联,共同作用,使城市轨道车辆完成运输旅客的任务。

单元 4　城市轨道交通供电

在城市轨道交通系统当中,供电系统占有极其重要的地位,它向整个城市轨道交通系统的运作提供了能源的保障。城市轨道交通采用电力牵引,牵引动力是电动车组。由于电动车组本身是无原动力装置,因此城市轨道交通沿线必须设置一套完善的、不间断的向电动车组供电的设备,即必须设置牵引供电系统。此外,轨道交通中通信信号设备的运行、机电设备的运转(如风机、水泵、空调、自动扶梯、升降机、加工设备等)、车站照明及其他生产生活用电都需要一个庞大、安全且可靠的电力系统来支持。

城市轨道交通供电系统分为牵引供电系统和动力供电系统两大部分,如图4.1、图4.2所示。

1. 牵引供电系统

①牵引变电所:对轨道交通某一供电区段提供牵引电能的变电所;

②接触网:分为架空线和接触轨两种受流方式,对轨道交通列车供电的导线;

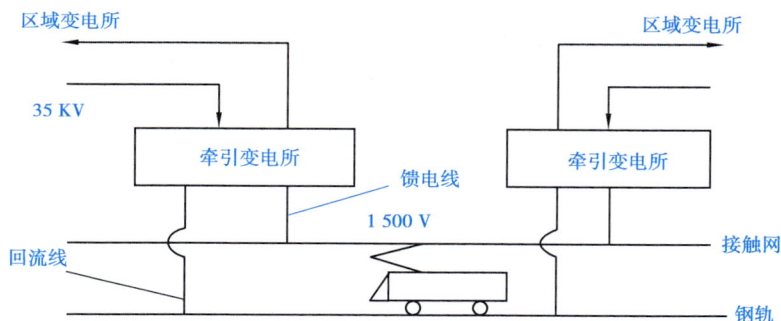

图 4.1　牵引供电系统

③馈电线:从牵引变电所向接触网输送牵引电能的导线;

④轨道电路:利用走行钢轨作为牵引电流回路;

⑤回流线:供牵引电流从钢轨返回牵引变电所的导线。

2. 动力供电系统

①降压变电所:将三相电源进线电压(10 kV)降压为三相380 V交流电,提供机电设备(如风机、水泵等)动力用电,也可称为动力变电所。

②配电所:起电能分配的作用,将降压变电所引入的三相交流380 V和单相220 V交流电分别供给动力、照明设备。车站配电所负责车站电能配置,区间配电所负责车站两侧区间动力与照明用电配电。

③配电线路:配电所(室)与用电设备之间的连接线路。

在动力供电系统设计中,降压变电所一般按每站一个的比例设置,也可以几个车站合设一个。也可以将降压(动力)变电所附设在某一牵引变电所之中,形成一个牵引与动力混合变电所。

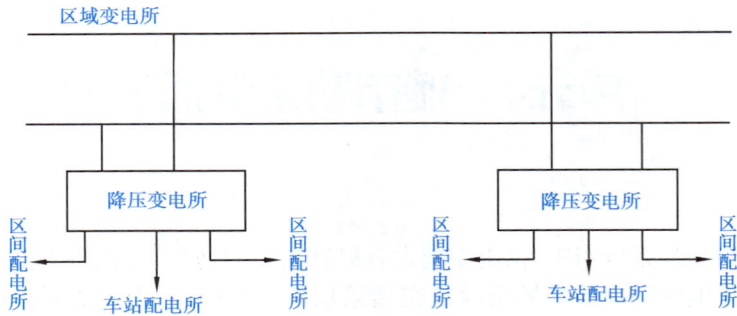

图 4.2　动力照明供电系统

任务一　认识变电所

任务目标

　　1. 认识城市轨道交通供电系统变电所的概念。
　　2. 了解城市轨道交通系统中变电所的功能和基本结构。

任务分析

　　重点:变电所基本概念和功能。
　　难点:变电所的功能。

知识描述

一、城市轨道交通变电所概述

　　牵引变电所是城市轨道交通供电系统的重要组成部分,它的功能是将引自城市电网或轨道交通供电系统内部的 35 kV 或 10 kV 交流电源(重庆为 10 kV)降压、整流后变成750 V 或1 500 V直流电源(重庆为 1 500 V),再由牵引变电所内的直流配电装置将该直流电源送到各区间接触网,给电力列车提供牵引动力,即电能。每条城市轨道交通线路沿线均设置若干个变电所,分别负责各自功能,因此其种类也各不相同。

二、城市轨道交通变电所主接线

1. 主接线概述

　　城市轨道交通牵引变电所主接线(main electrical connection scheme of traction substation for urban rail transit)即向城市地下铁道和轻轨快速交通牵引网供电的直流牵引变电所的

电气主接线。按功能不同,可将其区分为专供牵引用电的牵引变电所和牵引用电与照明用电相结合的牵引降压混合变电所两种类型。若按牵引变电所布点的配置方式不同,则将其区分为每相隔若干车站设置变电所的集中供电方式牵引变电所、每个车站都设置变电所的分散供电方式牵引变电所。重庆市采用的是集中供电方式的直流牵引变电所。

无论何种类型和供电方式的城市轨道交通直流牵引变电所,其主接线的基本结构、功能和要求是相同的。它主要包括 $1.5 \sim 35$ kV 电压受、配电系统,直流 $0.75 \sim 1.5$ kV 电压受、馈电系统,整流变压器、整流器组等部分,用以实现将交流电压变相(变换为12 相)和整流功能,并向直流牵引网供电。

2. 主接线构成与特点

集中供电方式的牵引、降压混合变电所主接线应设有互为备用的两回路独立交流电源进线,各自连接至分段单母线接线的一段母线上。正常运行时

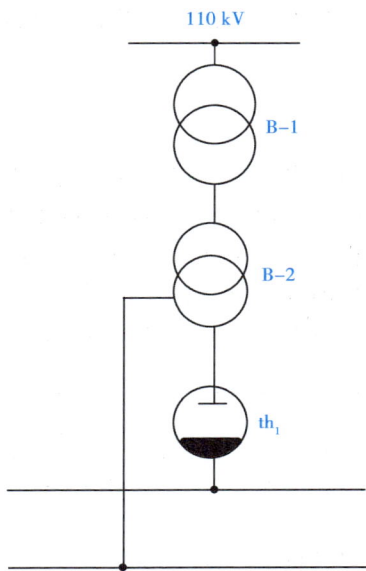

图 4.3　直流牵引变电所的原理图

母线分段断路器 SQ 断开,两回路进线同时为两段母线连接的负荷供电。当任一电源进线发生故障而跳闸时,则由自动装置动作使母线分段断路器合闸,转换为由另一电源对全变电所负荷供电。

交流 $10 \sim 35$ kV 母线配电回路设有 $2 \sim 3$ 台并联工作的整流变压器—整流器组,经汇流后向电动车组供电;两段母线各连接一台并列工作的动力变压器,向车站照明、电力和通信信号等负荷供电。对于地下设置的牵引、降压变电所整流机组、所有电力变压器一般应采用冷干式结构,配电装置采用全封闭开关柜和手车式真空断路器,其他电气设备与器材应选择防潮、无自爆和阻燃性产品。仅供牵引用电的直流牵引变电所交流侧采用不分段的单母线接线,不设动力变压器,其他部分均与牵引、降压混合变电所主接线相同或类似。

直流侧为母单母装接线,各整流机组的直流阴极输出和牵引网馈线均通过直流快速开关与正母线相连。馈线快速开关 QQ 配合继电保护用作过负荷和牵引网短路故障的保护;整流机组阴极快速开关 1QQ 的作用是在任一机组和母线之间发生短路时,由快速开关跳闸保护机组,同时使全部馈线快速开关联锁跳闸,切断相邻牵引变电所向故障点馈给短路电流的电路。直流快速开关为手车式结构,装于直流开关柜内,可采用若干快速开关手作为开关故障和检修时的备用。直流侧母线和回路中连接的电压、电流互感器,供测量仪表和保护使用,它们利用磁放大器原理而获得低压输出。

直流负母线通过隔离开关与整流器正极连接,它同时经回流电缆和走行轨(或回流轨)相连。由于电源进线和直流馈线电缆对过电压的抑制作用,在交、直流侧母线一般不需安装避雷器。

问题与防治

本任务旨在认识变电所的基本功能和主接线,其基本功能较好理解,而接线图却不好掌握,因此务必要认真理顺每条进路到出路的全过程,即输入电源在开关打开或闭合的状

态下的行走路径直至输出电源,只有这样,才能对变电所的原理有较深的认识。

扩展知识

常用电气符号

为了更好地认识变电所主接线图,务必要认识一些常用电气符号。电气符号是用于电气图或其他文件中表示项目或概念的一种图形、记号或符号,是电气技术领域中最基本的工程语言。正确、熟练地掌握、绘制和识别各种电气图形符号是识读电气图的基本功。

目前,应用得最多的是国家标准 GB 4728《电气图用图形符号》系列标准。常用的电气图形符号如表4.1、表4.2、表4.3所示。

表4.1　一次回路常用图形符号表

名　称	图形符号		名　称	图形符号	
	形式 1	形式 2		形式 1	形式 2
有铁芯的单相双绕组变压器			双二次绕组两个铁芯的电流互感器		
YN,d 连接有铁芯三相双绕组变压器			双二次绕组一个铁芯的电流互感器		
YN,y,d 连接的有铁芯三相三绕组变压器			断路器		
			隔离开关		
星形连接的有铁芯三相自耦变压器			负荷开关		
			带接地刀闸的隔离开关		

名　称	图形符号		名　称	图形符号	
	形式 1	形式 2		形式 1	形式 2
星形—三角形连接的具有有载分接开关的三相变压器			熔断器式隔离开关		
			阀型避雷器		
电抗器			三级高压断路器		
接地消弧线圈			三极高压隔离开关		

表 4.2　二次回路常用图形符号表

名　称	图形符号	名　称	图形符号	名　称	图形符号
动合触点		按钮开关（动合按钮）		操作器件一般符号	
动断触点		按钮开关（动断按钮）		过流继电器线圈	
				欠压继电器线圈	
先断后合的转换触点		拉拔开关		缓吸继电器线圈	
				缓放继电器线圈	

续表

名 称	图形符号	名 称	图形符号	名 称	图形符号
延时闭合的动合触点		旋钮开关、旋转开关(闭锁)		交流继电器线圈	
				热继电器的驱动器	
延时断开的动合触点		位置开关和限制开关的动合触点		电阻器	
				可变电阻器	

表4.3 电气设备常用的基本文字符号

中文名称	基本文字符号		中文名称	基本文字符号	
	单字母	多字母		单字母	多字母
电桥		AB	异步发电机		GA
晶体管放大器		AD	蓄电池		GB
调压器		AV	励磁机	G	GE
保护装置	A	AP	同步发电机		GS
电流保护装置		APA	声响指示器		HA
重合闸装置		APR	光指示器	H	HL
电源自动投入装置		AAT	蜂鸣器		HAU
光电管		B	继电器		K
扬声器	B	B	电流继电器		KA
传感器		B	中间继电器		KM
电力电容器		CP	信号继电器	K	KS
双稳态元件	D	DB	时间继电器		KT
单稳态元件		DM	出口继电器		KCO
照明灯	E	EL	电压继电器		KV
空调		EV	电感线圈	L	L
瞬时动作的限流保护器		FA	消弧线圈		LP
热继电器	F	FR	电动机	M	M
熔断器		FU	同步电动机		MS

中文名称	基本文字符号		中文名称	基本文字符号	
	单字母	多字母		单字母	多字母
电流表		PA	交流电源第一相		L1
脉冲计数器	P	PC	交流电源第二相		L2
电能表		PJ	交流电源第三相		L3
电压表		PV	保护线		PE
隔离开关		QS	接地线	E	
刀开关	Q	QK	中间线	M	
接地刀闸		QSE	母线		WB
电阻		R	合闸母线		WC
电位器	R	RP	信号母线		WS
分流器		RS	预报信号母线	W	WP
控制开关		SA	电压母线		WV
按钮开关		SB	事故信号母线		WE
主令开关	S	SM	闪光信号母线		WF
限位(行程)开关		SQ	电磁铁		YA
电流互感器		TA	合闸线圈		YC
电压互感器	T	TV	跳闸线圈		YT
电力变压器		TM	电动阀	Y	YM
变流器	U	UA	电磁阀		YV
频率变换器		UF	电磁制动器		YB
二极管		V	电磁离合器		YC
电子管		VE	设备端相序第一相	U	
晶闸管	V	VR	设备端相序第二相	V	
稳压管		VS	设备端相序第三相	W	
晶体(三极)管		VT	中性线	N	
连接片		XB	保护和中性线共用线		PEN
测试端子		XE	直流系统电源"正"	+	
测试插孔	X	XJ	直流系统电源"负"	−	
接线端子		XT			

任务二 认识变电所的分类

任务目标

1. 掌握城市轨道交通供电系统中各种变电所的分类。
2. 掌握城市轨道交通供电系统中各种变电所的进线电压和接线要求。

任务分析

重点:变电所的分类。

难点:各种变电所的接线要求。

知识描述

城市轨道交通牵引变电所按照其功能的不同,可以分为四类:交流 110 kV 主变电所、10 kV/1 500 V(DC)牵引变电所、10 kV/0.4 kV(AC)降压变电所和将牵引降压功能整合到一起的牵引降压混合变电所。在实际运用中,主要涉及主变电所、牵引降压变电所和降压变电所三种。

一、主变电所

1. 概述

城市轨道交通主变电所将城市电网的高压 110 kV(或 220 kV)降压后,以 35 kV 或 10 kV 的电压等级分别供给牵引变电所和降压变电所。为保证供电的可靠性,城市轨道交通供电线路通常设置两座或两座以上主变电所。主变电所由两路独立的电源进线供电,内部设置两台相同的主变压器。根据牵引负荷和动力负荷的不同情况,主变电所可采用三相三绕组的有载调压变压器或双绕组的变压器。采用有载调压变压器在电源进线电压波动时,二次侧电压维持在正常值范围内。

主变电所为城市轨道交通供电线路的总变电所,承担整条线路的电力负荷的用电。

①可根据负荷计算确定在供电线路上设置的主变电所数量。

②每座主变电所设置两台主变压器,由城市电网地区变电站引入两路独立的 110 kV 专用线路供电。两回路同时运行,互为备用,以保证供电的可靠性和供电质量。进线电源容量应满足远期时其供电区域内正常运行及故障运行情况下的供电要求。

③低压 10 kV 侧采用单母线分段接线,两段母线间设母联断路器,正常运行时母联断路器断开。

④正常运行时每座主变电所的两路 110 kV 电源和两台主变压器分列运行,通过10 kV 馈出电缆分别向各自供电区域的牵引负荷和照明负荷供电。

2. 主变电所主接线要求

供电系统的安全性、可靠性是城市轨道交通正常运行的重要保证。为此,牵引变电所均由两个独立的电源供电。考虑到城市轨道交通线路分布范围广,通常需要在沿线设置多个变电所,因此向各变电所供电的接线方式有多种方式,现归纳成以下几种典型形式:

(1)环形供电接线方式

环形供电接线是由两个或两个以上主降压变电站和所有的牵引变电所用输电线联成一个环形。

①优点:供电线路工作可靠。如果一个主变电所或一路输电线发生故障,均不会导致中断牵引变电所的工作。

②缺点:投资较大。

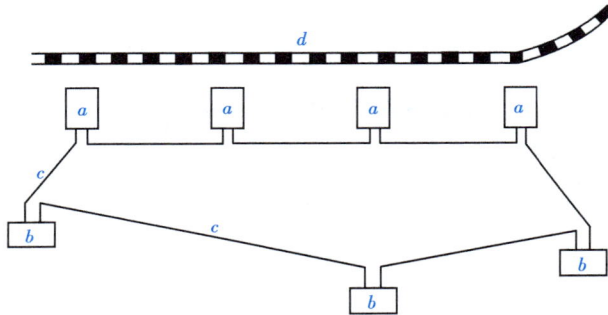

图4.4　环形供电接线图
a—牵引变电所;*b*—主变电所;*c*—三相输电线;*d*—轨道线

(2)双边供电接线方式

双边供电接线是由两个主降压变电站向沿线牵引变电所供电,通往牵引变电所的输电线都经过其母线连接。为了增加供电的可靠性,用双路输电线供电,而每路按输送功率计算。

①优点:双路供电线路,每路均按输送功率计算,工作可靠。

②缺点:可靠性稍低于环行供电。当引入线数目较多时,开关设备多,投资增加。

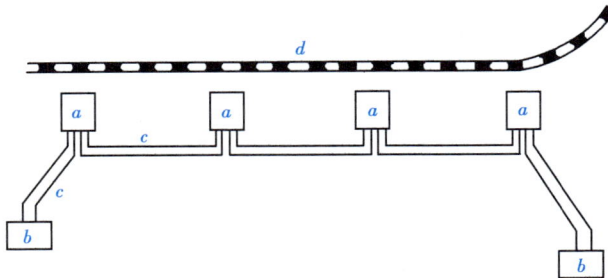

图4.5　双边供电接线图
a—牵引变电所;*b*—主变电所;*c*—三相输电线;*d*—轨道线

(3)单边供电接线方式

当轨道沿线附近只有一侧有电源时,则采用单边供电。

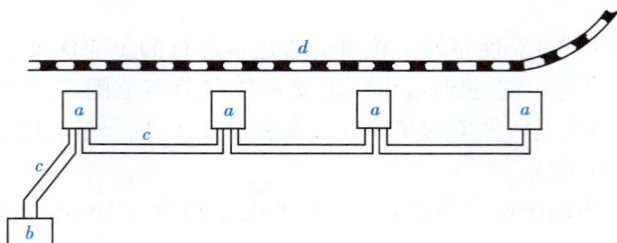

图 4.6 单边供电接线图

a—牵引变电所;*b*—主变电所;*c*—三相输电线;*d*—轨道线

①优点:设备相对较少,投资小。

②缺点:单边供电的可靠性不如环行供电和双边供电方式。为提高可靠性,仍应采用双路输电线供电。

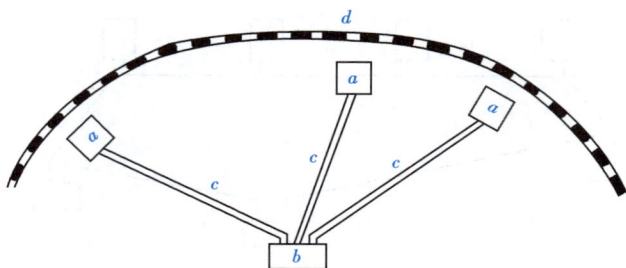

图 4.7 辐射形供电接线图

a—牵引变电所;*b*—主变电所;*c*—三相输电线;*d*—轨道线

(4)辐射形供电接线方式

辐射形供电接线是指每个牵引变电所用两路独立输电线与主降压变电站连接。这种接线方式适合于轨道线路成弧形的情况。

①优点:接线简单,投资小。

②缺点:若主变电所发生故障,则将全线路停电。

实际应用时,通常都是上述某些典型接线方式的综合。变配电接线图的设计选择原则是:当供电系统中的某一个元件发生故障或损坏时,它应能自动解列而不致破坏牵引供电。

二、牵引变电所

牵引变电所将城市轨道交通主变电所(或城市电网区域变电所)送来的 10 kV 电能经过降压和整流变成车辆牵引所要求的直流电能,其主接线包括高压交流(35 kV)受、馈电系统和直流(0.75~1.5 kV)受、馈电系统两部分,整流机组(整流变压器—整流器组)则是作为交、直流系统变换的重要环节而设置的。牵引变电所的容量和设置的距离是根据牵引供电计算的结果,并经过经济技术分析比较后所决定的。变电所的间隔一般为 2~3 km,牵引变电所按其所需的总容量设置两组整流机组并列运行。沿线任一牵引变电所故障,则由两侧相邻的牵引变电所通过分段绝缘器实现越区供电,承担其供电任务,这在接触网任务中也有提及,在此不再赘述。

牵引变电所两路35 kV进线电源来自城市电网区域变电所或地铁主变电所,两组整流机组均由相同的牵引降压变压器和整流器组成,它们的直流侧并联工作。为使并联时的直流电压相等且负荷分配均衡,35 kV侧采用不分段单母线,牵引变压器一般采用三绕组变压器,两个二次绕组和整流器组成多相整流,整流器输出的直流电的正极(+)经直流高速空气开关接到直流侧的正母线上,直流电的负极(−)经开关接到负母线上,通过直流馈线将电能送到接触网,负母线通过开关、回流线与走行轨相连。这样,通过电动列车的受电器与接触网的接触滑行,就构成一个完整的直流牵引电动机受电回路。

三、降压变电所

1.概述

降压变电所将城市轨道交通主变电所(或城市电网区域变电所)送来的10 kV电能经过降压变成各车站信号、道岔、照明、扶梯等需要的低压交流电源(0.4 kV)。由于降压变电所使用广泛,因此一般情况下每个车站均会设置。

2.降压变电所主接线要求

①每个降压变电所从相邻变电所引入两回相互独立的10 kV进线电源,通过断路器分别与两段母线连接。变电所在正常运行时,两路电源同时供电,母联开关处于分断位置;当任一回路电源退出运行时,母联开关自动投入,由另一回电源继续供电,相应供电区段变电所的三级负荷全部切除,保证轻轨交通的正常运行。

②分别从本降压变电所的两段10 kV母线引出两回10 kV出线,经断路器至相邻变电所。

③降压变电所10 kV侧采用单母线分段接线方式,母联开关采用断路器。

④10 kV每段母线各接一组电压互感器,用于母线电压测量和母联开关检压自投。

⑤降压变电所设两台10 kV/0.4 kV配电变压器,通过10 kV断路器分别接于两段10 kV母线上,供本所范围及相应区间内的动力及照明负荷。正常时,两台变压器分裂运行;当一台变压器停止运行,由另一台变压器供一二级负荷用电,三级负荷全部切除。

⑥每台10 kV/0.4 kV配电变压器,0.4 kV侧分别通过0.4 kV断路器分别接于两段0.4 kV母线上。

⑦0.4 kV母线采用单母线分段接线。当一台配电变压器退出运行时,0.4 kV母联开关自动投入,由另一台变压器负担本所供电范围内一二级负荷,同时切除三级负荷。

⑧每段0.4 kV母线均设置无功功率自动补偿装置。

四、牵引降压混合变电所

集中式供电方式的牵引、降压混合变电所典型主接线如图4.8所示。交流侧电源进线设有两回路互为备用的独立电源电缆线,其中一路进线由专用供电系统主变电所A的低压母线I段馈出。另一电源进线则由该车站另一端设置的降压变电所高压母线引入此高压母线的电源进线,是由主变电所A(或B)降压变压器的低压II段母线馈出(母线分段断路器处于断开运行),每路电源进线容量应满足车站两个变电所(牵引、降压混合所和降压所)全部一二级负荷的要求。此外,高压母线的馈出线是相邻变电所电源进线所需要的。正常运行时,两路进线同时为两段母线连接的负荷供电,进线断路器均合闸,母线分段断路器(或电动刀闸)断开。当任一电源进线发生故障而断路时,则由自动装置动作使母线分段断路器合闸,全变电所负荷由另一电源进线供电。高压汇流进线采用断路器或电动刀间分段,有利于母线维修和任一电源进线故障时电路转换的灵活性。

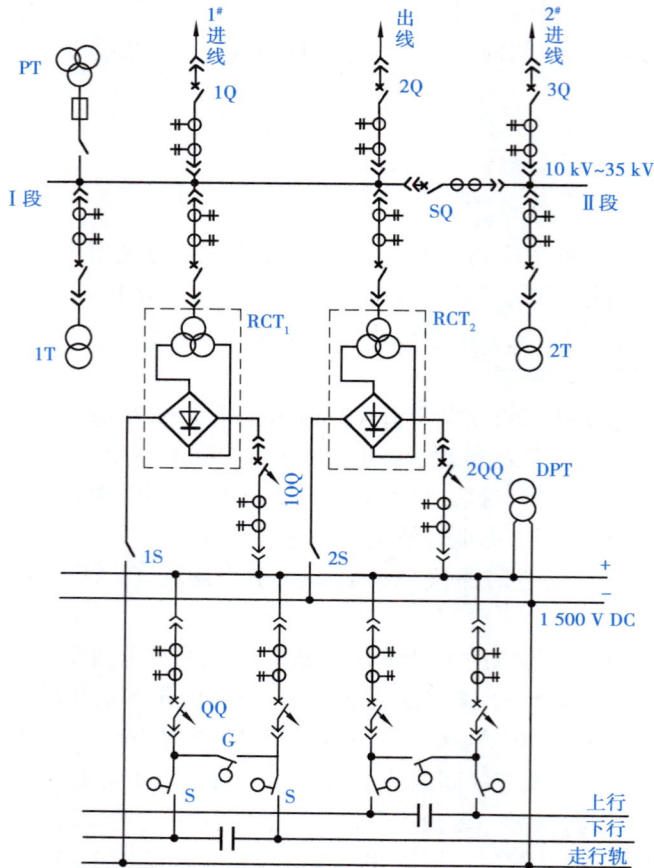

图 4.8　牵引、降压混合变电所典型主接线图
RCT—整流机组;QQ—快速开关;DPT—直流电压互感器;
T—动力变压器;Q—交流高压断路器;SQ—母线分段断路器

交流高压配电回路设有两台并联工作的整流机组 RCT,两台动力变压器 SB1、SB2 分别连接于分段汇流母线的两段上,每台动力变压器容量应满足一二级动力与照明负荷的需要。当整个供电系统环网只有一路电源时,允许将二三级负荷部分或全部切除。高压断路器柜采用手车式真空断路器、金属全封闭开关柜。单纯的直流牵引变电所高压单母线可不必分段。

直流侧系统主接线,包括从整流机组的直流输出至直流正母线的电路、回流线、负母线和整流器阳极连接电路,以及从直流母线馈出的馈线电路等,每台整流机组的直流输出通过直流快速开关 1GDL、2GDL 与正母线相连。其作用是当任一整流机组和母线之间发生短路故障时,由快速开关动作跳闸以保护机组,并使全部馈线快速开关联锁跳闸。切断相邻牵引变电所通过接触轨(网)向故障点馈出故障电流的电路。从正母线馈出的馈电线也设有快速开关 GDL 作为接触网短路的保护。直流快速开关为手车式结构,装于直流开关柜内。

　　直流快速开关故障和检修时的后备方式,可在供电管理部门增加备用直流开关柜或快速开关手车若干台作后备,统一调配使用。另一种具有备用正母线和备用快速开关的直流测系统主接线电路如图4.9所示。备用快速开关借助于备用母线(+)PM 作为整流机组输出和馈出线任一快速开关故障时的后备。用备用开关 PGD 和备用母线代替故障快速开关时的电路转换与旁路母线系统电路转换过程相同。图4.8直流母线上连接的直流电压互感器,是为仪表测量所需的,它利用磁放大器原理而获得低电压输出。直流负母线通过负极开关柜的隔离开关与整流器阳极相连接,同时它经回流线电缆和走行轨或专用的回流轨(有的轻轨系统)相连。轻轨交通牵涉变电所直流母线,为防止雷电浪涌过电压和操作过电压对设备造成损坏,一般在正、负母线上都应安装避雷器。

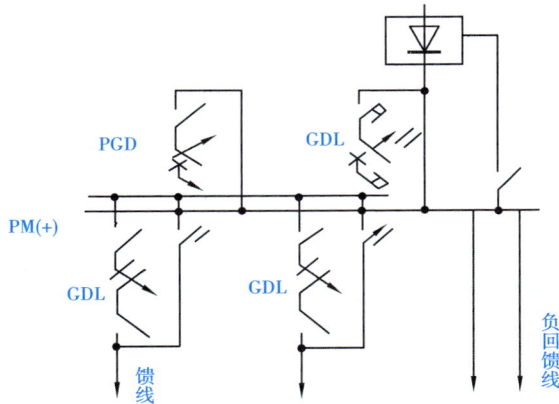

图4.9　直流侧系统带备用正母线和备用开关的主接线
PGD—备用快速开关;GDL—快速开关;PM(+)—备用正母线

问题与防治

　　本任务着重强调学生对城市轨道交通各类变电所的认识,而从未接触城市轨道交通供电专业知识的他们,对变电所分类的概念认识是含糊不清的,掌握起来难度较大。因此,在教学过程中,可以结合现场供电示意图进行讲解。

扩展知识

认识重庆城市轨道交通

　　重庆城市轨道交通分轻轨(单轨)和地铁两种类型。重庆目前运营和动工的几条轨道交通线路中,除2号线和3号线是单轨(俗称轻轨)外,其他几条线路均为地铁。所以,人们平时常说的轻轨即指轨道2号线和3号线。

　　重庆城市轨道交通供电系统主变电所采用的电压等级为110 kV,二级变电所和环网采用的电压等级为10 kV,接触网电压等级为直流1 500 V,而动力照明设备的电压等级为

0.4 kV。

重庆城市轨道 2 号线是重庆的第一条轨道交通线,也是中国西部地区第一条轨道交通线,同时也是国内第一条采用跨座式高架单轨。2 号线途经渝中区、九龙坡区、大渡口区、巴南区(2 号线南延伸段),线路全长 39 km,服务于核心城区的商业区、公共活动区等大型客流集散点。跨座式单轨交通方式具有当代国际先进水平,在我国尚属首次引进,是重庆城市交通现代化的里程碑工程。

跨座式单轨车在道路中央隔离带高架运行,具有占地面积小、高架轨道梁透光性好、不影响地面绿化、有利于地面车辆废气排放等特点;且爬坡能力强(60%)、转弯半径小($R = 100$ m),可以因地制宜,穿隧道、爬高坡、沿着江岸翻山越岭运行,非常适应山城的特殊地形。

单轨系统采用低噪声和低振动设备,车轮为充气体橡胶轮胎,并由空气弹簧支持整个车体,运行时噪声远远低于城区交通干线噪声平均声级 75.8 分贝。

车辆采用直流电(1 500 V)牵引,不产生电磁波。牵引变电站所产生的谐波数值很小,频率和无线电广播频率相差很大,不影响通信线路和电视收看效果。性能优良的中央空调使车内冬暖夏凉,四季如春。特别是全线开通后将有效减少城区汽车废气排放,因此具有特别明显的环境保护作用。

其车辆和设备采用分系统交钥匙工程和国际公开招标方式进行采购,目前已经完成 18 个设备包的采购工作。

任务三　认识变电所的设备

任务目标

1. 了解城市轨道交通各类变电所的基本设备。
2. 掌握城市轨道交通变电所设备的构造和工作原理。

任务分析

重点:变电所的基本设备。

难点:各种不同设备的构造、原理、联系及工作过程。

知识描述

一、主变电所

1. 主变压器

主变压器高压侧电压为 110 kV,低压侧电压为 35 kV(或 10 kV)。主变压器容量应能满足正常运行时,每台变压器容量承担其所供区域内的全部牵引负荷和照明负荷的供电。

当发生故障时,应满足如下条件:

①当一台主变压器发生故障时,另一台主变压器应能满足该供电区域高峰时牵引负荷和照明负荷一二级负荷的供电;

②当一座变电所因故解列时,剩余主变电所应能承担全线的牵引负荷和照明负荷一二级负荷的供电。

图 4.10　主变压器示意图

图 4.11　GIS 组合电器设备

2. 110 kV GIS 组合电器

主变电所采用 110 kV 全封闭六氟化硫(SF_6)组合电器设备,SF_6 气体绝缘的金属封闭开关设备,简称 GIS(Gas Insulated metal-enclosed Switchgear)。GIS 是由各种开关电器(断路器、隔离开关、接地开关、母线、现地汇控柜以及电流互感器、电压互感器和避雷器等)组成的电力设备,具有结构紧凑、抗污染能力强、运行安全、外形美观、设备占用空间小等特点。

3. 开关柜

开关柜主要包括真空开关柜、真空断路器、接地开关、电流互感器、电压互感器等。开关柜体的安装要符合电力规范中关于柜体结构的要求。

图 4.12　10 kV 铠装式金属封闭开关设备

图 4.13　VD4 真空断路器

（1）真空断路器

重庆城市轨道交通主要采用VD4型断路器。VD4型断路器的灭弧室利用高真空作为灭弧和绝缘的介质。真空良好的灭弧性能和先进的开断技术，可以做到极低截流值的开断，没有任何过电压产生。在开断后，真空中的电介质强度恢复速度相当快，因此不会有重击穿的现象出现。

在正常的使用条件及断路器的技术参数范围内，VD4真空断路器就可以满足电网在正常或事故状态下的各项操作，包括开断和关合短路电流。

VD4真空断路器在开关柜内的安装形式既可以是固定式，也可以是安装于手车底盘可抽屉式（重庆轻轨采用），还可以是安装于框架上使用。

（2）互感器

①电流互感器。电流互感器用环氧树脂浇注而成，通常用于向测量和保护装置传递信息。电流互感器包括具有相关性能和精度等级并适合安装要求的一个线束铁芯或带一个（或多个）铁芯的套管棒。

电流互感器通常安装在负荷侧来测量相电流，也可安装在电源侧测量母线电流或实现特殊保护方案。

②电压互感器。电压互感器分为单极（重庆轻轨采用）或双极电压互感器，并具有适合相连设备功能要求的性能和精度等级。当电压互感器安装在小车上时，配有熔断器任何一相熔断器熔断都将发出触点信号。

图4.14　1 250 A电流互感器　　　　图4.15　单极电压互感器

4.环网电缆

环网电力电缆选用低烟、低卤、低毒、阻燃电缆，敷设于重要场所的电缆则选用无烟、无卤、无毒、阻燃电缆。

环网电缆的敷设条件：布置于隧道（或地面）及变电所内电缆支架上或敷设于地面电缆沟槽的电缆支架上，可敷设于可能短时积水的电缆沟内。

环网电缆的材料要求：

①电缆应具有低烟、低卤、阻燃等特性，部分电缆还应同时考虑防水、防紫外线要求。

②电缆的防水、防潮性能应满足：电缆样品在水中浸泡72 h后，去除绝缘层外面的复

合层后,用肉眼观察,绝缘层外表面应是干燥的。

③电缆燃烧时的阻燃性能、低烟或无烟、无毒性能应满足相关规定的技术要求。

④电缆具有防白蚁性能。

⑤电缆的绝缘电阻应符合规定。

二、牵引变电所

1. 牵引整流机组—整流变压器与整流器

单台变压器为六相12脉波整流变压器,两台变压器并联运行构成等效24脉波整流变压器。整流变压器的设计应与整流器相匹配,构成牵引整流机组。

2. 10 kV 交流开关柜

10 kV 交流开关柜采用六氟化硫 SF_6 气体绝缘开关柜,断路器采用真空断路器。

3. 1 500 V 直流开关柜

直流开关柜采用户内式。直流进线柜及直流馈电柜采用手车式直流快速开关,负极柜开关为手动隔离开关。

4. 继电保护与测控装置

微机继电保护装置采用多功能测控保护单元,并采用多 CPU 结构方式,以实现监控、保护、通信等功能。

5. 防雷与过电压保护

电气设备在运行中承受的过电压包括雷电过电压和内部操作过电压,因此应采取下述保护措施:

①地面牵引变电所直流馈线出口处设置避雷器,以限制雷电波的入侵,保护牵引变电所的设备。

②在接触网由地面进入隧道处设置避雷器,以限制雷电波的入侵,保护地下牵引变电所的设备。

③牵引变电所的35 kV 母线设置避雷器。

④地面牵引变电所应考虑防雷措施,要求防雷接地电阻不大于10 Ω。

6. 接地系统

(1)设计原则

①城市轨道交通车站由于受到地形的限制,供电系统单独作一个接地网相当困难,且很难满足接地电阻的要求。故其接地应采用综合接地系统方案,使全线形成统一的高低压兼容、强弱电合一的接地系统,以满足车站内各类设备的工作接地、安全接地和防雷接地的功能要求。

②每个车站单独设置一个高低压兼容、强弱电合一的综合接地网,接地网的接地电阻不大于0.5 Ω(或1 Ω)。设置强电设备接地母排和弱电设备接地母排,两种接地母排各自通过绝缘导线(2 根以上)分别引接至综合接地网。强、弱电电气设备中需接地的设备通过接地线分别接至强、弱电接地母排上。在有牵引变电所的车站,接触网的接地线接到变电所强电设备接地母排上。

（2）接地系统应满足的要求

①保护运营人员和乘客安全，防止电击；

②保护轨道交通设备、设施，防止其损坏；

③保护弱电设备，防止电磁干扰；

④当接地系统设计与杂散电流腐蚀防护设计发生矛盾时，应优先考虑接地安全。

（3）接地网实施方案

①强电系统在电缆夹层中设接地端子排，用于变压器的中性点接地，各机电设备的保护接地；在设备房的侧墙上敷设接地扁铜干线，用于汇接变电所设备的接地线；弱电系统在设备房中设接地端子排并与接地引出线可靠连接。

②沿城市轨道交通线路电缆支架敷设一条贯通的接地扁钢，供沿线区间电气、通信、信号等机电设备安全接地。

对于降压变电所和牵引降压混合变电所，所用设备基本上无太大区别，因此不再多做介绍。

问题与防治

本任务所要求了解和掌握的各类电气设备，与电力线路、接触网等所用设备有共通之处，要注意认识并区分。

知识扩展

GIS 设备的应用

目前，铁路、城轨变电所 GIS 设备应用越来越广泛。GIS 设备为 SF_6 气体绝缘全封闭组合电器的简称，它具有体积小、技术性能优良的特点。

GIS 的主要优点在于：

①占地面积小，一般 110 kV GIS 设备占地面积为常规设备的 46% 左右，符合我国节约用地的基本国策，减少了征地、拆迁、赔偿等昂贵的前期费用。

②由于 GIS 设备的元件是全封闭式的，因此不受污染、盐雾、潮湿等环境的影响。GIS 设备的导电部分外壳屏蔽，接地良好，导电体产生的辐射、电场干扰、断路器开断的噪声均被外壳屏蔽了，而且 GIS 设备被牢固地安装在基础预埋件上，产品重心低、强度高，具有优良的耐震性能，尤其适合在城市中心或居民区使用。与常规设备相比，GIS 更容易满足城市环保的要求。

③SF_6 气体作为绝缘介质，气体本身不燃烧，防火性能好，而且具有优异的绝缘性能和灭弧性能，运行安全可靠，维护工作量少，检修周期长，适合于变电站无人值班的情况，达到减人增效的目的。

④施工工期短。GIS 设备的各个元件通用性强，采用积木式结构，组装在一个运输单元中，运到施工现场就位固定即可。现场安装的工作量比常规设备减少了 80% 左右。

GIS 是运行可靠性高、维护工作量少、检修周期长的高压电气设备，其故障率只有常规设备的 20% ~40%。但是，GIS 设备也有其固有的缺点，SF_6 气体的泄漏、外部水分的渗入、导电杂质的存在、绝缘子老化等因素都可能导致 GIS 内部闪络故障。GIS 的全密封结构使故障的定位及检修比较困难，检修工作繁杂，事故后平均停电检修时间比常规设备长，且停电范围大，常涉及非故障元件。

GIS 设备的内部闪络故障通常发生在安装或大修后投入运行的一年内。根据统计资料显示,第一年设备运行的故障率为 0.53 次/间隔,第二年则下降到 0.06 次/间隔,以后趋于平稳。根据运行经验,隔离开关和盆型绝缘子的故障率最高,分别为 30% 及 26.6%;母线故障率为 15%;电压互感器故障率为 11.66%;断路器故障率为 10%;其他元件故障率为 6.74%。因此在运行的第一年里,运行人员要加强日常的巡视检查工作,特别是对隔离开关的巡视,在巡查中主要留意 SF_6 气体压力的变化,是否有异常的声音(音质特性的变化、持续时间的差异)、发热和异常气味、生锈等现象。如果 GIS 有异常情况,必须及时对有怀疑的设备进行检测。

任务四　接触网

任务目标

1. 了解接触网的功能与特点。
2. 掌握接触网的类型与结构。
3. 了解供电方式和电分段。

任务分析

重点:接触网的概念、类型和结构。
难点:接触网的类型和结构。

知识描述

电能从牵引变电所输出,经馈电线、接触网到电动车组,再经走行轨或负馈电线(单轨车辆、自动导向车辆等)、回流线返回牵引变电所构成牵引变电回路。

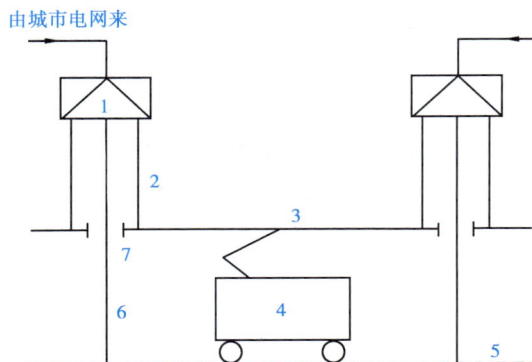

图 4.16　城市轨道交通电力牵引系统
1—牵引变电所;2—馈电线;3—接触网;4—电动车组;5—钢轨;6—回流线;7—电分段

接触网是一种悬挂在轨道上方或沿着轨道一侧设置的,和铁路轨顶保持一定距离的输电网。通过电动车组的受电弓(或受电靴)和接触网的滑动接触,牵引电能就由接触网进入电动车组,驱动牵引电动机使列车运行。

一、接触网的工作特点

1. 没有备用

接触网由于与电动车组在空间上的关系,和轨道一样无法采取备用设施。一旦接触网出现故障,整个供电区间即全部停电,其间运行的电动车组失去供电,列车停运。

图4.17　城市轨道交通电力牵引系统——接触网

2. 经常处在动态运行状态当中

和一般的电力线路只有两点间固定传输电能不同,接触网下有许多电动车组高度运动取流。电动车组受电弓以对接触网一定的压力和速度与接触网接触摩擦运行,通过接触网的电流很大,运行中不可避免地会产生受电弓离线而引起电弧,再加上在露天区段还要承受风、雨、雪及大气污染的作用,使接触网昼夜不停地处在振动、摩擦、电弧、污染、伸缩的动态运行状态中。这些都能对接触网各种线索、零件产生恶劣的影响,使其发生故障的可能性较一般的电力线路的概率要大得多。

3. 结构负载,技术要求高

接触网的运行环境和运行特点决定了接触网的结构较一般的电力线路有很大的不同,为了保证电动车组的安全、可靠、质量良好地从接触网上取流,接触网的结构比较复杂,技术要求也较高,如对接触网导线的高度、拉力值、定位器的坡度,接触网的弹性、均匀度等都有定量的要求。

二、对接触网的基本要求

①在规定列车速度内,接触网导线(或第三轨)应始终与滑行的车辆受电设备保持可靠的接触——不间断地稳定可靠供电,不产生电弧火花;

②接触网导线(或第三轨)与走行轨的相对位置应保持稳定;

③接触网有较均匀的弹性,适应车辆运动时振动力的影响(该振动力与速度成正比);

④具有良好的稳定性、耐磨性和耐腐蚀性能；

⑤接触网结构应尽量简单，以保障施工和维修方便；

⑥在气候变化时（主要是风力变化、气温变化时），能保证高度、弹性与稳定性变化量达到最小。

三、接触网结构类型

接触网按其结构可分为架空式和接触轨式，按其悬挂方式又可分为柔性（弹性）接触网和刚性接触网。习惯上，由于接触轨式是沿线路敷设的与轨道平行的附加轨，故又称第三轨；而采用架空式时，才称为"接触网"。在城市轨道交通中，架空式和接触轨式接触网均有采用。一般地，牵引网电压等级较高时，为了安全和保证一定的绝缘距离，宜采用架空式接触网。在净空受限的线路和电压等级较多时采用接触轨式接触网。

1.架空式

架空式接触网架设在轨道交通线路上方，电动车辆车顶安置受电弓与接触网的导线相接触受电。

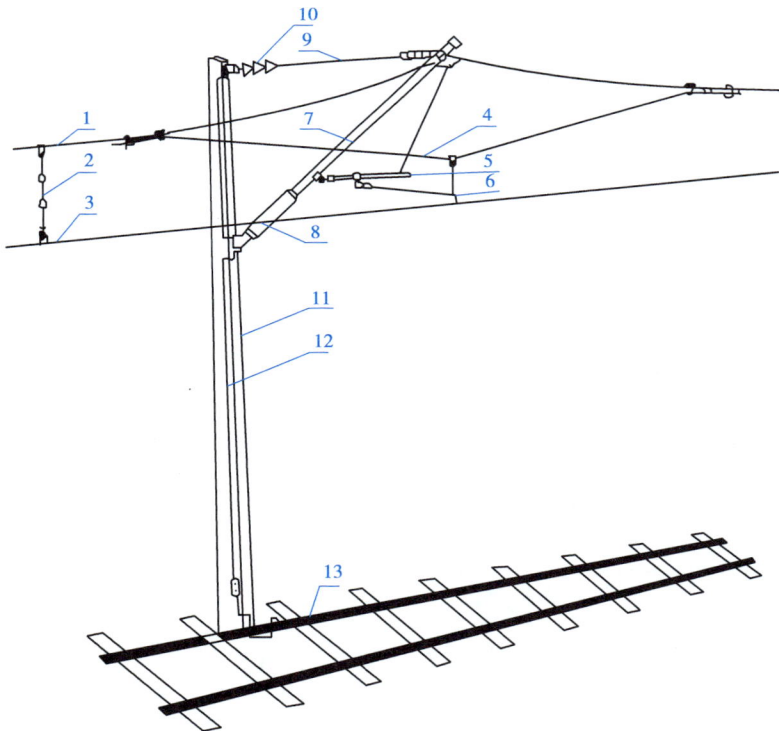

图4.18 架空式接触网

1—承力索；2—吊弦；3—接触线；4—弹性吊弦；5—定位管；6—定位器；7—腕臂；
8—棒式绝缘子；9—水平拉杆；10—悬式绝缘子；11—支柱；12—地线；13—钢轨

（1）架空式接触网的组成

架空式接触网由接触悬挂、支持装置、定位装置、支柱与基础等部分组成。

①接触悬挂:由承力索、吊弦、接触导线组成,直接与受电弓接触,并能保持良好接触性能;

②支持装置:由腕臂、拉杆和绝缘子组成,支持接触悬挂;

③定位装置:由定位管和定位器组成,保证接触导线与受电弓的相对位置在规定的范围内;

支柱与基础:承受接触悬挂、支持装置和定位装置的负荷,固定接触悬挂高度。

（2）接触网悬挂参数

①跨距 L:架空式接触网的接触悬挂是通过沿线布置的支柱或固定装置悬挂于线路上空,支柱与支柱(或固定装置与固定装置)之间的水平距离称为跨距;

②弛度 f:在跨距中间位置处,接触导线与相邻悬挂点水平连线的间距;

③张力 T:接触导线所受的拉力;

④温度 t:架空接触网所在地区的气温。气温变高,张力下降,弛度增大。

（3）接触悬挂的下锚方式

对承力索与接触导线而言,经过若干个跨距后,必须在两端加以固定,称为下锚,用于下锚的支柱称为锚柱。接触悬挂的下锚方式分为硬锚和张力补偿两种。

硬锚方式是将承力索和接触导线两端通过绝缘子串死固定在锚柱上。

张力补偿方式是在下锚处,通过加设张力自动调整装置进行下锚,可分为半补偿悬挂和全补偿悬挂。半补偿悬挂是仅对接触导线实施张力补偿方式,承力索仍然采用硬锚方式固定。全补偿悬挂是对承力索和接触导线全部实施张力补偿措施。

张力补偿系统组成:动滑轮、定滑轮、补偿绳(一段固定在锚柱上,一段通过补偿滑轮系于坠坨上),坠坨(质量可调整,调整后固定)。在气温变化时,由于坠坨的作用能使承力索与接触导线保持张力不变,从而使接触导线的弛度保持相对稳定。

（4）接触悬挂的种类

接触悬挂可分为简单悬挂和链形悬挂两类。

①简单悬挂:由一根或几根相互平行的直接固定到支持装置上的接触线所组成的悬挂。其结构简单,投资省,施工方便,维修简单;但弛度大,不易调整,弹性不均,行车速度受限,一般用于车速较低的线路上。

②链形悬挂:接触线通过吊弦(或辅助索)而悬挂到承力索上的悬挂。链形悬挂可以在某一温度下,使接触线处于无弛度状态。链形悬挂大大提高了接触悬挂的弹性和稳定性,使行车速度获得较大的提高,但结构复杂,投资大,施工与维修要求高,调整也比较复杂、困难。

链形悬挂的类型很多,可以按悬挂链数、线索下锚方式、支柱吊弦形式和线索相对位置等特征进行分类。按悬挂链数可分为单链形悬挂、双链形悬挂和多链形悬挂;按线索下锚方式分为未补偿链形悬挂、半补偿链形悬挂、全补偿链形悬挂;按支柱吊弦形式分为简单链形悬挂和弹性链形悬挂;按线索相对位置分为直链形悬挂、半斜链形悬挂和斜链形悬挂。对城市轨道交通而言,因其运行速度并不太高,列车功率也不太大,多半采用单链形悬挂。

（5）隧道架空式

地下隧道供电接触网的悬挂方式因为外界环境不同,与地面架空式有以下主要不同:

①不需设置支柱,只需将支撑装置设置在洞顶或洞壁即可;

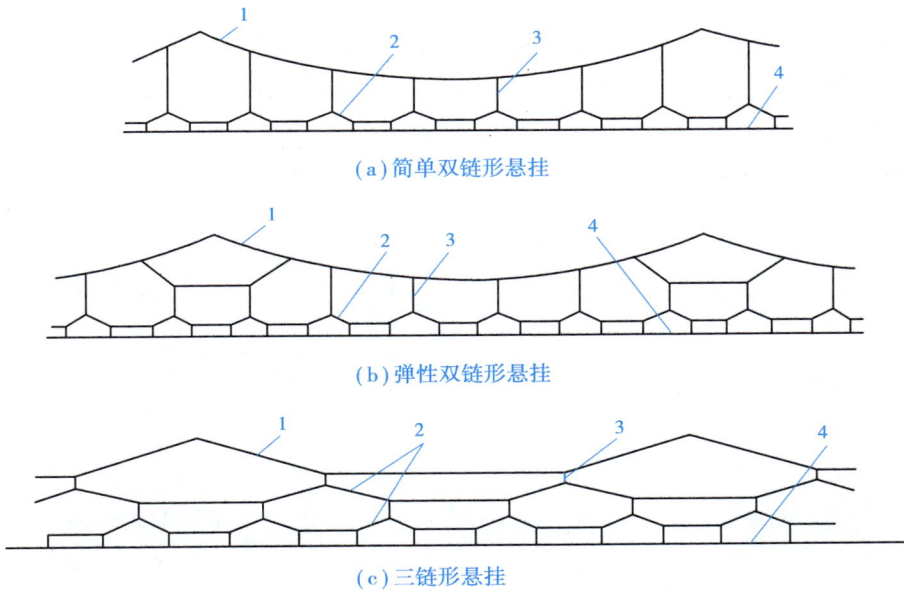

(a) 简单双链形悬挂

(b) 弹性双链形悬挂

(c) 三链形悬挂

图 4.19　接触网链形悬挂

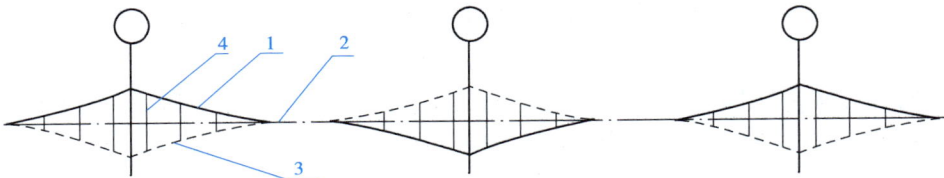

图 4.20　直线区段的斜链形悬挂

1—接触线;2—线路中心;3—承力索;4—吊弦

②受隧道断面、净空高的限制,以及带电体对接地体的绝缘距离等因素的限制比较明显。为满足低净空隧道的要求,一般采用各种刚性悬挂。

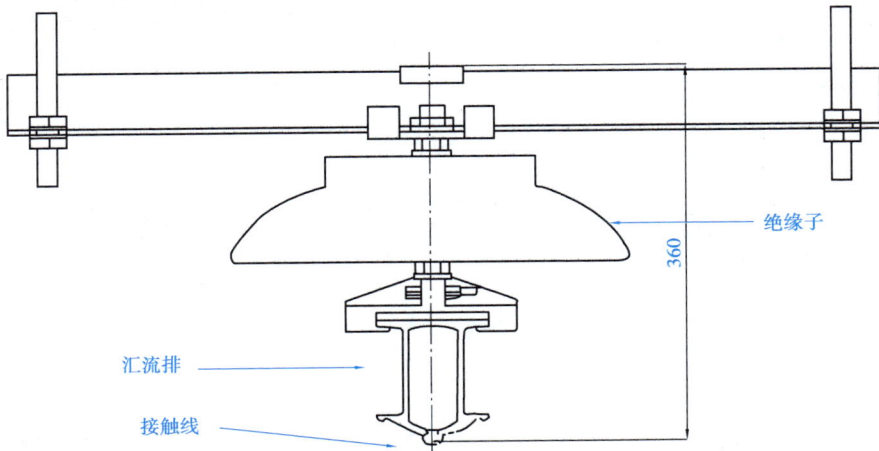

绝缘子

360

汇流排

接触线

图 4.21　刚性悬挂安装图(隧道)

2. 接触轨式

接触轨式又称为第三轨供电方式,在走行钢轨一侧设置附加的第三轨,电动车辆安装在底部或者侧面的受流器(极)与第三轨接触受电,受流器也可以称为接触靴。

接触轨供电可分为上磨式、下磨式和侧面接触式。

下磨式接触轨面朝下安装,如图 4.22 所示。其优点是可以加防护罩,对工作人员较为安全。

图 4.22　下磨式接触轨效果图

上磨式接触轨(图 4.23)固定方便,接触效果良好,但不易加防护罩,接触轨面易污染。无防护罩的带电接触轨(一般均为 650～750 V)对工作人员安全有极大威胁。

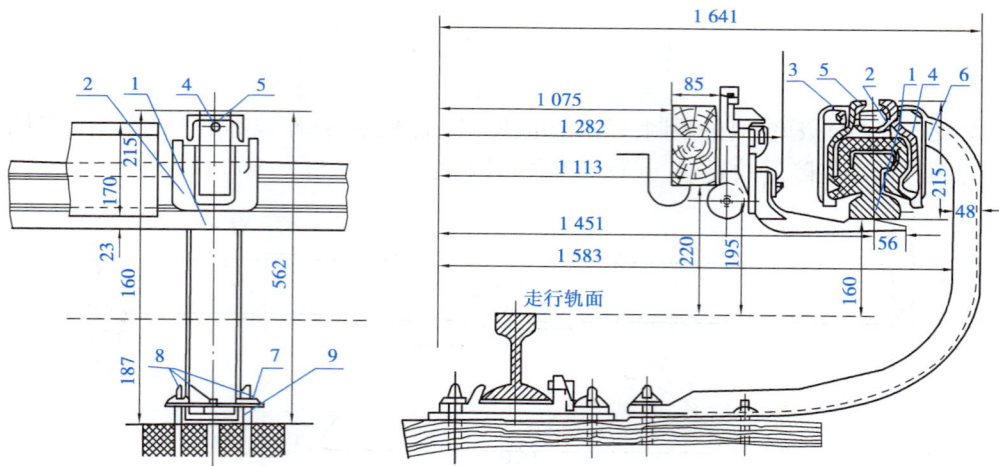

图 4.23　上磨式接触轨(单位:mm)
1—接触轨;2—绝缘肩架;3—橡皮垫;4—扣扳;
5—收紧螺栓;6—肩架;7—垫片;8—螺钉;9—销枕片

侧面接触式是近年来新开发的一种接触轨悬挂方式,在工作上与上磨式相似,接触轨通过的地方需设置工作人员使用的人行道,其他地方设置保护板,以防触电。所有车站的接触轨总是设在远离站台轨道的一边,以减少乘客可能摔落在轨道上触电。

图 4.24 侧磨式接触轨安装效果图

接触轨供电方式的特点:由于利用隧道下部侧面安装接触轨供电设备,从而使地下隧道净空高度较低,供电接触网结构简单、造价低、易维修;但其缺点十分明显:人身安全与防火条件均较差,且难以与地面架空式接触网供电的轨道交通线衔接。

3.单轨铁路的接触网

单轨铁路车辆一般采用橡胶轮胎走行轮,因此轨道梁(不管是钢梁还是钢筋混凝土梁)不能形成供电回路。为此,应采用设置送电正线与负馈电线构成回路方式。单轨铁路分为跨坐式和悬挂式两种类型。

图 4.25 跨坐式轨道效果图

四、供电方式和电分段

1. 供电方式

牵引变电所通过接触网向电动车组供电,每一个变电所负责向其两侧供电,如果供电的距离过长,牵引电流在接触网上的电压降就会很大,导致末端电压过低及电能损耗过大,直接影响电动车组运行;如果供电的距离过短,牵引变电所的数量就较多,投资随之增加。供电距离的确定与接触导线的截面面积(有关输送电阻)和接触网供电的方式紧密联系。

如图4.26所示,接触网在相邻两个牵引变电所中部断开,形成两个供电分区,每一个供电分区称为一个供电臂。如果电动车组仅从所在的供电臂上的牵引变电所获得牵引电能,称为单边供电。如果中间断开处设置隔离开关并使其联通,则电动车组可同时从两个牵引变电所获得牵引电能,称为双边供电。

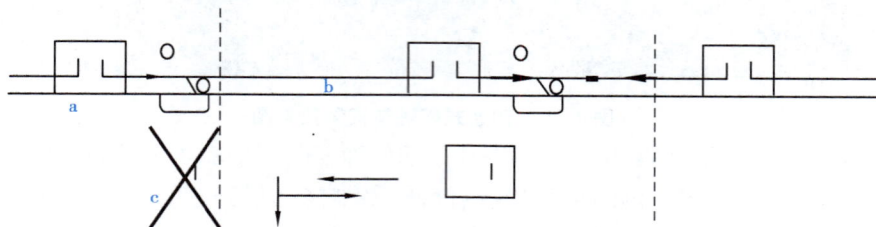

图4.26 供电方式
a—单边供电;b—双边供电;c—越区供电

单边供电时,一旦接触网发生故障只影响本供电分区,故障范围较小。双边供电时,虽然可提高供电电压的水平,但一旦发生事故,影响范围较大,因此目前较少应用。

当某个牵引变电所发生故障或停电检修时,该变电所承担的供电臂供电任务通过分区亭开关闭合,由两侧的牵引变电所负责越区供电。由于越区供电质量受影响较大,属于非正常供电。

2. 电分段

通过设置隔离开关使接触网分成若干供电分段,是保证供电可靠性与灵活性的措施之一。当某一供电分段发生故障或检修时,可打开相应分段的隔离开关,使故障与停电检修范围缩至最小,同时又不影响其他各段接触网的正常供电。

电分段可分为纵向分段和横向分段两种。前者是沿线路方式作分段,如车站和区间之间、区间中的分段等;后者是线路之间作分段,如上下行线路之间。电分段隔离开关的设置位置应考虑操作方便,利于实现集中操作,如设置在车站或变电所附近。

问题与防治

一、地下迷流问题

(1)地下迷流

在直流牵引供电中,牵引电流并非全部经由走行钢轨流回牵引变电所,部分电流会由钢轨流入大地,再由大地流回钢轨或牵引变电所。这种地下杂散电流称为地下迷流。地下迷流随钢轨中回流的牵引电流增大和钢轨对大地的绝缘程度变差而相应增大。

（2）地下迷流的影响

地下迷流从钢轨流向大地再杂散流回牵引变电所过程中,如果走行钢轨附近埋有地下金属管道、电缆或其他金属结构件时,相当一部分地下迷流将由这些导体上流过。此时,在电动车组所在处附近,地下杂散电流从钢轨流向金属导电体使金属体对地电位形成阴极区。在变电所附近,地下杂散电流从金属体流回钢轨和变电所,从而形成阳极区。在阳极区,杂散电流从金属导体流出处将出现电解现象,从而会导致金属导电体被腐蚀。因此,埋设在地下的钢轨及其金属配件,附近的金属管道、地下电缆及其金属物件等,在长期的电解腐蚀下将受到严重损害。此外,地下杂散电流流入电气设备接地装置,又将引起过高的接地电位,使这些电气设备无法正常工作。由此可知,城市轨道交通的地下迷流及其影响是急需重视的问题(尤其是对地下铁道而言)。

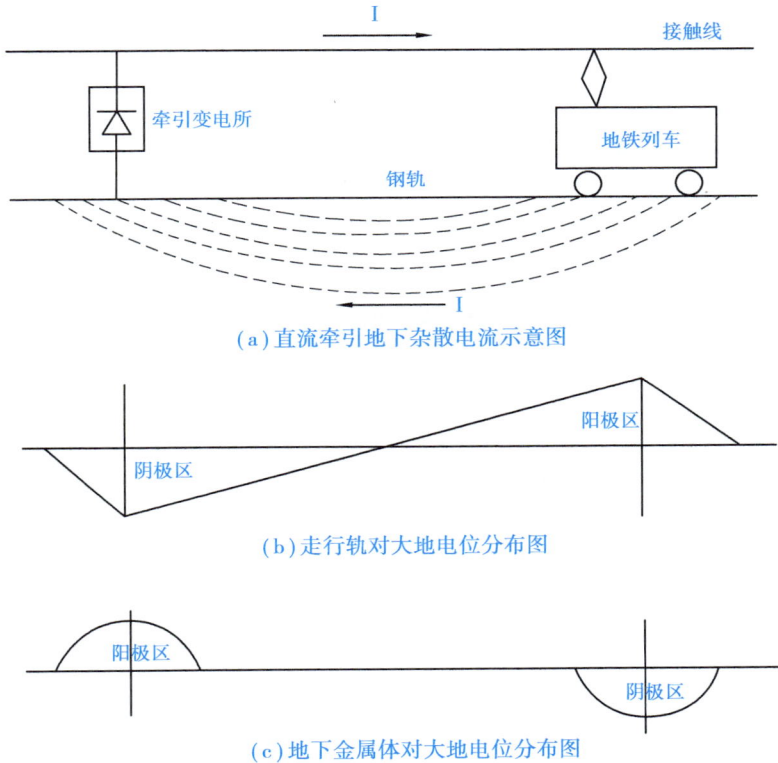

（a）直流牵引地下杂散电流示意图

（b）走行轨对大地电位分布图

（c）地下金属体对大地电位分布图

图4.27　地下迷流分布图

二、地下迷流的防护

1.减少地下迷流的措施

①选择比较高的牵引供电额定电压,减少地下迷流。

②采用地下迷流较少的双边供电方式。

③尽量减小钢轨间的接触电阻,增加附加回流线。

④提高钢轨与地面间的绝缘程度。

⑤尽可能远离或避免与回流钢轨平行设置地下金属管道、电缆等，并采取适当的防腐措施。

⑥定期检查轨道绝缘、钢轨接触电阻，进行地下迷流的监测。

2.排除地下迷流的措施

如采用极性排流、阴极保护等措施。

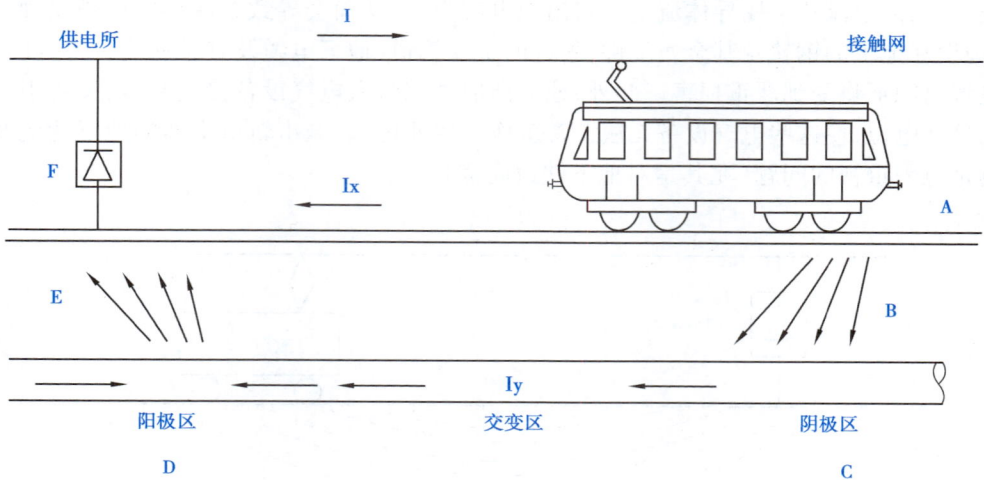

图4.28　地铁杂散电流腐蚀原理图

扩展知识

再生制动(Regenerative braking)

在城市轨道交通中，列车行驶具有站间运行距离短、运行速度较高、启动及制动频繁等特点。在正常情况下，列车行驶大约 120 s 左右的时间就要经历一次从启动到制动的过程，因此，城轨列车的可靠性和可控性对列车运行的安全和停站的准确性具有特别重要的意义。

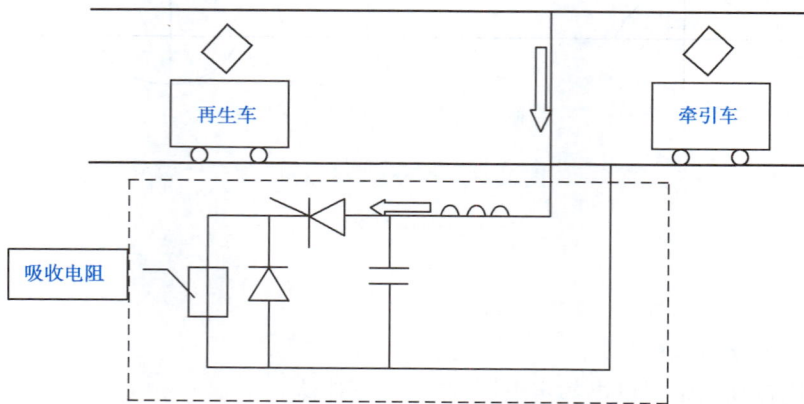

图4.29　再生制动原理图

再生制动亦称反馈制动,是一种使用在汽车或轨道列车上的制动技术。再生制动系统把列车上电动机转成发电机使用,把车辆的动能转成电能,并把电力储起来或透过电网送走,实现再生循环使用。其目的是把电动机械的无用的或不需要的或有害的惯性转动产生的动能转化为电能,并回馈电网,同时产生制动力矩,使电动机械快速停止无用的惯性转动。

再生制动系统在城市轨道交通中的应用,不仅对运行列车的控制提供了可靠的保障,并且大大节约了能源,有效地减小了轨道线路附近的污染。

本单元小结

1. 城市轨道供电系统的组成及供电方式。
2. 变电所的类型及主接线。
3. 供电系统中常见的电气设备。
4. 接触网的工作特点及分类。

单元5 城市轨道交通运营组织

任务一 城市轨道交通行车组织

任务目标

1. 掌握列车运行图的定义。
2. 能够正确识读列车运行图。
3. 了解行车调度基本工作内容。
4. 掌握列车运行组织内容。

任务分析

重点：列车运行图的识读。

难点：对行车调度指挥设备的理解，以及对不同情况下列车运行组织方法的区分。

知识描述

城市轨道交通在运行组织上具有以下特点：

①相对其他公共交通方式而言，它是安全、高速、舒适、污染少、大运量的系统。

②一般只有客运业务，没有货运业务。

③均采用双线运行（即上下行分线运行）。

④全日客流分布在时间上有较为明显的高峰（早、晚高峰）和低谷之分，个别线路可能会出现多个高峰（或称为平峰）。高峰时段客流量集中，时间性强；在空间上又有不同的区间客流密度分布，如在某个时段某个区间的客流量特别大。

⑤列车运行间隔时间短，发车密度高。

⑥全日运营时间内无法实施设备维护保养，需要在运营时间外用专门的检修时间进行。

⑦运行指挥集中，设备先进，牵涉的部门较多。

一、列车运行图

1. 列车运行图的作用

列车运行图是轨道交通行车组织工作的综合性计划，是地铁及轻轨行车组织工作的基础。它规定了各次列车占用区间的顺序和时间,列车在各个车站的到发及通过时刻、区间运行时分、停站时分、折返站列车折返作业时分、列车出入车辆段时分,设备保养维修时间和司机作息时间等。列车运行图不仅把沿线各车站、线路、供电、车辆、通信信号等技术设备的运用联合成一个统一的整体,而且把所有与行车有关的部门和单位都组织起来,严格地按一定程序有条不紊地进行工作,从而保证列车安全、正点运行。

2.列车运行图的定义

列车运行图是运用坐标原理来表示列车运行的一种图解形式,如图5.1所示。

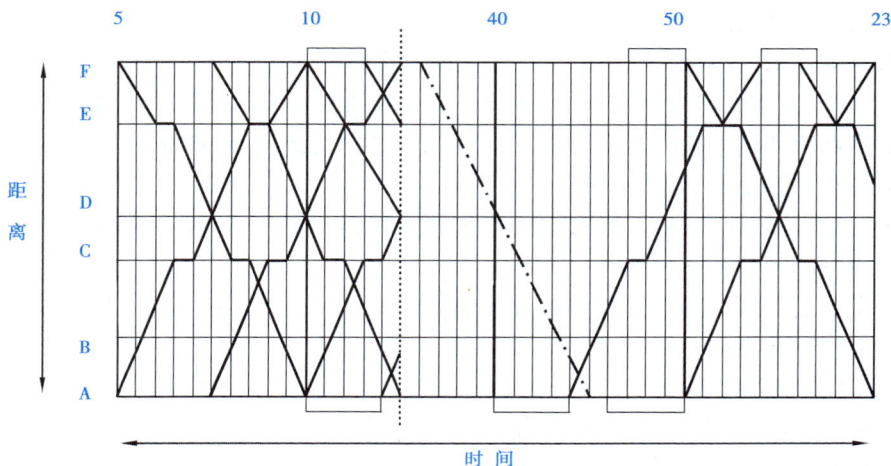

图 5.1　列车运行图

3.列车运行图的图解表示要素

①横坐标:表示时间,用一定的比例进行时间划分。一般采用1分格或2分格,即每一格表示 1 min 或 2 min。

②纵坐标:表示距离分割,根据区间实际里程采用规定的比例,以车站中心线所在位置进行距离定点。

③垂直线:是一簇平行的等分线,表示时间等分段。

④水平线:是一簇平行的不等分线,将纵轴线按一定比例加以划分。车站中心线用细线表示;换乘站,折返站和终点站中心线用粗线表示。

⑤斜线:列车运行轨迹的近似表示。一般,上斜线表示上行列车,下斜线表示下行列车。

⑥时刻:列车运行图中,列车运行线与车站的交点即表示该列车到达、出发或通过的时刻。

⑦车号与车次:一般按列车类别、发车次序、信号设备要求确定。上行采用双数,下行采用单数。

4.列车运行图的格式与分类

(1)按时间轴的刻度分

①一分格运行图:它的横轴以1分钟为单位用细线加以划分,10分钟格和小时格用较粗的竖线表示,主要在编制新运行图和调度指挥时使用。

②二分格运行图:它的横轴以2分钟为单位以细竖线加以划分,适用于行车间隔稍大

的城市轨道交通系统,如市郊铁路运行图。

③十分格运行图:它的横轴以 10 分钟为单位用细竖线加以划分,半小时格用虚线表示,小时格用粗线表示,主要用于调度在日常指挥中绘制实绩运行图。

④小时格运行图:它的横轴以 1 小时为单位用竖线加以划分,主要在编制旅客列车方案图和机车周转图时使用。

(2)按区间正线数分

①单行线运行图:在单线区段,上下行方向列车都在同一正线上运行(非正常的情况下的列车运行调整期间使用)。

②双线运行图:在双线区间,上下行方向列车在各自的正线上运行。

③单双线运行图:在有部分双线的区段,单线区间和双线区间各按单线运行图和双线运行图的特点铺画运行线(只在非正常的情况下的列车运行调整期间使用)。

(3)按列车之间运行速度差异分

①平行运行图:在同一区间内,同一方向列车的运行速度相同,且列车在区间两端站的到发或通过的运行方式相同。

②非平行运行图:在运行图上铺有各种不同速度的列车,且列车在区间两端站的到发或通过的运行方式不同。

(4)按上下行方向的列车数分

①成对运行图:上下行列车数相等的列车运行图。

②不成对运行图:上下行列车数不相等的列车运行图。

(5)按照同方向列车运行方式分

①连发运行图:同方向列车的运行以站间区间为间隔,单线区间采用。

②追踪运行图:同方向列车的运行以闭塞分区为间隔,在装有自动闭塞的单线或双线区段上采用。

城市轨道交通系统的列车运行图因其系统特征所致,一般均为双线成对追踪平行运行图。

5.列车运行图的编制原则

①在保证安全可靠的条件下,提高列车的旅行速度,缩小列车的运行时间。

②尽量方便乘客。

③充分利用线路的能力和车辆的能力。

④在保证运量需求的条件下,尽量降低运营车数。

二、行车调度工作

城市轨道交通行车调度工作由调度控制中心实施,实行高度集中的统一指挥,以使各个环节紧密配合、协调工作,保证列车安全、正点地运行。列车调度工作是城市轨道交通系统的核心,它的好坏直接影响乘客运输任务的完成情况。

1.城市轨道交通调度工作的作用

城市轨道交通系统是技术密集型的公共交通系统。行车调度是轨道交通企业日常运输组织的指挥中枢,担负着组织行车、提高运营服务质量、确保运输安全、完成乘客运输计划、实现列车运行图的重要责任。它对城市轨道交通日常工作的开展起着决定性的作用。

2. 城市轨道交通调度工作的任务

列车运行调度的主要任务是:科学地组织客流,经济合理地使用车辆及其他运输设备,挖掘运输潜力,根据列车运行图和每日的具体状况组织与运输相关的各部门密切配合,采用相应的调整措施,努力完成运输生产任务,以满足乘客出行的需要,更好地服务于城市人民的生活。具体的行车调度工作的基本任务有:

①负责组织各站及有关行车部门,按列车运行计划行车,监督各站及有关行车部门的执行情况,及时正确发布有关行车命令及指示。

②监督列车到发及运行情况,遇到列车晚点和突发事件时,及时采取运营调整措施,迅速恢复列车正常运行。

③遇列车运行调整时,正确指导车站及有关行车部门进行工作。

④负责入轨施工作业的管理。

⑤负责工程车、试验列车等上线车辆的调度指挥工作。

⑥当发生行车事故时,按规定程序及时向上级主管部门汇报,并采取措施防止事故扩大,并积极参与救援工作的指挥。

⑦建立、健全运营生产、调度指挥等各项原始记录台账及统计,分析报表,并按规定向上级主管部门报告。

⑧密切注意客流动态,协同有关部门根据客流变化采取相应的组织方案。

3. 调度机构及其组成

城市轨道交通是一个复杂的、技术密集型的城市公共交通系统。为统一指挥、有序地组织运输生产活动,轨道交通系统设立调度中心。调度控制中心实行分工管理原则,按业务性质划分为若干部分,设置不同的调度工种,如在控制中心经常设有行车调度、电力调度和环控调度等工种。

4. 行车调度工作的主要设备及功能

随着城市轨道交通运行控制设备正逐步向自动化、远程化、计算机化的方向发展,行车调度工作也从人工电话指挥的方式向电子调度集中和计算机调度集中控制设备的方向发展。

(1)人工调度指挥系统(电话闭塞法)的设备组成情况

①控制调度中心设备:调度电话、无线调度电话、传输线路。

②车站设备:调度电话分机、传输线路。

③列车上设备:无线调度电话。

该系统主要由行车调度员通过电话向车站值班员直接发布命令,由车站值班员安排列车进路。通过值班员报点,调度员掌握列车到达、出发信息,下达列车运行调整命令,并通过无线电话呼叫列车司机,发布调度命令。在该阶段,由调度员人工绘制列车运行图。

(2)电子调度集中设备

①调度控制中心设备:调度集中总机、运行显示屏、运行图绘图仪、传输电路等。

②车站设备:调度集中分机、传输线路等。

③列车上设备:无线调度电话。

电子调度集中设备实现了运行调度指挥的遥信与遥控两大远程控制功能(尚缺遥测

这一基础功能)。调度员可直接安排列车进路,直接指挥列车运行调整,并通过显示屏监督列车运行情况。在必要的时候,则可将列车运行进路排列工作下放至车站,由值班员执行。

（3）计算机控制的自动调度（ATC 系统与 CATS 系统）设备

它通常由列车自动防护系统（ATP）、列车自动驾驶系统（ATO）、列车自动监控系统（ATS）组成。

目前,ATC 系统已经被越来越多的城市轨道交通系统采用。CATS 系统是 ATC 系统中央控制室（OCC）中的调度指挥系统,是一个实时控制系统,由调度控制和数据传输电子计算机、工作站、显示盘和绘图仪等构成,电子计算机按双机备用。

三、列车运行组织

列车运行组织是城市轨道交通运营管理的中心工作。城市轨道交通通常被称为是一个大的联动机,因为它是集行车、车辆、机电、通信、信号、工务等各工种、技术一体化运转的系统。系统中任一环节出现问题,都可能对整个系统的正常运输带来严重的后果,而整个系统的正常运转则集中体现在列车的运行组织工作中,它是保证将乘客由出发站安全、准时、快捷地运送到目的地的关键。

1. 运行方式

目前,城市轨道交通的运行方式有如下两种:

（1）独立运行

独立运行是指一条轨道交通线路自成系统,独立组织列车在本线路上运行,与其他轨道交通线路间只有乘客的换乘,无列车的路线运行。在国内外的轨道交通运营中,大多数线路采用独立运行方式。

（2）共线运行

共线运行是指在相邻的两条或多条轨道交通线路中,运营列车交路从一条线路跨越到另一条线路,存在着两条或多条列车交路共用某一区段的情况。共线运营的部分线路称为共线段。

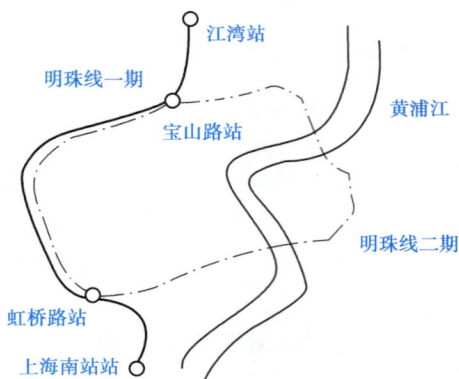

图 5.2 上海轨道交通 3、4 号线线路示意图

共线运行方式在欧美和日本的城市轨道交通系统中被广泛推广应用。尤其在日本,参与共线运行的轨道交通公司总数占日本所有轨道交通公司总数的 55%。除香港外,目前我国国内唯一投入运营的共线运行线路在上海,如图 5.2 所示,轨道交通 3、4 号线在宝山路站—虹桥路站的 9 站 8 区间内共线运行。

2. 列车交路计划

列车交路计划是根据运营组织的要求及运营条件的变化,按运行图或由调度指挥列车,按规定的区间运行、折返的列车运行计划。列车交路计划的确定应从经济合理的角度出发,既要保证满足乘客需求,又要考虑如何利用运能,以提高经济效益。

（1）列车折返

列车通过进路改变、道岔的转换,经过车站的调车进路由一条线路至另一线路称为列车折返。具有折返能力的车站称为折返站。

（2）列车交路分类

列车交路分为长交路、短交路和长短交路三种,如图5.3所示。

长交路是指列车在两个终点站进行折返运行;短交路是指列车在指定的折返站折返,在一区间内运行;长短交路是指列车在线路运行中结合了长、短交路两种情况下的运行模式。

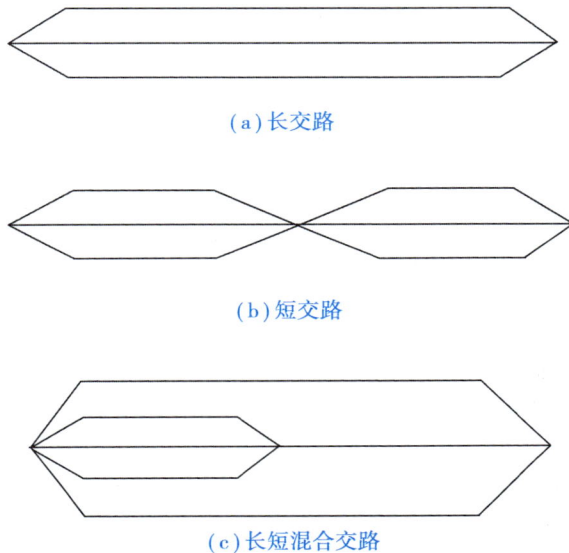

(a)长交路

(b)短交路

(c)长短混合交路

图5.3 列车交路示意图

通常情况下,城轨交通都采用长交路的列车运行方式;而长短结合交路的列车运行方式则是在全线某一端的半程客流较大又比较集中的情况下,同时折返中间站又具备折返设备时采用,它可降低运输成本、提高列车车组的利用率;短交路一般不单独采用,除非在城轨线路中部的某处由于某种原因不能通车,而在不能通车地点的两边车站又具有折返条件的情况下为了维持通车才单独采用短交路。

3. 正常情况下的列车运行组织

城市轨道交通由于行车密度高、间隔小、对安全运营要求高等特点,根据信号设备所能提供的运行条件,按照运行图规定的行车计划开行列车,进入列车运行模式。它一般分为调度集中控制、调度监督下的自动控制和半自动控制三种方式。

①调度集中控制的行车组织方式,在调度所行车调度员的统一指挥下,利用行车设备对列车的到、发、折返等作业进行人工控制和调整。调度集中控制下的行车组织的指挥者为行车调度员,车站不参与行车组织工作。

②调度监督下的自动控制是当今世界城市轨道交通列车运行组织的发展趋势及主流行车控制方式。许多早期建成轨道交通的城市,由于当时各方面技术条件的限制,采用半

自动化和人工方式进行行车组织,近年来已逐步采用自动运行控制。自动运行控制利用计算机技术对列车运行进行自动指挥和自动运行监护,并由列车运行保护系统提高行车安全系数。

③半自动控制是在中央调度所的统一指挥和监督下,由车站行车值班员操作车站电气集中或临时信号设备控制列车的运行。在一些早期建成的城市轨道交通系统中,至今仍采用这种列车运行组织方式;在一些新线上,由于信号系统尚未安装调试完毕,在过渡期运营时也会采取这种方式进行行车组织。

4. 非正常情况下的列车运行组织

非正常情况下的列车运行组织是在基本列车运行控制方式中,由于信号故障、道岔故障等原因而不能继续采用原行车控制方式的情况下的列车运行组织。电话闭塞法是在非正常情况下列车运行组织所采取的基本方法。

对于一些由于特殊情况造成的、对原行车组织方式做出重大调整的行车组织,也属于非正常情况下的行车组织范畴。如列车救援,因故采用一线一车或分段运行等,都必须在行车调度员的统一指挥下,在确保行车安全的前提下组织列车运行。

5. 车站行车组织工作

车站行车组织工作是在调度所的统一指挥下,合理运用车站的各项技术设备,负责车站行车控制指挥、施工及其他作业,包括车站列车运行控制、车站施工组织、接发列车组织工作等。

车站的列车运行控制是由整个系统的列车运行控制方式所决定的。

①在调度集中控制方式下,车站行车组织的主要工作是监护列车运营状态,行车值班员可兼做其他工作。

②在自动运行控制方式下,车站在除了对列车的运营状态进行监护外,如中央因故放权由车站进行控制,则有集中控制设备的车站应负责进行列车的折返、进路排列等人工作业。

③在半自动运行控制方式下,车站负责列车运行控制的工作,人工操作信号设备进行接发车、调车等行车作业,并根据行调指令对列车运行进行调整。

④在非正常情况下,车站根据调度指令,按规定的作业办法要求负责列车在车站接发、调车等作业。

问题与防治

车站中心线如何确定?

(1)按区间实际里程比率确定

这是按整个区段内各车站间实际里程的比例来画横线。采用这种方法时,列车运行图上的站间距完全反映实际情况,能明显表示出站间距离的大小。但由于各区间的线路和纵断面不一样,列车运行速度也有所不同,这样,列车在整个区段的运行线往往是一条斜折线,既不整齐,也不易发现列车在区间运行时分上的差错,所以一般不采用这种方法。

(2)按区间运行时分比率确定

这是按整个区段内各车站间列车运行时分的比例来画横线。采用这种方法时,可以使列车在整个区段运行线上是一条斜直线,既整齐又美观,也容易发现列车在区间运行时分上的差错,故多被采用。

扩展知识

列车运行图的编制步骤

在新线开通或线路客流量、技术设备和行车组织方式发生变化时,都需编制列车运行图。其编制步骤如下:

①按要求和编制目标确定编图的注意事项。

②收集编图资料,对有关问题组织调查研究和试验。

③对于修改运行图应总结分析现行列车运行图的完成情况和存在问题,提出改进意见。

④确定全日行车计划。

⑤计算所需运用列车数量。

⑥计算所需运用列车与草图。

⑦征求调度部门、行车和客运部门、车辆部门的意见,对行车运行方案进行调整。

⑧根据列车运行方案铺画详细的列车运行图、列车运行时刻表和编制说明。

⑨对列车运行图的编制质量进行全面的检查,并计算列车运行图的指标。

⑩对编制完毕的列车运行图、时刻表和编制说明报有关部门审核批准执行。

任务二　城市轨道交通客运组织

任务目标

1. 了解客流组织的内容和大客流组织方法。

2. 掌握客运服务基本要求及客运服务的分类。

3. 掌握票务管理的内容及自动售检票系统的特点。

任务分析

重点:大客流的组织方法,不同类型客运服务的具体要求。

难点:自动售检票系统的组成和功能。

知识描述

客流是指交通运输线在单位时间(通常为1 h)内,某地与某地之间朝着某一方向旅行的乘客人数。它是动态变化的,随天、时、地的变化而改变,这种变化是城市社会经济活动、生活以及轨道交通系统本身特征的反映。它具体表现为一日内每个小时的客流量的变化,一周内每日客流也有变化,季节性或短期内客流的变化,各条线路客流的不均衡,各个方向客流的不均衡,各个断面客流的不均衡以及各车站乘降人数的不均衡。

断面客流目测调查是一种经常性的客流抽样调查。根据需要,可选择一或两个断面进行调查,一般是对最大客流断面进行调查,调查人员用目测估计各车辆的乘客人数。

城市轨道交通系统的客流量随时间段不同具有明显的高峰与低谷特性,且这种不均衡性亦与城市的产业布局、居民出行习惯有关。因此,有计划的客流组织与疏导比较困难,优质高效的客运组织工作必须依靠科学管理。

一、客流组织

1. 客流组织的主要内容

轨道交通主要通过合理的客流组织来完成大量的客运任务。客运组织是通过合理布置客运有关设备、设施以及对客流采取有效的分流或引导措施来组织客流运送的过程。

客运组织的主要内容包括:车站售检票位置的设置、车站导向的设置、车站自动扶梯的设置、隔离栏杆等设施的设置以及车站广播的导向、售检票数量的配置、工作人员的配备、应急措施等。轨道交通客运工作的特点决定了客流组织应以保证客流运送的安全、保持客流运送过程的畅通,尽量减少乘客出行的时间,避免拥挤,便于大客流发生时的及时疏散为目的。

在进行客运组织时,应考虑以下几个原则:

①合理安排售检票位置、出入口、楼梯,行人流动线简单、明确,尽量减少客流交叉、对流。

②乘客可顺利、便捷地换乘其他交通工具。人流与车流的行驶路线严格分开,以保证行人的安全和车辆行驶不受干扰。

③完善诱导系统,快速分流,减少客流集聚和过分拥挤现象。

④满足换乘客流的方便性、安全性、舒适性等一些基本要求。如适宜的换乘步行距离、恶劣天气下的保护、气候调节、对残疾人专门设计无障碍通道;又如照明充足及突发事件应急系统完备等。

2. 车站大客流组织

轨道交通线路的走向一般都是客流集中的交通走廊连接着重要的客流集散点,如铁路车站、汽车车站、航空港、航运港等交通枢纽,大型商业经济活动中心、体育场、博览会、大剧院等重要文体活动中心,以及规模较大的住宅区等。正因为如此,某些特殊车站会不定期地遇到大客流。为了保证乘客的安全和正常的运营秩序,这些车站在客流组织方面应具有完善的运营组织方案和措施。在一定程度上,这些方案、措施弥补了硬件设施的不足。

(1)大客流的定义

大客流是指车站在某一时段集中达到的、客流量超过正常客运设施或客运组织措施所能承担的流量时的客流。大客流一般在大型文体活动散场时或重要枢纽的节假日期间发生。

(2)大客流的组织

大客流的组织应在保证疏散客流安全的前提下,尽快地疏散客流,其主要措施包括:

①增加列车运能。

②增加售检票能力。在地面、通道、站厅增加设置售票点,增设临时检票位置来疏散大客流。

③采取临时疏导措施。主要包括出入口、站厅的疏导,站厅、站台扶梯以及站台的疏导。疏导措施包括:设置临时导向、设置警戒绳和隔离栅栏,以及采用人工引导以及通过广播宣传引导等措施。

④关闭出入口或进行进出分流。通过关闭出入口或对某部分出入口限制乘客进入车站的措施来阻止一部分客流或延长大客流疏散的时间。

二、客运服务

城市轨道交通工具作为一种现代化的交通工具,是一个庞大和复杂的系统,最能反映其运营管理水平的就是轨道交通的客运服务工作,这也是体现城市文明程度的一个窗口。

1. 城市轨道交通客运服务的基本要求
城市轨道交通经营单位应为乘客提供以下服务:

①安全、准时、便捷、舒适、文明和持续改进的服务。

②符合服务规范的服务设施、候车环境和乘车环境。

③规范、有效的乘客信息。

④在非正常情况下为乘客提供必要的安全信息和指导信息。

⑤向残障乘客等特殊人群提供相应的服务。

⑥为乘客提供的公益或商业服务应以方便乘客、提高服务质量为目标,保证客运服务质量不受影响。

2. 城市轨道交通客运服务的分类
城市轨道交通企业的服务按照客运服务流程可分为导乘服务、问询服务、票务服务、行车服务、特殊服务、应急服务、服务承诺与监督几大类别。

(1)导乘服务

导乘服务主要是指通过轨道交通车站的导向标志、各种导乘广播、各种信息的发布等为乘客提供的导向服务。

如在车站出入口外周边 500 m 范围内的道路上设置导向牌,以引导乘客到车站乘车。导向牌上须注明离车站的距离与方向,还应有轨道交通企业的形象标志,以便给乘客非常直观的印象,如图 5.4 所示。

在车站的出入口应设置出入口标志,注明车站名称及出入口名称,以便于乘客辨认,如图 5.5 所示。

在车站出入口、售票处的醒目位置应公示本车站首、末班车时间,公示列车间隔时间、各站运行时间等信息,以便乘客合理安排出行,如图 5.6 所示。

图 5.4　导向标志

图 5.5　轨道交通车站出入口标志

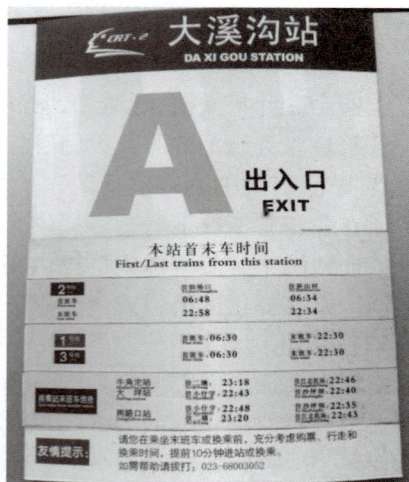

图 5.6　出入口服务时间标志

　　在车站出入口通道、站厅等醒目位置应设立乘客公告栏,以公布乘车常识和注意事项,如线路图、票价表、主要的票务政策、车票购买及使用说明、城市轨道交通内禁止的行为等,如图 5.7 所示。必要时,应通过广播等方式向乘客宣传乘车的常识和注意事项。

图 5.7　严禁携带危险品进站标志

车站应在出入口、进闸处等地提供即时、准确、有效的乘车信息、公告、告示等有关服务信息。

车站应在站厅各出入口通道分岔处、站厅醒目位置公布车站出入口周边街区图、公交线路、地面道路、建筑物等信息，以便于乘客离开轨道交通车站后能顺利转乘其他交通工具或到达目的地，如图5.8所示。车站站务员应熟知轨道交通沿线的标志性建筑物、商业、旅游、体育场所等地，以便给乘客提供问询服务。

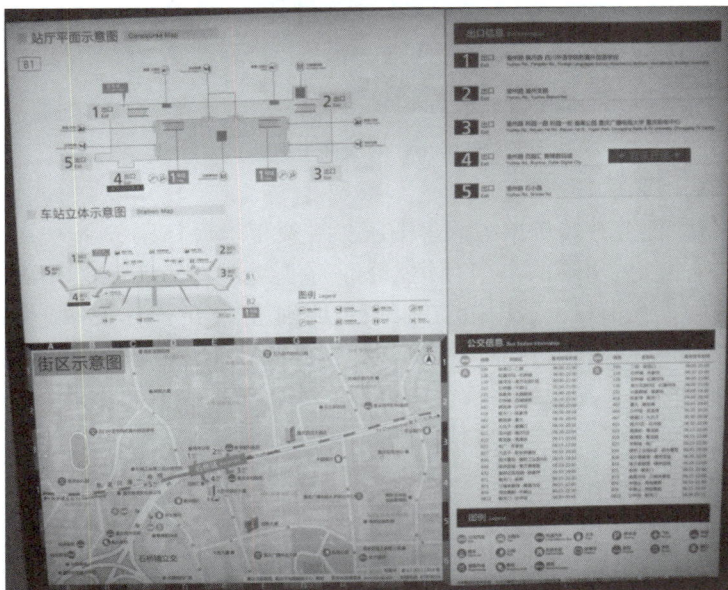

图 5.8　街区示意图、出口信息、公交信息公告栏

车站应在站厅醒目位置设置站内设备的指引牌，以指引乘客到相关设备区域进行购票或进站乘车等，如图5.9所示。

图 5.9　售票、加值处指引牌

此外，车站应在区内设置提醒及警示标志，以引导乘客文明乘车。

车站及列车上应向乘客提供列车运行方向、到站、换乘等清晰的广播或图文信息，如图5.10所示的乘客信息系统。

列车运营计划变更或列车运行不正常而对乘客造成影响时，车站应及时通知乘客，必要时应采取有效措施疏导乘客。如系统或设备故障造成列车晚点时，要在列车上、车站内及出入口通过广播及告示告知乘客晚点的原因、进展及相关车票处理办法等信息，以便于乘客掌握列车运营及故障等情况，并据此做出继续等待或退票出站的决定。

图 5.10　乘客信息系统

（2）票务服务

凡是涉及车票、票务政策等票务内容的服务一般都可看作票务服务。一般情况下，售票机或其附近应有醒目、明确的车票种类、票价、售票方式、车票有效期等信息，以方便乘客购票；自动售票机、充值机上或附近应有醒目、明确、详尽的操作说明；人工售票、充值或售卡过程中，站务员应唱收唱付，做到准确、及时、规范；对符合免费乘车规定，持有效证件的乘客，应验证后准乘；自动检票机或其附近应有相应的标志或图示，以方便乘客检票；必要时，应及时采取人工检票方式进行补充服务，如在特殊情况下及时采取有效措施为乘客提供必要的票务处理。

（3）行车服务

城市轨道交通的运营时间应根据当地居民的出行规律及其变化来确定和调整，调整前应及时公示。如遇节假日及大型社会活动，应适当延长服务时间，并根据客流特点调整行车间隔。一般情况下，周一到周五上、下班的高峰期行车间隔应最小，周六、日则应保证乘客外出休闲购物高峰时段的行车间隔最小。

城市轨道交通应根据列车运行图组织列车运行，并应根据客流变化合理调整，调整后应通过公告牌、广播等及时向乘客公布。

列车行驶应做到平稳，到站时适时开关车门。列车运行发生故障时，应视情况采取救援、清客、继续运行到目的地等处理措施。

（4）问询服务

为了方便乘客对城市轨道交通的了解，加强乘客与轨道交通企业之间的沟通，城市轨道交通经营单位应在互联网上开通官方网站，公布相关的行车信息、票务政策，开设乘客信息箱；应设有乘客服务中心，开通咨询、投诉热线，安排专人接听电话，解答乘客问题，解决乘客投诉事件；在车站票务处、站厅等场所安排人员提供现场问询服务。

（5）特殊服务

城市轨道交通应当承担一定的社会公益责任。因此，在对老、幼、病、残、孕等特殊群体服务时，应该完善相关的服务设备和设施（图 5.11），制定相关的政策及特定的服务措施，提高服务质量。

（6）应急服务

应急服务应以保障乘客人身安全为首要目标。城市轨道交通管理单位应分别就运营事故、突发客流、重大活动、事故灾难、恶劣天气、乘客伤亡、政府管制等影响城市轨道交通系统正常运营的突发事件制定应急服务预案,并及时启动。当发生突发事件而影响城市交通系统正常运营时,应及时通过告示、广播等告知乘客,并提供退票等服务。如果城市轨道交通中断运营的时间过长,还应联系地面公共交通系统,为乘客提供免费公交接驳服务。

图5.11　无障碍电梯

（7）服务承诺与监督

城市轨道交通应就其服务内容及质量向乘客做出服务承诺,并通过多种方式向乘客和社会公布。服务承诺至少应包括服务质量、服务行为、服务设施以及服务环境。服务应接受乘客和社会的监督,并提供与乘客交流的有效途径。一般途径包括开设服务热线、开设官方网站、定期召开与乘客的座谈会、设置乘客留言信箱等。

三、票务管理

1.票务管理概述

城市轨道交通运营主要收入是票务收入,票务管理工作包括制定票价、确定票制以及售、检票等。

（1）票制

票制,是票价制式的简称,城市轨道交通票制有两种形式:单一票价制和计程票价制（分级票价制）。

目前,世界各国采用单一票价制的城市或线路约占57%,采用计程票价制的约占43%。采用单一票价制时,全程只发售一种车票,优点是售票简单、效率高,进站检票,出站不检票,可减少车站管理人员;缺点是乘客支付的车费不够合理,无论路途远近都支付同样的车费,且给票价的制订带来了困难,既要为乘客的切身利益着想,又要保证地铁或轻轨的运营效益。计程票价制可以克服上述缺点,但车票的种类多,进、出站均需检票,售检票手续烦琐,需要的检票人员多,必要时还需配置自动或半自动的售、检票设备。

一般在运营里程较短或乘客平均运距较长的线路上采用单一票价制,而在运营里程较长而乘客平均运距偏短的线路上采用计程票价制。另外,在流动人口较多的旅游开放城市,还可采取平、高峰期间两票制,以提高经济效益和人为调节客流的时间分布。

(2)票价

城市轨道交通作为城市公共交通的一个组成部分,带有公益性质,不能单纯追求盈利,其票价不仅取决于本身运营成本,还受其他交通方式的票价水平、城市发展水平、市民生活水平、物价政策、企业交通补贴费用以及乘客承受力等多种因素的制约。地铁或轻轨的票价要经政府有关部门综合研究后才能确定。

(3)售、检票方式

城市轨道交通企业根据自身发展阶段及客流情况、设备采购等因素,采用不同的售检票模式,目前主要有自动售检票模式和人工售检票模式两种。

自动售检票模式是指通过自动售检票系统来实现对乘客的售票、进(出)站口售票等一系列活动的方式(图5.12),适用于各种票制的轨道交通环境。

图5.12 自动检票机

从国外的经验和发展趋势来看,凡实行计程票价制,绝大多数都相应采取自动或半自动售、检票方式。虽然采用自动或半自动售、检票方式要增加设备投资,但优点十分明显,譬如能高效准确地售、检票,既节约时间,节省大量劳动力,又避免因人为误解产生纠纷,确保乘客迅速通过售、检票口。采用自动或半自动售、检票方式还可以加强票务管理,减少人为因素影响,尤其在客流调查方面具有人工售、检票无法比拟的优越性,它也是一个城市乃至一个国家综合技术水平和文明程度的象征。

人工售检票模式是指由人工操作来完成对乘客的售票、进(出)站检票等一系列活动的方式。它一般适用于单一票价的管理模式,特别是受站厅空间制约的车站,或在轨道交通新线开通初期而无自动售检票系统的线路上使用,通常使用纸票。

(4)车票种类

根据可使用次数限制,车票可分为单程票和储值票两类;根据车票载体不同,又可分为纸票、磁卡车票、IC卡车票三类。

2. 自动售检票系统

（1）系统组成

自动售检票系统是由计算机集中控制进行的自动售票、自动检票和自动结算的自动化管理系统，是地铁综合自动化管理不可缺少的组成部分。它基于计算机网络和多种形式的车票技术，对车票数据进行处理，实现自动发售车票、自动计费的功能；并将采集到的信息和数据进行存储、计算、分析，达到随时查看数据、及时了解运营情况、妥善管理的目的。

目前，世界上运用于交通领域中比较成熟的自动售检票系统的基本构架可分解为4个部分：中央结算控制系统、车站监控系统、售检票设备和车票。

中央结算控制系统主要提供系统控制、数据收集统计、票务清算等功能，为每日的运行生成客流量、维修和营业额收入等报表信息。车站监控系统主要对车站所有 AFC 设备进行在线实时控制。售检票设备包括所有的 AFC 前端设备，构成乘客与售检票界面的自动化操作，如自动售票机、检票机、票务机等。车票是乘客与系统之间事先沟通的媒介，可以制作成单程票、纪念票、储值票等多种形式。

（2）自动售检票系统功能

基于计算机技术、网络技术、现代通信技术、自动化控制技术、非接触 IC 卡技术、大型数据库技术、机电一体化技术、传感技术、精密机械技术等多项高新技术于一体的自动售检票系统投入地铁运行后，实现了自动售票方式。

采用自动售检票系统后，可以实现购票、检票、计费、收费、统计的全过程自动化，减少票务管理人员，提高地铁系统的运行效率和效益；使乘车收费更趋合理化，减少现金流通，解决人工售检票过程中的各种漏洞和弊端；避免售票"找零"的烦琐，方便乘客；增强客流分析预测能力，合理调配车辆，提高了运营公司的经营管理水平；为联网结算提供了基础。

问题与防治

在运营管理中如何正确设置售、检票系统的位置和合理布置付费区，进行合理的导向才能更好地对客流进行组织？

①售、检票设备的位置与出入口、楼梯应保持一定距离。

②保持售、检票设备前通道宽敞。

③售、检票位置应根据出入口数量相对集中布置。

④应尽量避免客流对流。

扩展知识

城市轨道交通服务基本要求

服务基本要求包含了仪容仪表、服务用语、服务忌语及服务形体要求等。

1. 仪容仪表

①城市轨道交通员工工作时要保持微笑，要调整自己的情绪，避免把个人情绪带到服务岗位上，上岗期间要精神饱满，朝气蓬勃；

②上班时间应按规定统一穿着工作制服，佩戴领带、领结、肩章、工号牌，佩戴的标志要清洁、平整；

③着工作制服时,应衣装整洁,不缺扣,不立领,不挽袖口、裤口,皮鞋应保持光亮、整洁,原则上在工作地点、工作时间只能穿着工作制服;

④化妆、发型、首饰从简,不能佩戴过分夸张的饰物,应保持端庄、整洁的仪容仪表。

2. 服务用语

①标准服务语言为普通话,并提供基本的英语服务,服务用语应表达规范、准确,吐字清晰;

②与乘客交谈或使用人工广播时,必须使用十字文明服务用语"你好、请、谢谢、对不起、再见",应根据乘客不同身份使用恰当的称呼用语,如先生、女士、小朋友、大爷、阿姨等,不得使用不礼貌用语称呼乘客;

③处理违章事宜时要态度和蔼,得理让人,不得讲斗气、训斥、顶撞的话。

3. 服务忌语

服务忌语是指不适合在服务语言中出现的一些词语、语句等,如"不知道""不要问我""有意见找领导去""没看我正忙吗?着什么急""你这人怎么这么麻烦,有意见可以投诉去"等。

4. 服务形体要求

①服务时应做到精神饱满、衣着整洁、端庄大方、举止文明;

②坐时要正、挺胸,不得斜躺、抖腿、用手托腮及趴在桌面上,做到"坐有坐姿";

③在岗时站姿挺拔,双手自然下垂或双手交握自然下垂放于身体前方,不得背手、抱拳、玩手指、玩钥匙、手插进口袋或搭在物品上、倚靠墙柱等,做到"站有站相";

④服务手势要做到正规、得体、适度;迎客时要面向乘客,微笑、点头,并以"您好"开始,询问乘客有什么需要帮助;送客时以"再见"结束,并以单手斜抬起作为送别的礼仪。

本单元小结

城市轨道交通系统是一个庞大而复杂的系统,从运营功能看,它包括列车运行系统、客运服务系统、检修保障系统三大系统。如何保证这三大系统同时正常、协调地运行是城市轨道交通运营管理的重要任务。这就要求城市轨道交通运营管理工作在运输组织基础上,实行集中调度、统一指挥、按图运行;在安全保证方面,依靠合理的行车组织规则和可靠的设备运行来保证行车间隔和正常的行车路径;在乘客组织方面,为乘客提供安全、迅速、便捷、舒适的服务。

本单元对城市轨道交通运营管理作了全面的阐述,主要介绍了以下内容:

①城市轨道交通运营管理特性、城市轨道交通运营管理模式分类和城市轨道运营管理模式及其适用性。

②列车运行图的定义和分类、行车调度工作的基本内容以及列车运行组织相关内容。

③城市轨道交通客流组织的内容和大客流的组织方法、客运服务基本要求及客运服务的分类和票务管理的内容及自动售检票系统的特点。

④城市轨道交通安全的影响因素和城市轨道交通安全管理的对策。

单元6 城市轨道交通运营安全管理

学习目标

通过本项目的学习,要求掌握以下基本知识:

1. 安全生产法规的概念及法律体系。
2. 安全生产的使用范围及基本规定。
3. 城市轨道交通安全相关法律、法规及规章。
4. ATC 系统、SCADA 系统、BAS 系统、FAS 系统、乘客安全警示系统、屏蔽门的组成及功能。
5. 城市轨道交通运营安全影响因素的分类。
6. 城市轨道交通运营事故的原因分析。
7. PDCA 循环的安全管理体系模式的总体方针、基本要素、运行体系模式的内容。
8. 城市轨道交通运营安全事故对运营造成的影响。

技能目标

1. 能够对安全管理体系模式进行 PDCA 循环分析。
2. 能够分析城市轨道交通运营安全事故和影响因素。
3. 掌握城市轨道交通运营安全事故的防范措施。
4. 分析城市轨道交通运营安全事故的原因。
5. 掌握城市轨道交通运营安全事故的防范措施。

知识描述

安全第一是各类生产工作所需遵循的根本,地铁的运输高速、环境封闭等特点使安全工作要求更为突出,国家安全法律、法规和地方城轨安全法规对地铁安全工作提供了有效支撑,安全保障系统从硬件与技术上减少了安全事故的可能性,提高了应急处理的水平。安全管理体系在软件上不断提升安全生产层次,确保地铁在安全的状态下运行。

任务一 安全生产法律、法规

活动场景

多媒体展示教学。

任务要求

了解安全生产法规的概念及法律体系,安全生产法规的使用范围及基本规定;熟悉城市轨道交通安全的相关法律、法规及规章。

知识准备

一、概述

1. 安全生产法规的概念

安全生产法规是指国家机关为加强安全生产监督管理,落实安全生产技术措施,保护人民群众生命和财产的安全,防止和减少安全生产事故,促进经济发展,按照一定的法律程序制定并颁布实施的法律规范,如图 6.1 所示。

安全生产法规的主要任务是调整生产经营活动中相关组织之间及其与从业人员之间在安全生产方面的权利和义务关系,保护有关人员的人身和财产安全。

安全生产法规具有国家强制性。一切生产经营单位、行政机关、社会团体和

图 6.1 我国相关安全生产法规

从业人员以及相关方都必须严格遵守,认真执行。对违反安全生产法规的行为,要追究其法律责任,并根据情节轻重分别给予行政处分、经济处罚,直至追究其刑事责任。

2. 安全生产法律体系

安全生产法律体系是指我国现行的、不同的法律规范形成的有机联系的统一整体。根据法律地位和效力的不同,安全生产法律体系可分为法律、法规、规章和法定安全生产标准。

法律是安全生产法律体系中的上位法,居于整个体系的最高层级,其法律地位和效力高于行政法规、地方法规、部门规章、地方政府规章等下位法。我国现行的有关安全生产的专门法律主要有《中华人民共和国安全生产法》《消防法》《道路交通安全法》《海上交通安全法》《矿山安全法》;与安全生产相关的法律主要有《劳动法》《职业病防治法》《工会法》《矿产资源法》《铁路法》《公路法》《民用航空法》《港口法》《建筑法》《煤炭法》《电力法》等。

法规分为行政法规和地方法规。安全生产行政法规的法律地位和效力低于安全生产法律,高于地方性安全生产法规、部门规章等。地方性安全生产法规的法律地位和法律效力低于有关安全生产的法律、行政法规,高于地方政府安全生产规章。经济特区和民族自治地方安全生产法规的法律地位和效力与地方性安全生产法规相同。

规章分为部门规章和地方政府规章。部门规章是国务院有关部门依照安全生产法律、行政法规的授权制定发布的,部门安全生产规章的法律地位和效力低于法律、行政法规,高于地方政府规章。地方政府规章是最底层级的安全生产立法,其法律地位和效力低于其他上位法,且不得与上位法相抵触。

二、安全生产法

《中华人民共和国安全生产法》(以下简称《安全生产法》)于2002年6月29日经第九届全国人大常委会第28次会议审议通过,以中华人民共和国主席第70号令予以公布,自2002年11月1日起施行。《安全生产法》的颁布实施是我国安全生产法制建设的重要里程碑,它以法律的形式对我国安全生产工作的宗旨、方针和政策作了进一步的规范。

1.《安全生产法》的法律地位和立法宗旨

《安全生产法》是我国第一部安全生产基本法,在我国安全生产法律体系中,《安全生产法》的法律地位和法律效力是最高的,是各类生产经营单位及其从业人员实现安全生产所必须遵守的行为规范,是各级人民政府和各有关部门进行监督管理和行政执法的法律依据,是制裁各种安全生产违法犯罪行为的法律武器。

《安全生产法》第一条明确规定了其立法宗旨,即"为了加强安全生产监督管理,防止和减少生产安全事故,保障人民群众生命和财产安全,促进经济发展,制定本法"。

2.《安全生产法》的适用范围

《安全生产法》是对所有生产经营单位的安全生产普遍适用的基本法律。《安全生产法》的第二条对其适用范围作了规定,并明确:"在中华人民共和国领域内从事生产经营活动的单位(以下统称"生产经营单位")的安全生产,适用本法;有关法律、行政法规对消防安全和道路交通安全、铁路交通安全、水上交通安全、民用航空安全另有规定的,适用其规定。"

3.《安全生产法》的基本规定

(1)安全生产管理的方针

《安全生产法》第三条规定:"安全生产管理,坚持安全第一、预防为主的方针。"

(2)生产经营单位主要负责人的安全责任

生产经营单位主要负责人是生产经营活动和安全生产工作中的决策者和指挥者,对落实安全生产责任制,加强安全管理,确保生产安全至关重要。只有明确生产经营单位主要负责人在安全生产中的地位和责任,才能真正促使生产经营单位重视并抓好安全生产工作,防止和减少事故的发生。《安全生产法》第五条规定:"生产经营单位的主要负责人对本单位的安全生产工作全面负责。"

(3)生产安全事故责任追究

《安全生产法》第十三条规定:"国家实行生产安全事故责任追究制度,依照本法和有关法律、法规的规定,追究生产安全事故责任人员的法律责任。"《安全生产法》中规定的责任追究,是指发生人为责任事故,对负有责任的单位或人员进行责任追究。生产安全事故责任者所承担的法律责任的主要形式包括行政责任和刑事责任。

（4）安全生产标准

安全生产标准是法律规范的重要补充，《安全生产法》第十条规定："国务院有关部门应当按照保障安全生产的要求，依法及时制定有关国家标准或者行业标准，并根据科技进步和经济发展适时修订。生产经营单位必须执行依法制定的保障安全生产的国家标准或者行业标准。"依照法律规定，执行法定的保障安全生产的国家标准和行业标准，是生产经营单位的法定义务，生产经营单位必须执行安全生产方面的国家标准或行业标准，特别是强制性的标准。

（5）安全生产宣传教育

安全生产事关人民群众生命和财产安全，要实现《安全生产法》"保护人民群众生命和财产安全"的立法宗旨，做好安全生产工作，就必须依靠和发动广大职工群众乃至全民积极主动、自觉自愿地参与，从而提升全民的安全意识，弘扬安全文化，树立以人为本的理念。《安全生产法》第十一条规定："各级人民政府及其有关部门应当采取多种形式，加强对有关安全生产的法律、法规和安全生产知识的宣传，提高职工的安全生产意识。"第六十七条规定："新闻、出版、广播、电影、电视等单位有进行安全生产宣传教育的义务，有对违反安全生产法律、法规的行为进行舆论监督的权力。"

4. 从业人员的权利和义务

生产经营单位的从业人员是各项安全生产经营活动最直接的劳动者，是各项法定安全生产的权利享有者和义务承担者。《安全生产法》第六条规定："生产经营单位的从业人员有依法获得安全生产保障的权利，并应当依法履行安全生产方面的义务。"

（1）从业人员的权利

《安全生产法》规定了各类从业人员必须享有的、有关安全生产和人身安全的最重要、最基本的权利，可以概括为以下5项：

①获得安全保障、工伤保险和民事赔偿的权利。

②得知危险因素、防范措施和事故应急措施的权利。

③对本单位安全生产的批评、检举和控告的权利。

④拒绝违章指挥和强令冒险作业的权利。

⑤紧急情况下的停止作业和紧急撤离的权利。

（2）从业人员的安全生产义务

从业人员的安全生产义务主要包括以下4项：

①遵章守规、服从管理。

②正确佩戴和使用劳动防护用品。

③接受安全培训，掌握安全生产技能。

④发现事故隐患或其他不安全因素应及时报告。

《安全生产法》第一次明确规定了从业人员安全生产的法定义务和责任，具有重要的意义：第一，安全生产是从业人员最基本的义务和责任，从业人员必须具有高度的法律意识；第二，安全生产是从业人员的天职，安全生产义务是所有从业人员必须遵守的行为规范。从业人员必须尽职尽责，严格照章办事，不得违章违规；第三，从业人员如不履行法定义务，必须承担相应的法律责任；第四，安全生产义务的设定，为事故处理及责任追究提供明确的法律依据。

三、安全生产相关法律法规

1.《刑法》中有关安全生产的条款

安全生产违法行为构成犯罪的,《中华人民共和国刑法》以下简称(《刑法》),规定了相关的刑事责任,如图6.2所示。

（1）重大责任事故罪

《刑法》第一百三十四条规定:"重大责任事故罪是指在生产、作业中违反有关安全管理的规定,或是强令他人违章冒险作业,因而发生重大伤亡事故或者造成其他严重后果的行为。"犯本罪的,处3年以下有期徒刑或者拘役;情节特别恶劣的,处3年以上7年以下有期徒刑。强令他人违章冒险作业,因而发生重大伤亡事故或造成其他严重后果的,处5年以下有期徒刑或者拘役;情节特别恶劣的,处5年以上有期徒刑。

（2）重大劳动安全事故罪

《刑法》第一百三十五条规定:"重大劳动安全事故罪是指安全生产设施或者安全生产条件不符合国家规定,因而发生重大伤亡事故或者造成其他严重后果的行为。"犯本罪的,对直接负责的主管人员和其他直接责任人员,处3年以下有期徒刑或者拘役;情节特别恶劣的,处3年以上7年以下有期徒刑。

图6.2 刑法

（3）危险品肇事罪

《刑法》第一百三十六条规定:"危险品肇事罪是指违反爆炸性、易燃性、放射性、毒害性、腐蚀性物品的管理规定,在生产、储存、运输、使用中发生重大事故,造成严重后果的行为。"犯本罪的,处3年以下有期徒刑或者拘役;后果特别严重的,处3年以上7年以下有期徒刑。

（4）工程重大安全事故罪

《刑法》第一百三十七条规定:"工程重大安全事故罪是指建设单位、设计单位、施工单位、工程监理单位违反国家规定,降低工程质量标准,造成重大安全事故的行为。"犯本罪的,对直接责任人员处5年以下有期徒刑或者拘役,并处罚金;后果特别严重的,处5年以上10年以下有期徒刑,并处罚金。

（5）消防责任事故罪

《刑法》第一百三十九条规定:"消防责任事故罪是指违反消防管理法规,经消防监督机构通知采取改正措施而拒绝执行,造成严重后果的行为。"犯本罪的,处3年以下有期徒刑或者拘役;后果特别严重的,处3年以上7年以下有期徒刑。

（6）铁路运营安全事故罪

《刑法》第一百三十二条规定:"铁路运营安全事故罪是指铁路职工违反规章制度,致使发生铁路运营安全事故,造成严重后果的行为。"犯本罪的,处3年以下有期徒刑或者拘役;造成特别严重后果的,处3年以上7年以下有期徒刑。

2.《中华人民共和国消防法》

《中华人民共和国消防法》(以下简称《消防法》)的立法目的是预防和减少火灾,保护公民人身、公共财产和公民财产的安全,维护公共安全,保障社会主义现代化建设的顺利进行。

消防工作贯彻预防为主、防消结合的方针,坚持专门机关与群众相结合的原则,实行防火安全责任制。

(1)火灾预防

火灾预防包括以下几个方面:

①消防规划。

②安全位置。

③建设工程的消防安全。

④公众聚集场所和群众性活动的消防安全。

⑤有关单位的消防安全职责。

⑥消防重点单位的安全管理。

⑦易燃易爆危险物品及火灾、爆炸危险场所的安全管理。

⑧消防产品和电器产品、燃气用具的管理。

⑨消防设施、器材的管理如图6.3、图6.4所示。

图6.3　消防器材

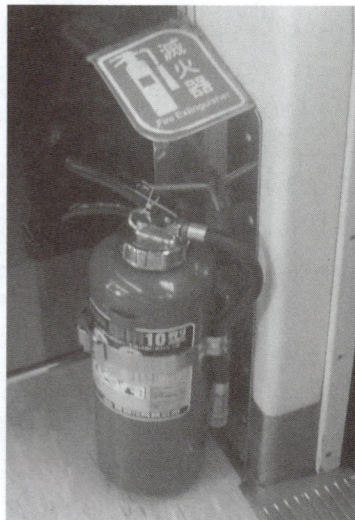

图6.4　轻轨消防器材

(2)消防组织

城市人民政府应当按照国家规定的消防站建设标准建立公安消防队、专职消防队,承担火灾扑救工作。镇人民政府可根据当地经济发展和消防工作的需要,建立专职消防队、义务消防队,承担火灾扑救工作。公安消防队除保证完成本法规定的火灾扑救工作外,还应当参加其他灾害或事故的抢险救援工作。

下列单位应当建立专职消防队,承担本单位的火灾扑救工作。

①核电厂、大型发电厂、民用机场、大型港口。

②生产、储存易燃易爆危险物品的大型企业。

③储备可燃的重要物资的大型仓库、基地。

④上述3项规定以外的火灾危险性较大、距离当地公安消防队较远的其他大型企业。

⑤距离当地公安消防队较远的列为全国重点文物保护单位的古建筑群的管理单位。

机关、团体、企业、事业单位以及乡、村,可根据需要建立由职工或者村民组成的义务消防队。

(3)消防安全违法行为应负的法律责任

建筑工程的公众聚集场所,若违反《消防法》的规定,有下列行为之一的,责令限期改正;逾期不改正的,责令停止施工、停止使用或者停产停业,可以并处罚款:

①建筑工程的消防设计未经公安消防机构审核或者经审核不合格,擅自施工的。

②依法应当进行消防设计的建筑工程竣工时未经消防验收或者经验收不合格,擅自使用的。

③公众聚集的场所未经消防安全检查或者经检查不合格,擅自使用或者开业的。

营业性场所及公共场所的机关、团体、企业、事业单位违反《消防法》的规定,未履行消防安全职责的,责令限期改正;逾期不改正的,对其直接负责的主管人员和其他直接责任人员依法给予行政处分或者处予警告处分。

对于消防重点单位,《消防法》第四十六条、第四十七条、第四十九条规定,对有关单位违反《消防法》规定的违法行为,分别给予责令停止违法行为、警告、罚款或拘留的行政处罚;对直接负责的主管人员和其他直接责任人员给予警告、罚款或拘留。

火灾扑灭后,为了推卸责任,隐瞒、掩饰起火原因,故意破坏现场或者伪造现场,尚不构成犯罪的,处警告、罚款或者15日以下拘留。单位有前款行为的,处警告或者罚款,并对直接负责的主管人员和其他直接责任人员依照前款的规定处罚。

3.《中华人民共和国劳动法》

《中华人民共和国劳动法》(以下简称《劳动法》)的立法目的是保护劳动者的合法权益,调整劳动关系,建立和维护适应社会主义市场经济的劳动制度,促进经济发展和社会进步,适用于在中华人民共和国境内的企业、个体经济组织(以下统称"用人单位")和与之形成劳动关系的劳动者。国家机关、事业组织、社会团体和与之建立劳动合同关系的劳动者,依照执行。

(1)劳动者的权利与义务

①劳动者的权利。

a.平等就业和选择职业的权利。

b.享有取得劳动报酬及休息、休假的权利。

c.享有获得劳动安全卫生保护的权利。

d.享有接受职业技能培训的权利。

e.享受社会保险和福利的权利。

f.享有提请劳动争议处理的权利。

g.法律规定的其他劳动权利。

②劳动者的义务。

a.应当完成劳动任务。

b.应当提高职业技能。

c. 应当执行劳动安全卫生规程。

d. 应当遵守劳动纪律和职业道德。

（2）女职工和未成年工特殊保护

《劳动法》明确规定，国家对女职工和未成年工实行特殊劳动保护。

女职工保护。禁止安排女职工从事矿山井下、国家规定的第四级体力劳动强度的劳动和其他禁忌从事的劳动。不得安排女职工在经期从事高处、低温、冷水作业和国家规定的第三级体力劳动强度的劳动。不得安排女职工在怀孕期间从事国家规定的第三级体力劳动强度的劳动和孕期禁忌从事的劳动。对怀孕 7 个月以上的女职工，不得安排其延长工作时间和夜班劳动。不得安排女职工在哺乳未满 1 周岁的婴儿期间从事国家规定的第三级体力劳动强度的劳动和哺乳期禁忌从事的其他劳动，不得安排其延长工作时间和夜班劳动。

未成年工保护。未成年工是指年满 16 周岁但未满 18 周岁的劳动者。不得安排未成年工从事矿山井下、有毒有害、国家规定的第四级体力劳动强度的劳动和其他禁忌从事的劳动。用人单位应当对未成年工定期进行健康检查。

（3）有关劳动安全卫生监督检查的规定

劳动监察。县级以上各级人民政府劳动行政部门依法对用人单位遵守劳动法律、法规的情况进行监督检查，对违反劳动法律、法规的行为有权制止、并责令改正。

县级以上各级人民政府劳动行政部门监督检查人员执行公务，有权进入用人单位了解执行劳动法律、法规的情况，查阅必要的资料，并对劳动场所进行检查。县级以上各级人民政府劳动行政部门监督检查人员执行公务，必须出示证件，秉公执法并遵守有关规定。

有关部门的监督。县级以上各级人民政府有关部门在各自职责范围内，对用人单位遵守劳动法律、法规的情况进行监督。

工会的监督。各级工会依法维护劳动者的合法权益，对用人单位遵守劳动法律、法规的情况进行监督。任何组织和个人对于违反劳动法律、法规的行为有权检举和控告。

四、城市轨道交通安全相关法律法规及规章

1. 城市轨道交通运营管理办法

为加强城市轨道交通运营管理，保证城市轨道交通正常、安全运营，维护城市轨道交通运营秩序，保障乘客和城市轨道交通运营者的合法权益，原建设部制定了《城市轨道交通运营管理办法》，并于 2005 年 3 月 1 日经第 53 次部常务会议讨论通过发布，自 2005 年 8 月 1 日起实行。

《城市轨道交通运营管理办法》适用于城市公共交通系统中大运量的地铁、轻轨等城市轨道公共客运系统的运营及相关的管理活动。

（1）安全管理

安全管理包括以下 3 个方面内容。

①营单位的安全管理责任。城市轨道交通运营单位应当依法承担城市轨道交通运营管理安全责任，设置安全生产管理机构，配备专职安全生产管理人员，保证安全生产条件

所必需的资金投入。

②控制保护区及安全防护。《城市轨道交通运营管理办法》规定地下车站与隧道周边外侧50 m内、地面和高架车站以及线路轨道外边线外侧30 m内和出入口、通风亭、变电站等建筑物、构筑物外边线外侧10 m内均为城市轨道交通控制保护区。

③危害城市轨道交通设施的行为。

a. 损坏车辆、隧道、轨道、路基、车站等设施设备。

b. 损坏和干扰机电设备、电缆、通信信号系统。

c. 污损安全、消防、疏散导向、站牌等标志及防护监视等设备。

d. 危害城市轨道交通设施的其他行为。

（2）应急管理

应急管理包括以下4个方面的内容。

①制订应急预案。城市人民政府、城市轨道交通主管部门应当会同有关部门制订处理突发事件的应急预案；城市轨道交通运营单位应当根据实际运营情况制定地震、火灾、浸水、停电、反恐、防爆等分专题的应急预案，建立应急救援组织，配备救援器材设备，并定期组织演练。

②应急处理。城市轨道交通运营中发生安全事故，城市人民政府、城市轨道交通主管部门、城市轨道交通运营单位应当依据应急预案进行处置。

③停运公告。遇有自然灾害、恶劣气象条件或者发生突发事件等严重影响城市轨道交通安全的情形，并且无法采取措施保证安全运营时，运营单位可以停止线路运营或者部分路段运营，但是应当提前向社会公告，并报告城市人民政府、城市轨道交通主管部门。

④人员伤亡处理。城市轨道交通运营中发生人员伤亡事故，应当按照先抢救受伤者、及时排除故障、恢复正常运行，后处理事故的原则处理，并按照国家有关规定及时向有关部门报告；城市人民政府、城市轨道交通主管部门、城市轨道交通运营单位应当配合公安部门及时对现场进行勘查、检验，依法进行现场处理。

（3）法律责任

①城市轨道交通运营单位的法律责任。

运营单位未保证车站、车厢整洁，出入口、通道畅通，保持安全、消防、疏散导向等标志醒目的，或安排未经培训合格的工作人员上岗或者未在车站配备急救箱的，由城市人民政府、城市轨道交通主管部门责令限期改正，并可处以5 000元以下的罚款；在发生运营故障时未及时组织乘客疏散的，由城市人民政府、城市轨道交通主管部门给予警告，并处以5 000元以下罚款。

城市轨道交通运营单位对轨道交通进行扩建、改建和设施改造时，未制订安全防护方案的，由城市人民政府、城市轨道交通主管部门给予警告，责令限期改正，并可处以1万元以上3万元以下罚款；造成损失的，依法承担赔偿责任；情节严重，构成犯罪的，依法追究刑事责任。

②作业单位的法律责任。在城市轨道交通控制保护区内进行作业的作业单位未制订安全防护方案，或者未征得城市轨道交通运营单位同意的，由城市人民政府、城市轨道交通主管部门给予警告，责令限期改正，并可处以1万元以上3万元以下罚款；造成损失的，依法承担赔偿责任；情节严重，构成犯罪的，依法追究刑事责任。

③个人或者单位危害城市轨道交通的法律责任。个人或者单位影响城市轨道交通安全正常运营的,由城市人民政府、城市轨道交通主管部门责令改正,并可处以50元以上500元以下罚款。

个人或者单位危害城市轨道交通设施的行为,影响城市轨道交通安全的,对个人处以500元以上1 000元以下罚款,对单位处以1 000元以上5 000元以下罚款;造成损失的,依法承担赔偿责任。

④城市人民政府、城市轨道交通主管部门工作人员的法律责任。城市人民政府城市轨道交通主管部门工作人员玩忽职守、滥用职权、徇私舞弊的,由其所在单位依法给予行政处分;构成犯罪的,依法追究刑事责任。

2. 城市轨道交通管理条例

为了规范城市轨道交通管理,保障城市轨道交通建设的顺利进行和安全运营,维护乘客的合法权益,根据有关法律、法规,北京市、上海市、广州市和西安市等城市已制定了轨道交通管理条例,一般包括总则、规划与建设、设施保护、运营管理、设施管理、安全与应急管理、法律责任、附则等内容。根据轨道交通管理条例,部分城市政府还制定轨道交通运营安全管理规定和城市轨道交通乘坐守则等,对城市轨道交通的运营安全及其相关的管理活动、城市轨道交通乘坐规则进行规定。

现以《西安市城市轨道交通条例》为例,介绍城市轨道交通管理条例的主要内容如图6.5所示。

图6.5 西安市城市轨道交通条例

(1)总则

总则一般规定了条例的制定目的、适用范围、遵循原则、主管部门等内容。

(2)运营

①市城市轨道交通管理机构应当制定城市轨道交通运营服务规范,对城市轨道交通运营活动进行监督检查。

②城市轨道交通经营单位应当建立健全运营服务和安全管理制度,为乘客提供安全、便捷的客运服务。

定期对从业人员进行安全营运、规范服务教育和业务技能培训。

③城市轨道交通经营单位的列车驾驶员、调度员、行车值班员应当经培训合格后方可上岗作业。

④城市轨道交通经营单位应当在车站醒目位置公布首末班车行车时间、列车运行状况提示和换乘指示，并提供有关地面交通信息。

城市轨道交通票价依法实行政府定价。

⑤城市轨道交通经营单位应当加强治安和消防安全检查，及时发现和消除安全隐患。

（3）安全应急

安全应急主要包括以下几个方面内容：

①城市轨道交通建设、经营单位依法承担城市轨道交通建设、运营安全责任，设置专门安全生产管理机构，确保安全生产和运营。

②城市轨道交通建设、经营单位应当按照消防管理、事故救援的有关规定，配置消防、防爆、防毒、报警、救援、疏散照明、逃生、防护监视等器材和设备，并定期检查、维护、更新，保证其正常使用。

③城市轨道交通经营单位负责城市轨道交通设施的管理和维护，定期对土建工程、车辆和运营设备进行维护、检查，及时维修更新，确保其处于安全状态。

④城市轨道交通经营单位应当组织专业机构对城市轨道交通设施的关键部位和关键设备进行长期监测，定期对城市轨道交通进行安全性评价，并针对薄弱环节制定安全运营对策。

⑤城市轨道交通管理机构应当会同有关部门及相关单位制定城市轨道交通建设、运营突发事件应急预案，报市人民政府批准后实施。

⑥城市轨道交通建设、运营发生安全事故，城市轨道交通建设、经营单位应当按照城市轨道交通突发事件应急处置方案，迅速采取有效措施，防止事故扩大，避免和减少人员伤亡，并及时向市人民政府和有关行政管理部门报告。

⑦城市轨道交通建设、运营中发生人员伤亡事故，城市轨道交通建设、经营单位应当按照"先抢救伤者，后处理事故"的原则组织抢救伤员、及时排除故障、尽快恢复营运，并及时向有关部门报告；有关部门接到报告后应当及时到达现场，依法进行处理。

（4）法律责任

法律责任主要体现在以下几个方面：

①违反本条例规定，在重点保护区、控制保护区内从事违法建设活动的，由城市轨道交通管理机构责令停止作业，恢复原状；造成损失的，依法承担赔偿责任。

②违反本条例规定，城市轨道交通经营单位对危害城市轨道交通设施安全、影响城市轨道交通运营秩序的行为有权进行劝阻和制止，可以责令行为人离开城市轨道交通设施或者拒绝为其提供客运服务；造成损失的，依法承担赔偿责任；违反《中华人民共和国治安管理处罚法》的，由公安机关给予处罚；构成犯罪的，依法追究刑事责任。

③违反本条例规定，对无票、持无效车票或者持虚假乘车证件乘车的，城市轨道交通经营单位可以按照全程票价补收票款，并可处全程票价5倍以下罚款。

④违反本条例规定，对影响城市轨道交通公共场所、环境卫生和妨碍他人乘车行为的，由城市轨道交通经营单位责令改正，并给予警告或者处以20元以上100元以下罚款。

复习思考题

(1)简述《安全生产法》的法律地位和立法宗旨。

(2)简述什么是铁路运营安全事故罪。

(3)简述《城市轨道交通运营管理办法》规定禁止哪些危害城市轨道交通正常运营的行为。

(4)简述城市轨道交通安全与应急管理规定。

(5)简述城市轨道交通安全法律责任规定。

任务二   运营安全保障系统

活动场景

采用多媒体展示 ATC 系统、SCADA 系统、FAS 系统、BAS 系统、屏蔽门系统、警示系统的运作情况并在现场观摩。

任务要求

了解 ATC 系统、SCADA 系统、FAS 系统、BAS 系统、屏蔽门系统、警示系统的构成、运作及安全作用。

知识准备

一、ATC 系统

列车快速而高密度的运行是城市轨道交通的特点之一,在短时间的行车间隔下,保证安全就必须引入自动化技术。目前,世界各地均采用的是列车自动控制系统(Automatic Train Control, ATC),该系统由列车自动保护子系统(Automatic Train Protection,ATP)、列车自动运行子系统(Automatic Train Operation, ATO)和列车自动监控子系统(Automatic Train Supervision,ATS)3 部分组成。

1. ATP 子系统

列车自动保护子系统(ATP)是列车自动控制系统中与安全相关的重要部分,是由地面信号和车载设备构成闭环高安全系统,依据铁路信号—故障原则,实现在列车运行过程中的速度控制,从而达到列车安全行驶的目的。

ATP 的主要功能如下:

（1）列车位置速度的检测与传递

车载 ATP 通过轨道电路或计轴磁头读取和车轮周长计算获取本车的位置及速度，传给轨旁 ATP，并通过轨旁 ATP 获取前车信息及线路条件信息。

（2）停车防护点

设置停车防护点即是在相邻的同相运行两列车间设置防护区段，区段的终点是前车位置决定的危险点，当后车越过时会发生追尾；区段的起点是后车必须停车点，即后车必须在该点前停下，若越过此点，将由 ATP 对后车引发紧急制动，以保证在危险点前停车。区段的长度是由 ATP 计算机内保存的线路坡度、限速和前后车性能等条件计算得出的。

（3）速度监督与防护

列车速度限制一般分为固定速度限制和临时速度限制两类，前者是由线路条件、列车允许速度、道岔允许速度等硬件条件所限定；后者为临时性施工或检修条件所限定，ATP 一般监督和防护的是前者，后者多由人工完成。当列车超过限制速度一定数值（通常为 3 ~ 5 km/h）时，ATP 将采取警告或紧急制动等相应措施。图6.6 为速度传感器的安装。

图6.6　速度传感器的安装

（4）车门控制

车门控制是 ATP 重要安全防护措施之一，它通过开门条件的判定和发出开门命令来保证运行的安全，主要防止站外开门、开错门及开门后运行 3 种安全事故。

（5）列车完整性监督

通过与车辆接口，车载 ATP 实时检查列车完整性信号；当检测到列车完整性丢失信号时，将实施紧急制动。同时列车完整性丢失时，ATP 还将禁止所有移动闭塞运行模式。

图6.7　紧急停车按钮

（6）前溜和后溜防护

ATP 在没有任何移动指令的情况下，检测到列车的任何移动，将施加紧急制动；如果 ATP 检查到列车向当前运行的反方向倒溜超过一定距离，将施加紧急制动。这样也是为了保证列车在坡道上的启动，其追踪列车的移动授权将考虑前车后溜的距离。

（7）紧急停车功能

如图6.7 所示，当按压站台的紧急停车按钮时，轨道电路将紧急停车信息传递给车站所辖区间的列车，使列车停止运行，以避免有关安全事故发生。

2. ATO 子系统

列车自动运行子系统（ATO）完成通过"地-车通信"对列车运行的控制工作，ATO 系统并非独立运作，需要 ATP 和 ATS 的紧密配合。ATO 子系统由车载设备和轨旁设备组成，其中车载硬件设备 ATO 子系统与 ATP 子系统共用，图6.8 为车载设备结构示意图。

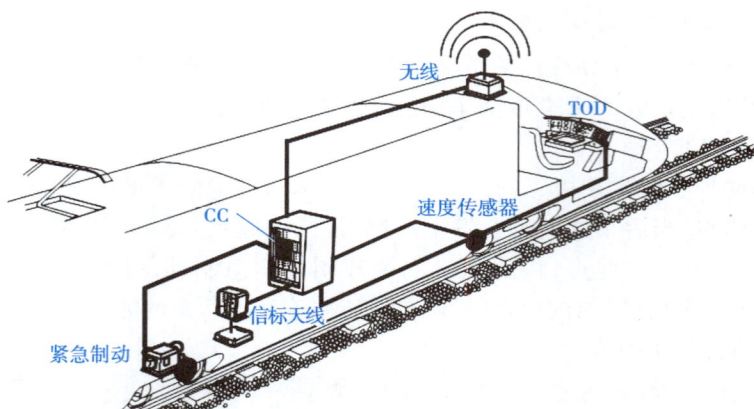

图 6.8　车载设备结构示意图

ATO 的优点包括缩短行车间隔、提高准点率和线路利用率、节约能耗、减少轮轨损耗、提升乘坐舒适度等。

ATO 的主要功能如下：

（1）车速控制

ATO 通过控制牵引和制动信号控制调速器，使列车到达限定速度，并计算速度—距离曲线，不间断地对比实时速度和限速，通过闭环控制来控制车速，如图 6.9 所示。

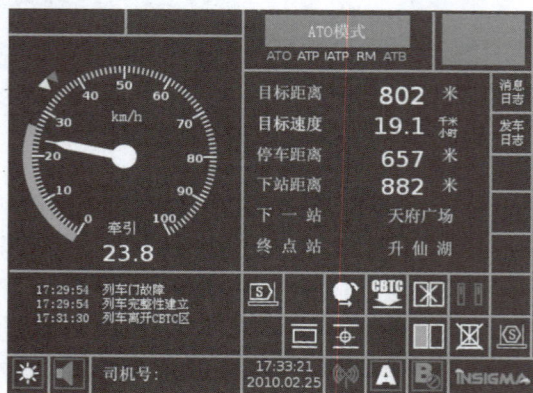

图 6.9　司机室显示器（TOD）的 ATO 界面

（2）站停控制

该功能由 ATO 和 ATS 配合完成，在依照时刻表、最大节能原则下，通过对比实施运行时间和计划时刻表时间，调整车站的停靠时间。

（3）定位停车

ATO 根据车速、车重、线路等条件，采用阶段缓解的方式，不断修正停车位，保证列车在车站能准确定位停车。

（4）车门控制

该功能由 ATO 和 ATP 协调完成，ATO 定位停车后，传递给 ATP 信号并保持制动，ATP 检测开门条件符合后，ATO 自动打开车门。在停站时间到后，发出关门信号，ATP 检测符合条件后，授权离开。

（5）自动折返

如图 6.10 所示，该功能由 ATP 和 ATS 配合，在 ATO 的控制下，列车自动从一站台驶入折返线停稳，并在换端后驶入站台另一侧停靠。

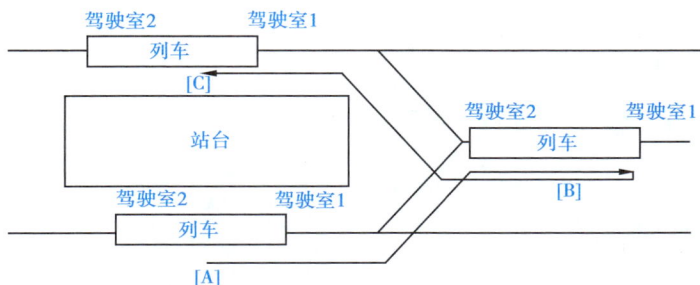

图 6.10　自动折返示意图

3. ATS 子系统

列车自动监控子系统由位于 OCC 的远程监视系统和各车站的 ATS 设备组成，OCC 有 3 种基本类型的 ATS 工作站，即 ATS 调度工作站、ATS"支持"工作站和大屏幕显示工作站。ATS 调度工作站用于监视、控制线路和列车运行，包括调度员工作站和调度长工作站；ATS"支持"工作站用于维护 ATS 系统，培训 ATS 用户，生成/管理列车时刻表和运行图；大屏幕显示工作站用于在业主提供的大屏幕显示器上显示 ATS 图形界面。在控制中心之外有 3 种基本类型的 ATS 远程工作站，分别是 ATS 车站工作站、ATS 车辆段/停车场工作站和试车线工作站。

ATS 监视并显示实际运营的列车位置，监督列车，根据时刻表调整列车运行，并提供数据和调整服务以减小由于非规律的运行给运营服务带来的不便。

ATS 子系统的主要功能如下：

（1）列车运行监督

对投入运营列车车次号赋值和退出运营的车次号注销；通过轨道电路占用变化跟踪列车的运动状态；列车跟踪校对。

（2）进路控制

ATS 对进路的控制主要是当列车接近时，通过系统获得的识别信息和所处区段自动控制前方道岔区段，从而完成自动建立进路，该过程也可人工介入。

（3）运行调整

ATS 可自动调节列车的运行等级和停站时间，以维持时刻表和运行间隔。ATS 设计有数个控制等级或模式，可将因操作调度异常或设备故障而产生的不良影响降至最低。

（4）运行图管理

ATS 列车运行图是一种图形工具，可以用图解的方式说明线网上（当前和未来）所有列车的实际和计划运行情况。根据不同时段设定和保存运行图作为基本运行图，经调度人员编辑后生成计划运行图；待执行后产生实际运行图。图 6.11 为停车库待发车辆。

二、SCADA 系统

SCADA（或 PSCADA）即电力监控系统，该系统用先进的计算机技术、现代电子技术、通信技术和信息处理技术等实现对变电站二次设备（包括继电保护、控制、测量、信号、故障录波、自动装置及远动装置等）的功能进行重新组合、优化设计，对变电站全部设备的运行情况执行监视、测量、控制和协调。图6.12为中央级控制的电力调度。

图6.11 停车库待发车辆

图6.12 中央级控制的电力调度

1. 系统构成

目前，国内地铁电力监控大部分采用分散、分层、分布式系统结构，两级管理三级控制，两级管理为中央级和车站级管理，三级控制为中央级、车站级、现场级控制。另有三级控制划分为远程控制级、所内控制信号盘上集中控制级、设备本体控制级。中央级和车站级控制属于远程控制级，现场级控制包括所内控制信号盘上集中控制级、设备本体控制级两层。系统采用分散控制、集中管理的结构，保证即使系统网络的某一部分控制或线路受到损坏，也只有系统的这一部分瘫痪，不会影响整个系统的运行。

（1）中央级

如图6.13所示，中央级SCADA控制台由控制中心主备冗余系统构成，监控全线重要的监控对象（分为遥控对象、遥测对象、遥信对象），对相关数据进行实时采集显示，按一定的逻辑关系自动向监控对象发送控制命令，并可由调度员根据要求灵活调整供电方式，从控制中心的综合监控系统电力操作员工作站发布人工控制命令，实现全线供电设备的集中监控和调度管理。

图6.13 中央级SCADA控制台

（2）车站级

车站级主要实现对本站供电设备监控对象的检测控制。当中央级监控系统故障时，监控将下放至车站级，由车站级完成控制范围内的供电设备控制。中央级控制系统和车站级控制系统采用环形网络传输通道，如果一端通道出现故障可采用另一端通道，有效降低通道故障率为通道维修提供保障。

（3）现场级

现场级控制台位于监控对象附近，起接口转换、信息采集、命令接收、反馈和执行等作用。设有当地/远方功能，正常运行状态下，设置为"远方"，接受远程控制；维修状态下，设为"当地"，进行现场设备操作维护。

2. 系统功能

电力监控系统的基本功能有通过选点式、选站式、选线式控制遥控对象；实时监控供电设备状态并对故障报警；遥测供电设备主要参数；状态显示与故障信息记录、报表统计、打印；系统自检功能；主、备设备切换功能等。详细内容请参阅本书相关章节。

三、FAS 系统

消防安全是安全工作中的重要项目，由于地铁运行环境密闭，消防工作的重要性更为突出。火灾报警系统(Fire Alarm System，FAS)是地铁消防安全的保障系统，可以及早发现火灾及时报警；可以防止和减少火灾危害，保障地铁的安全运行及避免事故和损失的发生。FAS 设备包括 FAS 工作站、火灾报警主机、现场设备、消防专用通信系统，各设备安装在控制中心、车站、区间、停车场等地，通过网络通信，按两级管理三级控制设置组成体系。

1. 系统结构

地铁 FAS 系统分为中央级和车站级两级调度管理，按中央级、车站级、现场级三级控制。其中车站级包括车站、车辆段和停车场信号楼等单元。

（1）中央级

中央级 FAS 在控制中心设置中央级 FAS 工作站，该工作站实现对全线的消防集中监控管理，同时中央级使用 CCTV 的广播与电视监控功能，实时了解现场情况，并通过广播优先介入信息发送。该级别侧重于上层的救灾指挥和协调功能。

（2）车站级

如图 6.14 所示，车站级由火灾报警控制器、图形显示终端、手动报警按钮、电话插孔、消防专用电话等设备组成。车站级 FAS 系统是火灾自动报警

图 6.14 车站 FAS 机柜

的关键环节，负责对所辖区域的灾情监控，并在火灾发生时产生消防联动控制，指挥车站的疏散和灭火、救灾工作。

（3）现场级

现场级由各种火灾探测器、火灾报警装置、消防控制设备等设备组成，负责现场报警和自动消防工作的实施。

2. 系统功能

火灾报警系统对地铁全线进行火灾探测和报警，并能在发生火灾时，发出模式指令使环境与设备监控系统运行转入火灾模式，实现消防联动。基本功能有火灾报警功能、信息存储、故障自检、屏蔽、模拟、图形显示等。

3. 系统接口

火灾报警系统分别与综合监控系统、环境与设备监控系统、气体灭火系统、防火卷帘、电动挡烟垂壁、防火阀、水流指示器、信号阀和湿式报警阀压力开关、低压配电系统、接地

系统、防排烟风机、防火百叶窗、板式排烟口、消防水泵等设备或系统有相关接口。

四、BAS 系统

地铁车站、区间隧道、车辆段配有大量的机电设备,包括通风空调系统设备、自动扶梯、电梯、低压 400 V 监控等,为确保众多设备能协调运作,达到高效、节能、安全、可靠的效果,特设立了环境与设备监控系统(Building Automatic System,BAS)。该系统分三级控制各机电设备,确保地铁舒适的地下环境,同时在火灾、阻塞等紧急情况下协调车站、区间设备运行,保证乘客的人身安全。

1. 系统结构

地铁 BAS 系统对机电设备进行中央级、车站级、现场级 3 级控制。

(1)中央级

中央级 BAS 系统是中央运营管理子系统的有机组成部分,依托综合监控系统的实时服务器、历史服务器和 OCC 工作站,实现对各个车站的区间隧道通风设备、给排水设备进行监控,对各个车站通风空调设备、人防门等设备进行监视或控制,通过对全线环境与设备监控的数据采集和处理,完成全线环境控制和模式联动功能。

中央级 BAS 系统是全线 BAS 系统的监控核心,其功能设备面向地铁运营和维护,突出日常调度和防灾指挥功能,支持全局性的监控和管理,并实现用于调度和运营管理的数据设备、关键设备的遥控、组控及模式控制等功能,为环调及维调提供用于运营管理的、全局性的,并且可实现区域性监控操作的各类高效实用的监控手段。

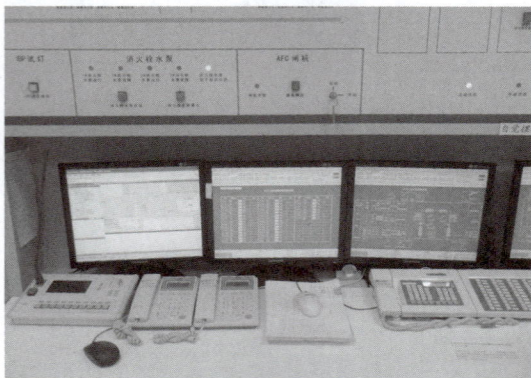

图 6.15　车站级控制台

(2)车站级

如图 6.15 所示,BAS 车站级对本车站所辖区间隧道及车站的通风空调大系统、小系统及其水系统、照明系统、导向指示标志、自动扶梯、电梯、给排水系统相关设备进行监控及管理,同时对相关设备用房和公共区的环境温湿度等参数进行监测。BAS 车站级集成在综合监控系统中,车站级监控设备均由综合监控系统负责配置,功能由综合监控系统负责实现;车站级系统受控于中央级系统,在公共网发生故障时,可独立运行。

(3)现场级

BAS 现场控制级由主、从 PLC 控制器(均冗余配置)、RI/O、各类通信转换接口模块、现场总线、各类变送器和调节阀、不间断电源(UPS)等组成。负责接收中央级和车站级控制指令并执行,同时反馈运行状态、参数等相关信息。

2. 系统功能

BAS 系统主要功能包括对所辖机电设备进行自动化管理,实现状态监视,故障报警及程序的自动、定时、实时控制开启与关闭;实现信息采集并进行处理,管理运营历史资料,检测环境参数和调节环境的舒适度,创造舒适和安全乘车环境;实现各设备的优化节能运行;在列车阻塞和火灾发生时,优先执行防灾报警执行,控制设备执行既定运行模式,为乘客安全撤离创造条件。详细内容请参阅本书相关章节。

五、屏蔽门系统

屏蔽门系统,主要功用是隔离车站站台与轨行区,从而保证乘客的安全。还有车站的光带安全防护措施,以便驾驶员观察,如图6.16所示。

屏蔽门的使用,大大降低了乘客候车不慎跌入轨道或物品掉进轨道的危险,节省了站台维护秩序人员的数量,但也带来了其他安全问题:如屏蔽门夹伤人和屏蔽门与车门间夹人等安全问题。其中,车门与屏蔽门夹人的危害尤甚,在间隙夹人而列车开行的情况下,常造成人员伤亡。图6.17为屏蔽门夹板。

图6.16　车站的光带安全防护措施

图6.17　屏蔽门夹板

对于上述安全隐患,目前采取的防范措施如下:

①增强屏蔽门关闭后的人员巡视。

②屏蔽门夹物后自动弹开功能的设置。

③车尾端门处设置光带,执行关闭屏蔽门操作前,司机首先确认光带完整状况。

④屏蔽门设置夹板,缩短与车门间隙,减少间隙有人的可能。

六、乘客安全警示系统

乘客安全警示系统不是单一的某类设备,而是通过多种途径传递给乘客警示信息,预防乘客伤亡,保证乘客安全的体系。从目前的发展情况看,乘客安全警示系统分为 PIS、安全标志、语音警示3大类。

1. PIS

乘客信息系统(Passenger Information System,PIS)是通过地铁出入口、站厅、站台和列车显示屏向乘客传递乘车信息、安全教育和其他咨询的系统,在火灾、地震、阻塞等应急状态下担负紧急疏散信息传递任务,如图6.18所示。乘客信息系统从功能上分为5个子系统,分别是中心子系统、车站子系统、车载子系统、节目制作子系统、网络传输子系统。

图 6.18　车站站台 PIS

图 6.19　香港地铁入站严禁携带物品告示

（1）中心子系统

中心子系统完成整个 PIS 系统的集中管理,监控系统运作,同时完成视频信息的导入及导出、公共信息的编辑处理及发送等工作。

（2）车站子系统

车站子系统的设备包括站厅显示设备、站台显示设备和机房设备,部分地铁在车控室（或综控室）设有控制终端设备。

车站子系统的主要功能是接收中心发送的视频、公共信息数据,部分地铁在该子系统中保留了对本站信息的编辑处理和数据发送工作。其优点是增加了车站灵活控制现场和快速反应的能力,但对操作人员素质有严格要求。

（3）车载子系统

车载子系统主要分为车载显示设备和监控设备,主要功能是接收显示中心发布或发送的车载视频信息数据。接收发布数据时,只需将中心确认的数据离线导入系统即可,而接收发送数据是实时传送,需保证有良好的传播网络条件。

（4）节目制作子系统

节目制作子系统主要负责播放时间表的发布、视频的编排和子系统显示布局的设定。

（5）网络传输子系统

网络传输子系统采取有线和无线技术连接中心、车站、车载子系统,通过网络流媒体技术和数字电视广播技术传送播放数据。

2. 安全标识

安全标识通过安全色、几何图形、图形符号或文字构成组合的信息传递,安全标识的文字说明或补充称为辅助标识,同一矩形载体上含有两个或两个以上安全标识并且有相应辅助标识的标识称为多重标识。地铁车站多采用多重标识。

按国家标准,安全标识分为禁止、警告、指令、提示 4 类标识。

（1）禁止标识

禁止标识是禁止人员的不安全行为的图形标识,带斜杠圆形的红色图形为此类标识的特点。在地铁运营中,禁止标识多设于车站出入口、通道处和轨行区处,防止危险物品带入和危险行为的发生，如禁止携带易爆物品、禁止携带宠物、禁止携带气球、禁止下站台。图6.19为香港地铁入站严禁携带物品告示。

（2）警告标识

警告标识是提醒人员注意周边环境，避免可能发生危险的图形标识，黄底黑边的正三角形为该类标识的特点。在地铁车站的电扶梯、屏蔽门和轨行区处多见，此外，临时警示牌也常用此标识，如小心地滑。图6.20为台北捷运电扶梯禁靠标识。

（3）指令标识

指令标识告诉人们必须遵守"指令标识"规定的图形标识，该标识以蓝底白边的圆形为特点。在地铁建设期间常用，运营中少见。

图6.20　台北捷运电扶梯禁靠标识

（4）提示标识

提示标识是向人们指示某种信息的图形标识，以绿底白边的矩形为特点，为地铁运营最常用的形式，多为导向图标，通过指示减少安全隐患。如指示无障碍设施的图标设于出入口、站厅、站台，帮助老人和残疾人使用该设备，减少电扶梯等通道的客伤。图6.21为"儿童在前入闸"提示标识。图6.22为西安地铁电扶梯乘坐警示标识。

图6.21　"儿童在前入闸"提示标识

图6.22　西安地铁电扶梯乘坐警示标识

3.语音警示

语音警示由正线广播和定点广播两部分组成，负责协助紧急情况下乘客疏散和正常情况下乘客正确使用服务设备，避免安全事故。

（1）正线广播

正线广播是地铁广播系统的子系统之一，分为中心广播和车站广播两部分，主要用于控制中心调度人员、车站值班人员（含站台站务员）向旅客通告地铁列车运行以及安全、向导等服务，向工作人员发布作业命令和通知等信息。中心广播设备通过传输通道与车站广播设备构成一个多站址的网络化广播系统，可实现中心与车站设备间的语音传送。中心各调度员可通过各自的广播控制盒对全线各站各广播区进行广播，可选择任一车站、任一区、多个车站、多个区、全部车站或编组等广播方式；车站值班员可通过车站广播控制盒对本站各广播区进行选择广播和选择监听各广播分区的广播内容；站台值班员可通过站台无线广播手持机对本站台广播区进行语音广播。正线广播系统的优先级由高到低的顺序为：中心防灾调度员、中心行车调度员、车站行车值班员、列车进站自动广播、站台站务员广播、语音广播（线路广播）。

中心广播设备设有与通过综合监控系统、防灾系统联动的接口，当防灾系统发现险情等方面的问题时，广播系统能接收防灾系统发送的信号，自动启动广播系统播放防灾广播语音内容，并可循环播放。

图6.23　电扶梯旁的定点广播盒

（2）定点广播

定点广播是属于地铁广播系统之外的独立系统，设备一般设于乘客易发生客伤的区域，播放地铁设备使用指导和安全警示提示，保证乘客正确通过易发生安全问题区域。图6.23为电扶梯旁的定点广播盒。目前定点广播一般采用两类设备：不间断循环播放广播设备和感应广播设备。前者前期投入少但连续使用时间较短，且不利于节能；后者指在感应到乘客通过时才播放相关内容，因此连续使用时间较长，缺点是前期投入较大。

从各地铁的运营情况看，易发生客伤的地点多在电扶梯处，因此各地定点广播多设在此处，从效果看，明显降低了客伤发生率。

复习思考题

（1）ATP的主要功能和作用有哪些？

（2）SCADA系统、BAS系统和FAS系统的系统构成有哪些共同特点，这样的结构对安全保障起什么作用？

（3）轨道交通增设屏蔽门系统带来的安全保障与隐患有哪些？如何减少因此带来的安全问题？

（4）乘客安全警示系统对乘客的安全保障作用有哪些？

任务三 运营安全管理

活动场景

采用多媒体展示二十余年来,将国内外地铁发生的突发事故进行详细统计,进而分析事故种类、原因,展示动态循环的 PDCA 现代城市轨道交通安全管理体系模式。

任务要求

掌握城市轨道交通运营事故分类及事故原因,熟悉城市道交通运营安全管理体系模式,主要包括总体方针、基本要素、运行体系模式 3 个方面的内容以及策划、实施和运行、检查纠正、持续改进 4 个模块。

知识准备

一、城市轨道交通运营安全影响因素分析

事故管理是安全管理的重要组成部分,以研究事故的现象、发生的原因,预防对策以及事故隐患转化规律为主要内容。事故的统计分析是安全管理工作的基础,是运营安全管理体系的必要任务,对提高安全管理人员掌握和控制事故隐患的能力具有重要意义。

1.事故统计分析

城市轨道交通运营安全事故分为自然事故和人为事故,自然事故包括洪涝、水灾、地震、雪灾等;人为事故主要包括火灾、爆炸、列车脱轨、列车相撞、拥挤踩踏事故、乘客坠轨、停运事故及其他原因导致的事故 8 种类型。

地铁事故频繁发生,损失严重,安全形势相当严峻。根据突发事故的类型,绘制出地铁突发事故类型图(见图 6.24)。从图中可以明显看出,城市轨道交通运营安全事故分布情况,火灾约占地铁突发事故总数的 51%,列车出轨占 11%,列车相撞占 13%,恐怖行为占 13%,供电故障占 6%,水灾占 2%,地震占 1%,其他占 2%。

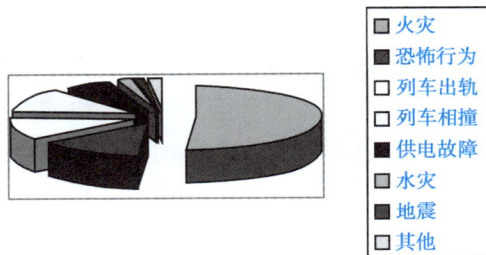

图 6.24 地铁突发事故类型图

2.事故原因分析

(1)火灾事故

在城市轨道交通运营过程中,火灾造成的人员伤亡总量是最大的。城市轨道交通运营中的火灾事故就其原因又可分为电路引起的火灾、设备故障引起的火灾、易燃物引起的火灾,人为纵火以及其他原因引起的火灾 5 种类型。经过分析,城市轨道交通运营过程中

火灾事故的主要是电路引起的火灾。火灾是造成城市轨道交通运营安全问题的元凶,这也说明火灾是安全管理工作重点控制的对象。图6.25为台北捷运站台消防栓箱。

火灾逃生拥挤踩踏事故是造成死亡人数最多的事故类型,所以改善城市轨道运营条件、增强运输能力也是今后安全管理工作努力的方向。另外爆炸事故是造成死伤人数最多和后果最严重的事故类型,在今后的安全管理工作中应当给予足够的重视。

（2）列车相撞事故

列车相撞事故可分为故障引起的相撞、人为因素造成的相撞以及其他原因引起的相撞事故等类型。其中设备故障引起的相撞又可分为脱轨原因、机械设备、电路以及信号原因引起的相撞4种类型。图6.26为国内某地铁列车相撞事故。

图6.25　台北捷运站台消防栓箱

图6.26　国内某地铁列车相撞事故

经过分析,大部分列车相撞事故的原因是设备故障。其中列车本身的脱轨以及牵引、传动等设备故障导致的事故也在此类事故中占有大部分的比例。但是其他系统(如信号系统)故障所引发的事故也具有一定的比例。

（3）停运事故

虽然城市轨道交通运营中止可能不会造成人员的伤亡,但是停运造成的乘客滞留不仅会对乘客出行带来不便,还会影响轨道交通行业在社会上的公众形象甚至产生不良社会影响。所以分析停运事故的原因对于城市轨道交通运营来说具有非常重要的意义。根据统计数据,停运事故主要由供电系统故障、列车故障和信号系统故障3个方面的原因造成。

3. 影响因素分类

城市轨道交通运营系统是一个在空间、时间上分布很广的开放的动态系统,城市轨道交通运营安全影响因素涉及面广,错综复杂。从系统论的观点出发,运营安全有关的因素可以划分为4类:人、设备、环境、管理。

（1）人为影响因素

城市轨道交通运营安全与许多活动有关,各项活动都依赖于安全、高效和可靠的人的行为。运营工作每项作业中每个环节,都是由人来参与并占据主导地位的,人操纵、控制、监督各项设备,完成各项作业,与环境进行信息交流,与其他作业协调一致。正是人在运营工作中的重要地位,使人的因素在运营安全中起着关键作用。

①工作人员。工作人员主要指供电系统、通信系统、信号系统、防灾与报警系统(FAS)、给水与排水系统、环境与设备监控(BAS)系统、机车车辆系统、自动售检票系统、车辆段检修设备系统、通风空调系统等部门的各级领导人员、专职管理人员和基层作业人

员,他们是保证运营安全的关键的人。城市轨道交通运营实践表明,工作人员,特别是运营一线的职工和负有管理责任的人员,他们的思想品质、业务技能及心理、生理素质等如不适应城市轨道交通运营工作的要求,通常是酿成事故的主要原因。

②运营系统以外的人员。运营系统以外的人员,主要指乘客、轨道交通沿线的居民、可能穿越轨道交通线路的机动车驾驶人员以及可能影响轨道交通运营的其他人员等。图为6.27为一男乘客乘电扶梯不慎摔倒。

图6.27　一乘客乘电扶梯不慎摔倒

（2）设备影响因素

设备是除人之外,影响城市轨道交通运营安全的另一个重要因素,设备质量的良好是轨道交通运营安全的重要保证。影响城市轨道交通运营安全的基础设施设备主要包括土建设施（站台、隧道、桥涵、路基、轨道）、线路设备、机车车辆、供电系统设备、通信系统设备、信号系统设备、电梯与自动扶梯、通风空调、给水与排水设备等。

①供电系统设备。供电系统的主要危险是电气火灾和触电。电气火灾的原因主要包括当电路发生短路时,电流可能超过正常时的数十倍,致使电线、电气温度急剧上升,远远超过允许值,而且常伴有短路电弧发生,易造成火灾;线路、变压器超载运行均将导致其绝缘材料过热起火;导线接头连接不牢或焊接不良均会使接触电阻过高,导致接头过热起火;变压器一般都配备有散热设备,如风叶、散热器等,如果风叶断裂、变压器油面下降均会导致散热不良,使电器热量累积引起火灾;电缆沟、电缆井内电缆过密,散热不良也易引起火灾。引起触电事故的主要原因除了设备缺陷、设计不周等技术因素外,大部分都是违章作业、违章操作造成的。对运营工作人员操作正确性进行监督,防止在实际运营过程中由于人的精力和体力出现不适应而造成运营事故。

②车辆系统设备。城市轨道交通车辆在运营过程中可能存在的危险因素有列车失控、列车脱轨、列车相撞等都可能造成严重的伤亡事故;车辆的安全标识不醒目,可能造成机械伤害事故,并且在事故发生后,不利于应急救援以及人员疏散;列车内空调供暖等易引起火灾,且列车装饰材料选择不当燃烧后会产生有毒、有害烟气,加重事故后果。

③通信、信号系统。城市轨道交通专用通信系统是保证列车及乘客安全,列车快速、准点、高效运作的必不可缺的信息传输系统。当发生紧急情况时,通信系统应能迅速转为应急通道,为防灾、救援和事故处理提供方便。同时若通信系统的电源发生故障或通信设备本身发生故障等问题时,各种行车、票务及控制信息出现间断性不可靠传输,易会引发事故或使事态扩大。信号系统是整个城市轨道交通运营的大脑,保证列车和乘客的安全,实现快速、高密度、有序运行的功能。信号系统的不完善或信号系统设备故障,相当于大脑瘫痪,则运营整体处于瘫痪状态,或者不能保证运营安全。

④环控通风系统。城市轨道交通环境密闭,空间狭窄,连通地面的疏散口相对较少,逃生路径长。发生火灾,不仅蔓延快,而且积聚的高暖浓烟很难自然排除,并迅速在城市轨道交通隧道、车站内蔓延,给人员疏散和灭火抢险带来相当大的困难,严重威胁乘客、城市轨道交通工作人员和抢险救援人员的生命安全（据分析表明,火灾后人员伤亡主要原因

是烟雾窒息所致）。环控通风系统故障、管理不到位（将通风通道或风亭改作自行车停放处、商铺或其他管理用房），妨碍了通风系统的正常运作，则势必扩大事故的后果和影响。

⑤给排水系统。在运营期间，给排水系统可能存在的危险有害因素有：污水乱排以及污水、垃圾排入隧道等影响城市轨道交通内环境卫生，造成污染和职业伤害；给排水管道的防腐、绝缘效果不到位，发生渗漏现象等；隧道内排水系统不完善，隧道防水设计等级不够，导致涝灾或地表水浸入，地面塌陷；车站出入口的低平高度低于防洪设防要求，遇水倒灌；杂散电流腐蚀给排水管道等。

（3）环境影响因素

城市轨道交通运营系统环境影响因素又可分为内部环境和外部环境。影响运营安全的内部环境包括作业环境和通过管理所营造的运营系统内部的社会环境，即运营系统外部社会环境因素在运输系统内的反映，包括运营系统内部的政治、文化、经济、法律等环境。影响运营安全的外部环境包括自然环境和社会环境。自然环境最常见的是地震，严重影响城市轨道交通运营安全，危害极大。此外，风、雨、雷、电、雾、雪、冰等气候因素、季节因素、时间因素也是不容忽视的事故致因。社会环境包括社会的政治环境、经济环境、管理环境、技术环境、法律环境以及社会风气等。

（4）管理影响因素

规范、完备的安全管理是实现地铁运营安全的基础。管理上存在的缺陷、不足，虽不会直接导致火灾的发生，但会加剧事故的后果。

①管理机构的缺陷。为确保地铁系统长周期地正常运行，应设立专门的安全管理机构，并配备足够的专职、兼职安全管理人员。管理人员应分工明确、职责清晰，并经过专业安全培训取得相应的执业资格。

②管理制度的不足。对地铁列车、车站及其隧道开展经常性的消防安全检查，是消除火灾事故隐患，强化安全管理的重要手段。现阶段地铁突发火灾事故紧急疏散演习大都选择在深夜地铁停运以后进行。为不影响地铁第二天的正常运营，事故演习很难如实模拟，而且演习如果动用大型专用设备，极易造成台阶、站台等设施的损坏，各种条件局限使得相当一部分工作人员没有处置地铁突发事件的经验，客观上造成救援难度加大。

二、运营安全管理体系模式

1. 运营安全管理体系模式概述

系统安全管理体系模式是指通过采用国际通用的策划（P-Plan）、实施（D-Do）、检查（C-Check）、改进（A-Act）动态循环的 PDCA 现代安全管理体系模式，图 6.28 为 PDCA 循环线。通过开展自我检查、自我纠正、自我完善这一动态循环的管理体系模式，能够更好地促进企业安全绩效的持续改进和安全生产长效机制的建立。预防型安全管理的技术步骤，使安全管理的作用和效果不断加强。变传统的纵向单因素安全管理为现代的横向综合安全管理；变被动的安全管理对象为现代的安全管理动力；变静态安全管理为现代的安全动态管理；变过去只顾生

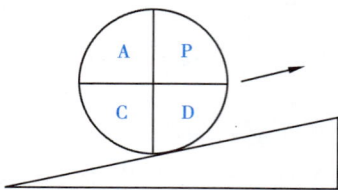

图 6.28　PDCA 循环线

产效益的安全辅助管理为现代的效益、环境、安全与卫生的综合效果的管理;变被动、辅助、滞后的安全管理程式为现代主动、本质、超前的安全管理程式;变外迫型安全指标管理为内激型的安全目标管理。

2. 运营安全管理体系模式实施

体系模式主要包括总体方针、基本要素、运行体系3个方面的内容,策划、实施和运行、检查纠正、持续改进4个模块,体现了安全管理系统中宏观指导、结构分析、操作方式3个层面的内容与方法。

(1)总体方针

城市轨道交通运营安全管理体系的总体方针是城市轨道交通运营企业对其在安全管理方面的总目标和遵章守法及持续改进安全绩效的承诺,实施城市轨道交通运营安全管理体系的全过程是在这个方针的指导下进行的。

(2)基本要素

城市轨道交通运营安全管理体系模式共包括策划、实施和运行、检查和纠正措施、审核4个方面(16个基本要素)。

①策划。策划是城市轨道企业为实现所制订的总体方针,确定城市轨道企业所需实施的各个过程以及建立各个过程的目标和指标,包括危险源辨识、风险评价和风险控制的策划,法规和其他要求,目标,安全管理方案4个要素。

a.危险源辨识、风险评价和风险控制的策划。该要素主要用来首先识别城市轨道交通运营工作在生产过程中能够控制和可施加影响的危险有害因素;根据辨识出的危险源,进行风险评价打分,确定哪些是不可容许风险(对安全具有或可能具有重大影响的危险源),哪些是可容许风险;然后针对每一项辨识出的危险源制订控制措施,进行风险的有效控制。

由于城市轨道交通运营系统是一个庞大而复杂的体系,危险源辨识和评价遵循"横向到边,纵向到底,不留死角,不留隐患"的原则,在危险源识别之前,应对所有作业活动进行横向和纵向的划分。横向可采用车站、区间、车辆段和控制中心的划分方式;而纵向则应按照供电、通信、信号等专业进行分类,横向、纵向形成网格,将危险源辨识填入表6.1中。

表6.1 危险源辨识表

系统	序号	地点/设备/作业	可能存在的危险、有害因素	风险评价			控制措施
				风险发生的可能性 L	事故后果的严重程度 S	风险值 R	

风险评价方面,建议采用量化的评价方式。对危险度的计算要同时考虑两个方面:发生事故可能造成的后果的严重程度;危险事件发生的可能性。可以用下面的经验公式来表示:

$$危险度(R) = 严重性(P) \times 可能性(F)$$

b.法规和其他要求。该要素主要是体现国家强制性法律、法规意志的体现,也是企业遵守法律、法规标准的意愿,运营公司应建立识别和获取适用的安全生产法律、法规、标准规范的制度,明确主管部门,确定获取的渠道、方式,及时识别和获取适用的安全生产法律法规、标准规范。

c. 目标。运营公司制订总体和年度安全生产目标,既要针对运营过程中各职能部门的共性安全问题,也要指明各职能部门的特殊安全问题,对于目标的要求有:目标要针对不可容许的风险,使其降低到可允许程度;目标应当尽量量化可考核;要考虑资源的充分性和选择技术方案的可操作性;目标要定位于相关的职能部门;有开始、完成的时间限制。

d. 管理方案。对每一个安全管理目标,应当有一个相应的管理方案,方案的主要内容包括确定承担各项任务的职能部门和人员,以及他们的职责和权限;对各项任务分配相应的人力、财力、设备、技术等资源;完成任务的方法和进度。

②实施和运行。实施和运行是城市轨道企业实现总方针和目标的过程,在这一过程中主要依据策划过程的输出,以及审核和绩效测量的反馈,输出为检查和纠正措施提供基础。其包括组织机构及责任划分;培训、意识及能力;协商与沟通;文件;文件和资料的控制;运行控制;应急准备响应7个要素。

a. 组织机构及责任划分。体系化的运行,运营公司须保障有专门的组织机构、人员等,按规定设立专门的安全生产管理机构,配备专、兼职安全生产管理人员,从企业最高管理者、体系管理者代表、体系管理人员、各分单位人员、全体员工等层面,进行职责划分,明确各基层、各类人员在体系中承担的不同职责和权限。确保安全管理体系得到有效运行,并不断提高管理绩效。

b. 培训、意识及能力。合理确定从事安全管理工作人员的资格条件,评价员工的能力。使员工学习掌握专业知识和技能,满足岗位要求。除了对安全生产管理人员、操作岗位人员意识能力的培训,在城市轨道交通运营的过程中,还应扩大对安全知识的宣传力度,提高相关方的作业人员、乘客的安全意识。

c. 协商与沟通。协商与沟通程序是通过与企业内部及政府部门、乘客等相关方的交流和沟通,及时传递有效信息,满足相关方的要求。企业内部各部门的横向和上下级之间的纵向沟通将信息快速有效地传递给员工,保证安全管理的充分性和有效性。外部沟通包括同乘客的沟通,乘客是影响城市轨道交通运营安全的重要群体。

d. 文件。运营公司通过建立文件将安全管理的要求实践化,文件可以确保安全管理得到理解和运行。文件需要提供对管理核心要素及其相互作用的查询和描述相关文件的途径。

e. 文件和资料的控制。城市轨道交通运营安全管理体系的文件包括安全管理手册、程序文件、作业文件、记录等。管理手册除了包括最高管理者的颁布令和对安全管理者的任命书,安全管理的方针、组织简介以及对手册的说明外,安全管理体系各相关步骤的描述是管理手册的核心内容。

f. 运行控制。为了确保对与安全风险有关的运营活动进行有效控制,应在以下几个方面建立运行控制程序:新线设施设备交接;日常客运服务;设施设备的检修与维护;易燃、易爆品防火;纠正和预防措施;不符合事件的后期处理;应急准备和响应控制等。对重要风险因素进行识别和分析后,根据需要制订安全管理方案,作为程序文件的补充。对一般风险因素通过法律、法规和其他要求及日常检查来控制。

g. 应急准备与响应。运营公司应按规定制订生产安全事故应急预案,并针对重点作业岗位制订应急处置方案或措施,形成安全生产应急预案体系。建立应急设施,配备应急装备,储备应急物资,并进行经常性的检查、维护、保养,确保其完好、可靠。定期组织生产安全事故应急演练,并对演练效果进行评估。根据评估结果,修订、完善应急预案,改进应急管理工作。

③检查和纠正措施。检查和纠正措施是确保城市轨道交通企业实施和运行实现其总方针和目标的验证和改进过程,这一过程主要依据实施和运行过程的输出及审核和绩效测量的反馈为管理评审过程的建立和保持提供基础。其包括绩效测量与监测、不符合事件的后处理及预防控制、记录及其管理、审核4个要素。

④审核。建立并保持审核方案和程序,定期开展安全管理体系审核,以确定安全管理体系是否符合策划安排,满足得到正确的实施和保持并有效满足方针和目标。审核包括内部审核和管理评审两个要素。

a. 内部审核。运营公司应当定期对安全管理体系进行内部审核,以保证体系的符合性、有效性和实施性。审核可以通过查看运营环境、访谈、查阅文件、资料、记录等方法。审核应当有计划性,制订实施安全管理内部审核的年度计划,审核应包括安全管理体系的全部范围。

b. 管理评审。运营最高管理者定期对安全管理体系进行评审,解决体系运行中的重大问题,包括资源保障,内外审中发现的不符合等以确保体系的持续适宜性、充分性和有效性。管理评审采用会议的形式,要保证员工安全管理代表的参加率,评审与内部审核的不同在于管理评审集中管理体系的整体绩效,而不是具体细节。

(3)运行体系

采用持续改进的动态循环运行体系模式,通过上述体系运行使安全管理的绩效随着时间的不断提高,每一次新的循环开始时的绩效水平都比上一次循环要高,具有螺旋上升的效果,危险程度也随之不断降低。

复习思考题

(1)简述城市轨道交通运营事故的分类。

(2)简述运营安全管理体系模式的构成。

任务四　典型事故案例

活动场景

在城轨施工生产车间班组或检修现场教学,或用多媒体展示安全事故的场景。

任务要求

掌握城市轨道交通运营事故原因分析方法。

知识准备

行车安全事故是轨道交通运营安全中经常出现的事故,通过典型事例的分析,对提高安全管理人员掌握和控制事故隐患的能力具有重要意义。图6.29为某地铁挤岔脱轨。

图6.29 某地铁挤岔脱轨

一、行车安全

1.行车安全案例一:列车进入无电区

（1）事件概况

某日,电客车0212由L2A转线至L6A进行调车作业,因信号楼作业人员安排调车进路时,忘记停电区域,使列车经有电的2D2供电分区进入无电的2D4供电分区,使在27号道岔供电作业接地线处接触网和钢轨短路,牵引降压混合变电所直流馈电柜212开关跳闸,造成轨道、接触网等部分设备损伤。图6.30、图6.31分别为轨道灼伤和接地线烧灼。

图6.30 轨道灼伤

图6.31 接地线烧灼

（2）原因分析

①严重简化作业程序。信号楼车辆段调度在接到2D4供电分区停电命令后,只是在

线路模拟屏上写了"2D4 停电"，没有圈划无电区，更没进行在操作台上进行钮封，违反《车辆段运作手册》第×××条"申请接触网断电作业程序"步骤 3 第 2 项"指示信号楼值班员在控制台上加锁有关道岔，设置封锁命令，在线路模拟屏上揭挂标识牌"的规定。

②安全意识淡薄、责任心不强。信号楼车辆段调度在编制调车作业单时，距 2D4 供电分区停电命令下达只有 18 min 的情况下，忘记停电区域，未认真确认施工情况及停电区域对调车进路的影响，就编制了 0212 电客车自 L2A 西出至牵出线转 L6A 的调车作业单，编制完成后也未再次进行审核就盲目向值班员下达了电客车经牵出线转线计划。信号楼值班员接到车辆段调车计划单后未认真确认车辆段停电区域与施工区域，未认真核对电客车动车检查表，盲目排列列车进路，将电客车排到无电区。

③互控他控落实不力。信号楼调度员编制完调车计划值班员未作认真复审，值班员在排列进路时调度员未在进行确认，在信号楼进行盯控的乘务分部安全助理对有停电作业的调车作业，在停电作业、调车计划审核、施工区域等均未卡控到位。

④安全关键不清。乘务分部将调车作业列为关键并制订了卡控措施，"作业前再次确认列车车辆停放位置，停送电情况，确保调车计划正确合理"，但在作业中，当班 3 名作业人员均没有严格执行，制订的安全关键形同虚设。在交接班的关键时间段调车计划编制的关键作业中，统计其他资料，精力旁顾。

（3）定性定责

根据《运营事故（事件）处理规则》规定，4.1.6 一般事件规定"（12）因错发操作命令或人员误操作，造成断路器跳闸或接触网误停电，影响运营服务的"的规定，此次事件构成运营责任一般事件。

（4）防范措施

①加大安全检查，突出安全关键。各级管理人员、技术人员要在日常检查中，将分公司、部门和车间制定的安全关键作为检查重点，加大和突出行车安全、设备安全和人身安全的检查，紧盯关键岗位的作业标准执行和作业流程，要发现和解决影响行车、设备、人身等方面的问题，切实起到监督检查的作用。

②实行管理、技术人员盯岗作业。各部要组织安全、技术、管理人员按专业及岗位分工，对部门内的各岗位作业进行全面盯控，达到夯实基础、落实标准的目的。

③严格落实标准，做好自控、互控、他控。对关键岗位各环节作业流程要按标准进行自控、互控、他控，各部岗位人员，特别是司乘人员、调度部行调、信号楼值班人员、施工计划审核人员、停送电作业人员等，在执行作业标准、作业流程时要认真按照作业标准执行，下道流程要对上道标准进行检查，上道流程要对下道过程进行监控，从源头上杜绝问题的发生。

2. 行车安全案例二：电调错停电

（1）事件概况

某日，调度部调度一班电调张三、李四在办理车辆段 2D2、2D4 供电分区停电过程中（作业代码 2B2-27-03），误将甲站牵混所界面当作车辆段牵混所界面，对甲站牵混所 214 开关停电后，当时电调发现错停电，但已造成正线 2B9、2C4 区停电；电调立即报告值班主任、行调，请求重新送电。此时电客车 10206 次正在会展中心折返线 1 道准备折返（司机发现网压为零后立即向行调做了汇报），行调立即通知乙站上行设置扣车，通知后续 10306

次在乙站上行开门后待令,通知后续列车多停晚发,通知正在甲站 1 道准备折返的电客车 10206 次降弓在折 1 转备用,备用车 214 替开 10207 次,在具备送电条件后通知电调送电,10 时 01 分电调对甲站牵混所 214 开关送电,2B9、2C4 区恢复正常供电,事件造成 10306 次终到延误 3 min 20 s。

（2）原因分析

① 违反程序、盲目操作。此次事件的直接原因是电调仅对开关编号进行确认（甲站

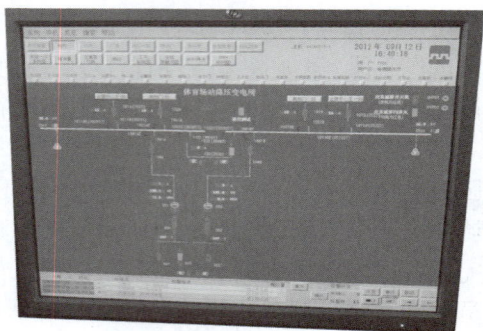

图 6.32　电调监控画面

牵混所界面和车辆段牵混所界面开关编号均为 214）,未对 PSCADA 操作界面进行确认,如图 6.32 所示,盲目操作,导致事件的发生,所幸在此区间无载客列车,未对运营服务造成直接影响,但事件性质较为严重。事发时如停电区段内有载人列车,将会造成不良的社会影响。

② 监护制度未执行。电调在作业过程中没有养成良好的调度操作习惯,未严格落实一人操作、一人监控的原则。违反《电力调度手册》3.10.5 条:"当值电调采用 SCADA 系统对设备进行 OCC 级远控倒闸操作时,应严格遵守《电业安全工作规程》组织措施中的监护制度,必须由两人进行,主调负责审核倒闸操作票正确性及监护倒闸操作等工作。副调负责倒闸操作票的编制及具体倒闸操作,并严格执行监护复诵制度。对设备进行远控操作时,副调选好操作设备或程控卡片时,并与主调共同确认相应的设备操作或程控操作项目和任务无误后,副调方可执行启动操作"的规定,在规章清楚、操作程序清晰的情况下出现了低级错误,造成了不良影响。

③ 调度部门安全管理不平衡。此次事件的发生暴露出调度部门安全管理存在漏洞,对电调日常作业缺乏有效监控,存在"重行车、轻电力"的现象。部门在日常业务培训演练中行调演练频率明显高于电调业务演练培训,工作存在不平衡。检查《安全生产检查记录簿》调度部门管理人员检查时所提要求多,发现问题少,特别是夜间作业和环调、电调现场作业方面的问题基本没有,图 6.33 为控制中心。

图 6.33　控制中心

（3）定性定责

根据《运营事故（事件）处理规则》中 4.1.9 事件苗头（26）条"供电系统操作中发生漏送电、错停电,或非正常单边供电"的规定,此次事件构成责任事件苗头。

（4）防范措施

①全面整顿作业纪律。此次事件属于严重违反作业纪律、违反作业标准的问题，说明不按照作业指导书或相关专业操作规程执行的问题比较突出，调度部门开展为期1个月的对标大检查，查找作业标准、作业程序、安全防护、生产组织等方面存在的问题，防止类似问题的发生。

②落实监控制度。调度部门要对此次事件进行分析讨论"举一反三"，查找日常工作中存在的其他问题，制订整改措施，并组织电调重新学习《电力调度手册》，对其中"设备操作管理"内容要重点学习，严格按照规章操作。严格电调远控设备操作流程，严格执行双人确认制度，做到一人操作，一人监控，落实到每一步操作中。

③加强业务培训。调度部门要加强电调业务培训，增加电调月度模拟演练频次，在培训演练过程中对存在的问题进行收集、整理、归纳，制订切实可行的整改措施。

二、施工安全

施工安全事故轨道交通运营安全中经常出现的事故，通过典型事例的分析，对提高安全管理人员掌握和控制事故隐患的能力具有重要意义。

1. 施工安全案例一：接触网接地跳闸

（1）事件概况

某日，某局电务工程有限公司，在车辆段16道洗车库进行FAS调试前，进行接触网断电作业时，在未将2141-16-2隔离开关断开情况下，违章接地操作，造成接触网和钢轨短路，牵引降压混合变电所214，212开关跳闸。

（2）原因分析

①某年6月2日提报的日补充施工计划申报表中无配合部门以及配合内容。

②在断开一个隔离开关后、挂接地线前，未使用验电器对接触网进行验电，经调查某局电务工程公司未购买验电器。严重违反国家DL409-91《电业安全工作规程》（电力线路部分）第4.2.1条"在停电线路工作地段装接地线前，要先验电，验明线路确无电压。验电要用合格的相应电压等级的专用验电器"的规定。

③采用的接地线线径小于60 mm^2，不符合"接地线应不小于通电线路截面积的50%"的规定（接触网导线截面积为120 mm^2），同时接地线也存在断股、散股现象，均不符合施工作业要求。图6.34为接触网灼伤。

④操作隔离开关和挂接地线人员未进行隔离开关操作培训，属无证上岗，严重违反国家DL409-91《电业安全工作规程》（电力线路部分）第1.5条"电气工作人员必须具备的条件"的规定。

⑤施工人员不清楚洗车库处的供电方式及隔离开关控制模式，盲目凭以往经常在洗车

图6.34　接触网灼伤

库作业的经验,只断开洗车库西头 2141-16-1 隔离开关。

（3）定性定责

根据《运营事故（事件）处理规则》4.1.6 一般事件规定"（11）错挂、漏挂、错撤、忘撤接地线;（12）因错发操作命令或人员误操作,造成断路器跳闸或接触网误停电,影响运营服务的"规定,此次事件构成运营一般事件。

（4）整改措施

①加强施工计划管理。对施工计划中的安全防护事宜必须明确,对作业配合部门及配合内容必须明确,部门需明确具体单位,运营公司的配合人员必须明确到部门。

②各部门要加强分管区域的安全检查。严格落实属地管理和设备配属管理,对本部门的安全区域或配属的设备设施进行维修、施工等作业时,相关部门必须派合格人员予以配合。在施工、作业过程中,要加强检查,发现安全隐患要及时制止。

③认真学习相关制度、办法。各部门组织全体员工认真学习各岗位的相关安全制度和规章制度,对于不符合现场实际的文本,组织骨干人员对本部门编写的文本进行修订;对其他部门编写的文本提出修改意见,报编写部门。

2. 施工安全案例二:施工人员违规进入轨行区

（1）事件概况

某日,运营公司甲站站务员在站台接 552 次列车时,发现 3 名某设备安装公司员工从乙站上行线进入甲站,当日施工项目为下行线正线冲洗隧道、垃圾清理、堵漏、消防检查（施工进场作业令 2A2-28-35）。违规进入上行线,存在严重人身安全隐患。

（2）原因分析

①施工单位因急于处理施工遗留的建筑垃圾,对临时招聘人员未进行相应的安全培训,就将招聘人员带入轨行区进行作业。

②施工单位带班人员将人员带入下行线作业现场后,没有在现场进行监护,放任作业人员在作业结束后通过存车线进入上行线。

（3）定性定责

根据《运营事故（事件）处理规则》4.1.7 第 11 条"未办理请点手续,进入正线或辅助线轨行区"的规定,构成事件苗头。

（4）整改措施

①施工单位要加强对施工管理人员的监督检查,对不在施工现场进行监督检查的人员要严肃处理。

②做好施工人员的安全教育,未通过安全教育的人员不得进入施工现场进行任何作业。

三、设备安全

设备安全事故轨道交通运营安全中经常出现的事故,通过典型事例的分析,对提高安全管理人员掌握和控制事故隐患的能力具有重要意义。

1. 设备安全案例一:列车紧急制动不缓解故障导致救援

(1) 事件概况

某日,11008 次(0209 车)运行至甲站后,因列车越标 0.70 m,TOD 屏上无定位,司机将一车主控手柄回零后,将方向手柄从前位改为后位,此时列车发生紧急制动,司机来回转换 RM、iATP、NRM 模式均无法缓解和打开车门,12 时 47 分,司机向行调报告列车紧急制动无法缓解,车门无法打开,经行调、检调、司机三方通话后,仍无法缓解,12 时 56 分,司机手动解锁客室门开始清客。13 时 00 分行调通知乙站 11208 次司机清客,准备救援。13 时 06 分故障经司机应急处理后,仍无法排除,值班主任决定组织救援,同时安排人员发布 PIS 晚点信息,司机切除故障列车后三辆 J06。13 时 06 分至 13 时 24 分,行调组织后继 11208 次连挂 11008 次进行救援。13 时 24 分,救援连挂列车 602 次司机报救援车已经连挂完毕,司机切除前三车的 J06。13 时 29 分,行调命令 602 次推进故障车运行至丙站下行站台。13 时 31 分行调再次通知 602 次凭地面信号显示动车经丙站渡线折返至下行线回段,救援结束。故障造成甲站至丁站上行区间中断行车 44 min,造成上下行列车晚点 15 列次。

(2) 原因分析

①车辆故障是此次事件的根本原因。根据在正线试车和模拟故障发现的问题,车辆部门在列车入库后查找出其故障的主要原因是 5 车厢的 BECU 制动电子控制单元发生故障,在车辆静止状态时误发出 5 km 以上的信号,导致 5SDR 中 5 km 继电器不能正常动作,从而引起紧急制动无法缓解。查阅最近一个月 0209 电客车故障信息,某日,在终点站折返过程中曾经发生过紧急制动,但可以进行正常缓解,其余未发现类似故障。据此推断,该故障应为新发生的,属某公司 BECU 制动电子控制单元发生故障。

次日运营管理部门主管副总经理组织某公司、车辆部门、技术安全部门召开了该故障的专题分析会。电子制动控制单元(EBCU)厂家某公司确认,"10·19"车辆紧急制动不能缓解的故障原因是 02095 车 EBCU(电子制动控制单元)内部故障导致。对于紧急制动无法缓解的故障如何进行应急处理某公司前期未提供任何相关的资料。某公司认为,当发生紧急制动不能缓解的故障时,通过操作司机室电器柜内的 ESS 开关、切除 ATP 及 2SK04 旁路开关(5 km 继电器旁路开关)来缓解紧急制动。某公司抱歉地承认对于操作 2SK04(5 km 继电器旁路开关)来缓解紧急制动的方法未告知地铁公司,同时未向地铁公司提供过相关故障处理指南的资料。

②司机操纵不当。司机在进站对标停车时没有控制好列车速度,使列车冲标超过 0.70 m,在 TOD 显示屏上没有列车停稳标识,进行退行操作时诱发故障发生;监督司机在司机对标停车时也没有及时提醒操纵司机控制好列车速度,导致列车冲标。

③换端闭合紧急制动短路开关(ESS)时机较晚。一是司机故障处理程序错误。发生故障后,未严格按照故障处理指南程序操作,而是将方向手柄先放在后退挡,然后切换到 RM 模式,而且尝试开门达 7 次。二是司机没有及时尝试闭合尾端的 ESS。司机没有在规定时间内尝试到尾端将 ESS 闭合,只是在 13 时 04 分(故障发生 17 min 后)向指导司机提出闭合尾端 ESS,但已错过时机;在 13 时 21 分,救援车已等待连挂时,司机到达后端司机室激活后端司机室后,紧急制动可以缓解,方向行调汇报,延误了故障的处理时间。三是司机乘客至上的服务意识不足。在列车无法缓解紧急制动、车门无法打开时,没有第一时间建议行调先人工打开车门让乘客下车,而是处理故障,9 min 后行调通知清客,司机才人工

打开车门,导致乘客在车厢内等候长达 9 min。

④故障处理指南不简捷。根据《车辆故障应急处理指南》中第二部分"制动、风源系统"车辆系统原因的处理建议:"第⑤条:b. 若在头端仍无法缓解,换到尾端将'紧急制动短路开关 ESS'闭合后推进到站。"可能使乘务人员误解为该条指:在区间发生故障后的处理方法,在站内不用闭合尾端的 ESS 开关。

⑤检修调度指导不力。行调 12 时 51 分组织三方通话时,检调未将发生紧急制动故障后车辆处理建议向司机进行明确指出,只是向司机提出按《车辆故障应急处理指南》进行处理;12 时 54 分再次与行调联系时,说"超过时间处理不了,退出服务,组织救援";12 时 57 分与司机联系时,要求"尝试用 NRM 模式开门缓解";13 时 00 分向行调报告"去尾端闭合 ESS",因指导不具体,且实际操作不恰当,失去了三方通话和指导司机处理故障的意义。

(3)定性定责

根据《运营事故(事件)处理规则》4.1.7 条第(2)款"正线行车(上下行正线之一)中断 30 min 以上 1 h 以下"的规定,此次事件构成事件苗头。

(4)整改措施

①要求制动厂家某公司对故障的 BECU 作进一步的故障分析,查找出误发信号的根本原因。

②车辆维修部门要完善故障处理方法,提高检调应急指导能力。

③客运部门要加强对司机作业标准的控制。

④调度部门要认真研究车辆故障下的行车组织,把住故障导向安全、导向乘客的指导原则,进一步优化各种非正常情况下行车组织。

2. 设备安全案例二:单车制动不缓解故障

(1)事件概况

某日,10406 次(0213 车)在甲站上行出站时发生 5 车制动不缓解故障,司机将主控手柄拉到 FB 位,然后再回 N 位,待 5 车压力回零后不缓解灯灭灯,恢复运行;9 时 47 分该车在市乙站上行出站时故障再次发生,司机采用同样方法排除故障;为避免故障反复发生,后续各站司机均采用同样的方式处理后动车,行调组织该车运行至丙站下线。故障造成 10406 次到达终点站晚点 4 min 56 s。

(2)故障原因

①次日上午,车辆部组织车辆电磁阀制造公司及车辆部技术人员在车辆段试车线对 0213 车进行多次故障模拟,未出现故障现象,车辆部在日常检修作业中虽然对电磁阀压力及功能均进行测试,但未出现过异常,说明本次故障为隐性故障,故障预防难度大。

②制动系统厂家在现场无法对常用制动电磁阀故障原因给出具体说明,需带回工厂进行分解测试,故障分析周期长。

③在前期 02151 车发生"单车制动不缓解"故障后,根据故障原因分析及整改措施没有杜绝故障的再次发生,车辆部作为设备维修部门负有管理责任。

④司机在故障处理过程中,未能严格按照《车辆故障应急处理指南》处理建议及时将主控手柄拉到 FB 位,然后再回 N 位,而是在牵引、制动位反复尝试后才将主控手柄拉到 FB 位,再回 N 位,ATI 数据显示两次故障处理过程中司机在牵引、制动位反复操作共计用时 62 s。

（3）定性定责

按运营分公司安全问责管理办法的规定，定性为列车晚点。

（4）防范措施

①在本次部件故障未查明、整改措施未落实的情况下，如再次发生同类故障，由电磁阀制造公司提供备件并更换处理，更换后的备件（含本次故障）质保期从更换之日起算。

②由车辆部门负责，加强中继阀质量跟踪，研究故障检测手段，并督促制造公司提交故障阀的检测项目、日期，最终故障分析报告日期以及日常检测预防措施。

③由车辆部门负责将电客车中继阀频发故障的情况报告以正式文件发总公司机电设备处，由机电设备处督促制造公司加大问题整改力度。

④由车辆部门负责对《车辆故障应急处理指南》中"单车制动不缓解"的处理方法进行完善，明确主控手柄在"N"位的处置方法。

⑤客运部门总结此次故障处理过程中的经验与不足，组织全体司机重新学习《车辆故障应急处理指南》，重点对"单车制动不缓解"部分进行强化培训，确保每名司机均能熟练掌握故障排除方法。

⑥调度部门组织全体行调学习《车辆故障应急处理指南》以及《控制中心应急处理程序》，不断提高突发事件时的应急指挥能力。

复习思考题

1. 简述城市轨道交通运营事故分析的方法。
2. 简述城市轨道交通运营事故步骤。

本单元小结

本单元主要介绍轨道交通安全生产相关法律、法规、安全保障系统、安全管理模式等内容，目的是使读者能全面了解轨道交通中的安全生产管理，并通过安全案例分析了解现场的安全事件/事故处理。首先介绍了轨道交通安全法律、法规，分为国家与地方法规两部分，国家法律包括《中华人民共和国安全生产法》《中华人民共和国消防法》《中华人民共和国劳动法》《城市轨道交通运营管理办法》等，地方法规主要以《西安市城市轨道交通管理条例》为例，介绍了《城市轨道交通管理条例》构成。其次介绍了轨道交通安全保障系统，包括 ATC 系统、SCADA 系统、FAS 系统、BAS 系统、屏蔽门系统和乘客安全警示系统等，其中 ATC 系统、SCADA 系统、FAS 系统、BAS 系统、屏蔽门系统在前面项目已有阐述，本项目中主要侧重对其安全作用与结构等进行讲解，乘客安全警示系统主要描述了由

PIS、安全标识、语音警示 3 部分组成的乘客安全警示体系。再次介绍了运营安全管理,其中通过事故、事故原因统计分析、影响安全因素分析描述了安全影响因素,并重点介绍了基于 PDCA 的安全管理模式体系。最后通过行车、施工、设备中的典型案例介绍了事故分析与处理的方法。

单元7 城市轨道交通通信系统

城市轨道交通运营管理涉及多专业、多岗位,是站务、乘务、通号、调度、机电、综合控制等部门的有机结合统一体。其中,通信系统是一个安全结合效率的系统,主要负责指挥列车运行、公务联络和传递各种信息,是保证列车安全、快速、正点、高效运行的一种不可缺少的信息化、自动化和智能化的综合系统。服务范围涵盖了控制中心、车站、车辆段、停车场、地面线路、高架线路、地下隧道与列车。其运行的稳定程度直接影响整个线路的运行组织,甚至整个城市轨道交通的运作。

任务一 城市轨道交通通信系统概述

任务目标

1. 明确城市轨道交通通信系统的特点和任务。
2. 掌握城市轨道交通通信系统的基本组成和作用。

任务分析

重点:通信系统的基本组成和特点。

难点:城市轨道交通通信系统的功能。

知识描述

一、通信基础知识

信息可以是语音、数据和图像等多种形式。通信就是将这些信息进行传递和交换。通信系统一般由信源、发送设备、信道、接收设备和信宿5部分组成,在信道上存在着噪声干扰,如图7.1所示。

二、通信系统的分类

根据信道的不同通信系统可分为有线通信和无线电通信两大类;根据传输信号的不同可以分为模拟通信和数字通信两大类。城市轨道交通通信系统中包含了上述各种通信形式。

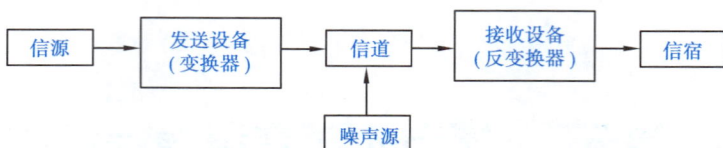

図7.1　通信系统的一般模型

三、城市轨道交通通信系统的特点

为适应城市轨道交通的运输效率、保证行车安全及提高轨道交通企业现代化管理水平,城市轨道交通通信系统一般均应具有以下5个特点:

1. 技术成熟、先进

目前,城市轨道交通通信系统都能结合国内外通信行业的发展动态,采用先进而成熟的通信技术,通信协议和通信标准都统一为国际标准。

2. 网络接口界面丰富

在城市轨道交通通信系统中,有一个通信骨干网络来完成语音通信(公务电话、专用电话等)、信号系统、ISCS系统、AFC系统、ATS系统等的业务传送要求,为其提供相应的传输通道,所涉及的接口界面比较多。

3. 安全可靠

在城市轨道交通通信系统中采取了严密的技术措施,保证传输的语音、数据、图像等信息安全可靠。

4. 时效性高

对于通信骨干网络而言,必须在最短的时间内将信息传到目的地;为保证列车的安全正点运行,要求许多应用仅有极小的时延;同时在发生故障而中断时,应在最短的时间内自愈。

5. 可扩展性强

城市轨道交通通信系统,投资大、集成度高,因此,必须考虑今后技术进步、其他线路的拓展和网络扩容的需求。能够进行简便的系统升级、无限的网络延伸和灵活的功能扩展,是城市轨道交通通信系统总体要求中很重要的内容。

四、城市轨道交通通信系统的任务

1. 提供视频、音频、数据信息网

对于城市轨道交通的运行组织,通信系统应能够保证各个业务部门之间、上下级之间保持畅通、有效、可靠的各种信息交流与联系。

2. 提供专用的行车指挥系统

对于行车组织和运营调度,通信系统应能保证将各个车站的客流情况、工作状况、线路上和各列车运行情况迅速、准确地传至控制中心。同时将控制中心的调度命令和控制信号及时可靠地传送至各个车站和先行中的列车上。

3. 保证对车站、停车场、列车进行高层次控制

4. 为旅客提供信息服务

通信系统应能保证本系统与外部系统之间便捷畅通的联系,以对旅客提供各种信息服务。

五、城市轨道交通系统的组成

城市轨道交通通信系统是一个综合系统,根据业务性质和服务对象的不同,可分为专用通信、民用通信、公安通信系统 3 部分。其中,专用通信由传输、无线、公务电话、专用电话、闭路监控(CCTV)、广播、时钟、乘客导乘信息(PIS)、集中告警和电源及接地等子系统组成;民用通信由民用无线引入、民用传输、综合网管、民用电源及接地等子系统组成;公安通信由公安传输、消防无线引入、视频监控、计算机网络、视频会议、电源及接地等子系统组成,具体如图 7.2 所示。

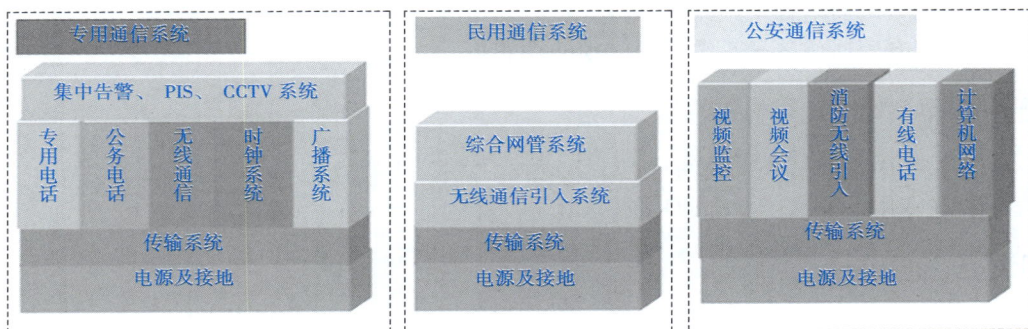

图 7.2　城市轨道交通通信系统网络模型

六、城市轨道交通通信系统的作用

1. 实现部门之间的有机联系

通信系统是城市轨道交通内部公务联络的主要通道,可以为各部门业务和工作人员间提供各种联络。

2. 实现了运输集中统一指挥

通信系统可以为各业务系统提供统一的标准时钟,同时还为信号系统提供传输通道,共同完成行车调度指挥任务,使行车调度和列车运营服务自动化程度提高。

3. 提高运输效率

在列车正常运行的情况下,通信系统能为运营管理、指挥、监控等部门提供通信联络手段,为乘客提供周密的服务;在突发灾害、事故或恐怖情况下,能够集中通信资源,保证有足够的容量满足应急处理、抢险救灾的特殊通信需求。

问题及防治

城市轨道交通通信的各大系统通过电缆、光缆、电线(双绞线)、电磁波等传输媒介联

成一个整体,由电源系统统一提供电源,时钟系统提供标准时间。

扩展知识

各大系统涉及的技术包括程控交换技术、ATM 多媒体异步传输技术、SDH 传输技术、OTN 传输技术、数字编解码技术、TETRA 数字集群技术、TCP/IP(一组协议的代名词)通信技术等。

任务二　专用通信各子系统

任务目标

1. 明确专用通信各子系统的特点。
2. 掌握专用通信各子系统主要实现的功能。

任务分析

重点:专用各通信子系统的特点。
难点:专用各通信子系统的功能。

知识描述

一、传输系统

传输系统主要由设置在各车站、车辆段、控制中心的传输节点设备以及各节点设备之间的传输线路构成,系统基本功能是为通信各子系统和相关专业的业务系统提供传输通道,用于传输各类语音、数据及图像信息,以满足轨道交通其他各系统的业务传送要求。主要实现:

①满足各系统的信息内容及其传输容量的要求,提供所需的业务接口;

②从逻辑上提供保护通道,并利用两条运行线路旁的光纤构成自愈环,确保可靠性;

③为通信网中的各节点提供点对点直通式、一点对多点共用式及总路线式等信道;

④具有自诊断功能,可进行系统故障管理、性能监视、系统管理、配置管理,并具有集中告警维护、统一管理的网络管理功能;

⑤系统具有扩展性,能平滑升级;

⑥系统能与当地城市轨道交通应急指挥中心的上层传输网络互联,以实现与其他线路传输系统的互联互通功能。

二、无线系统

无线通信系统可分为正线无线调度通信子系统和车辆段无线调度通信子系统。其中,正线无线通信调度子系统含行车调度、环控(防灾)调度、信息调度。系统主要由控制中心交换及控制设备、车站基站设备、列车车载电台、移动人员手持电台及天馈设备构成。主要实现:

1. 通话功能

在城市轨道交通无线通信系统中有很多不同种类的用户,根据不同种类用户的性质、功能,可组成相互独立的通话组。

2. 调度功能

可根据使用要求,实现组呼、选呼、紧急呼叫等形式的呼叫连接方式,其中组呼可按大组、中组、小组等编制进行。在紧急情况下,移动台只允许对相应调度台发出紧急呼叫;授权调度台可以对所有列车车载台或所有无线终端发起紧急呼叫。调度通信可强插、强拆正在通话的一般用户。

3. 数据传输功能

短数据业务(SDS):支持用户定义和预定义的个别消息和组播消息的发送和接收,信息最大为140字节;

电路模式数据业务:可以提供端到端的数据传输,按无保护、低保护、高保护以及单时隙直到4时隙传输的不同,可以提供7.2~28.8 kb/s的不同的数据速率;

分组数据业务(PDS):PDS采用静态IP地址绑定技术,网管系统可以设置IP地址与无线用户机ITSI地址之间的映射,并且可针对每个移动台设定其是否可使用PDS业务。

4. 优先级功能

网络管理终端能对所有无线终端设置个人优先级和通话组优先级。

5. 广播功能

控制中心调度员可通过调度台直接对全部或部分列车进行广播。

6. 其他功能

调度台具有呼叫、通话、故障、打印、显示功能及多信道数字录音功能;设备自检功能;系统的扩展功能;位置登记销号等功能。

三、专用电话系统

专用电话系统由调度电话、车站/车辆段内直通电话、站间行车电话等组成,主要实现:

1. 调度电话功能

为控制中心行车调度员、环控(防灾)调度员、电力调度员、信息调度员、总调度员与车站、车辆段值班员以及与办理行车业务有关系的工作人员提供专用的直线通信工具,能实现包括单呼、组呼、全呼、自动录音等多种功能。

2. 站间行车电话功能

提供相邻车站值班员之间可靠的通话热线,以辅助列车运营指挥和在非常情况下进行紧急通信。

3. 站内直通电话功能

提供车站值班员、车辆段信号楼值班员与本站、场内有直接生产指挥隶属关系的工作人员之间的通话功能。

四、公务电话系统

公务电话系统采用程控交换＋软交换设备组网,在控制中心配置软交换设备,在各车站、车辆段配置程控交换设备,基本功能是为轨道交通的管理部门、运营部门、维修部门提供公务联络工具,实现内部呼叫、市内呼叫、国内及国际长途呼叫,并可实现其他增值业务。主要实现:

1. 电话交换功能

能向用户提供地铁内部用户间的电话呼叫;当地铁公务电话系统与市内公用固定和移动电话网联网后,能向用户提供本地网、国内和国际长途电话呼叫,能向用户提供各种特服呼叫,如 112、114、119、110、120 等,能为用户提供 IP 电话等业务。

2. 数据及新业务功能

能向用户提供分组数据多媒体业务和多种电话新业务,如缩位拨号、热线服务、呼出限制、免打扰服务、查找恶意呼叫、截接服务、闹钟服务、无应答转移、缺席用户服务、遇忙记存呼叫、遇忙回叫、转移呼叫、呼叫等待、三方通话、会议电话等。

3. 计费功能

对市内、国内、国际有权用户的通话进行计费。

4. 维护管理功能

具有局数据、用户数据、软件、设备的维护管理功能;具有话务统计功能;具有故障诊断及定位功能;具有本地和远程维护管理等功能。

五、电源及接地

1. 电源系统

通信电源在外供交流电源正常情况下,能为通信系统设备提供高质量的电源供应;在外供交流电源中断或发生超限波动的情况下,能提供后备工作电源,保证通信系统在规定的时间内正常工作。主要实现:

①符合通信系统一级负荷供电要求;

②为各种通信设备提供不间断供电;

③通信电源配置的蓄电池组的容量应保证连续供电不小于 2 h;

④UPS 电源设备应具有旁路、输出短路保护等功能;

⑤系统能对交直流电源、蓄电池等设备的各种工作状态进行本地和远端监视,发现故障及时告警。

2. 接地系统

接地系统保证通信设备不受强电的危险影响和电磁干扰,保证通信系统安全及人身安全,提高通信系统的服务质量,设备接地电阻小于 1 Ω。

六、闭路电视监视系统

CCTV 系统是地铁运营、管理现代化的配套系统,是供运营、管理人员实时监视车站客流、列车出入站、乘客上下车等情况,以加强运行组织管理,提高效率,确保安全正点地运送旅客的重要手段。发生灾害时,由兼管防灾的调度员或值班员使用本系统随时监视灾害和乘客疏散情况。视频监视系统设置为中心、车站、司机三级监视和中心、车站两级控制方式。由图像摄取、图像显示及录制、车站控制处理、中心控制处理及显示、视频信号传输、网管等设备组成。车站网络平台及前端设备应与公安图像监控系统共用。主要实现:

1. 中心图像监视

控制中心行车调度员、环控(防灾)调度员、电力调度员、信息调度员,可选择任一车站的任一摄像机图像,并切换至其操作台监视器上。

2. 车站图像监视

车站值班员可任意选择本站任一摄像机,并切换至其操作台监视器上,站台值班员只监视本站台情况。

3. 前端摄像机控制

控制中心和车站应能对各车站摄像机的云台、焦距等按优先级别进行控制。

4. 司机图像监视

列车在车站停车时,司机应能通过监视器监视旅客上、下车情况,以便安全开关车门。

5. 录像及回放功能

视频数据采用分散存储方式,由车站设置录像设备,存储时间不少于 30 天。中心具有录像回放功能。

6. 其他功能

预留换乘站图像互看功能、系统自诊断功能、网络管理功能等。

七、广播系统

广播系统分为正线广播和车辆段广播系统,车辆段广播独立于正线广播系统,只满足车辆段行车值班员和停车/列检库值班员,以及防灾值班员对段内重要库场的广播,其设备纳入正线广播系统网管。当车站或车辆段库内发生火灾等灾难时,广播系统可以兼作消防广播。

(一)正线广播功能

1. 控制中心广播功能

实现全线任意车站、任意广播区的组合,并向已设定的固定组合广播区域进行广播;向全线任意一个车站内的任一区域、多个区域、全部区域进行广播;显示中心占用、全线各车站及广播区的工作、空闲及故障状态;中心调度员选择监听全线车站的任一广播区的广播内容,监听音量可调。

2. 车站广播功能

向站内的任一区域、多个区域、全部区域进行广播;选择车站内任意区域的广播内容进行监听;接收 ATS 信号的触发,自动对相应站台进行列车到达,发车的广播。在需要时,可人工对车站站台自动广播模式进行开或关;站台客运值班员可对站台区域进行临时语音广播。

(二)车辆段广播功能

车辆段综合楼行车值班员,停车库、检修库运转值班员等,可单选、组选和全选停车列检库、检修库等的任意广播区进行多信源广播,包括背景音乐、麦克风等。可根据需要选择监听停车列检库、检修库等的各广播区的广播情况。

八、时钟系统

时钟系统为工作人员、乘客及全线机电系统提供统一的标准时间,使全线各机电系统的定时设备与时钟系统同步,从而实现地铁全线统一的时间标准。主要实现:

1.同步校对

中心母钟设备接收外部标准时间信号进行自动校时,保持同步。同时产生精确的同步时间码,通过传输网络向二级母钟传送,统一校准二级母钟。二级母钟在传输通道中断的情况下,能独立正常工作,产生各子钟的驱动信息,使各子钟能够进行正常的时间显示。

2.为其他系统提供标准时间信号

中心母钟设备设有多路标准时间码输出接口(RS422 或 NTP),能够在整秒时刻给其他各相关系统(信号、AFC、综合监控、FAS 等)提供标准时间信号。

九、集中告警系统

通信集中监测告警系统利用计算机网络技术和计算机本身的数据处理能力,对通信系统中的各子系统进行集中管理,将各系统的运行状态集中反映到某一管理终端设备上,使通信维护人员能及时、准确了解整个通信系统设备的运行状况和故障信息,以便于处理。系统能够对各子系统的主要状态信息(包括告警)进行汇总、显示、确认及报告,能进行故障定位,达到集中监视、管理的目的。

十、PIS 乘客信息系统

乘客信息系统是一个综合计算机网络技术和电子媒体技术的综合服务性系统,是一个多媒体资讯的发布、播控与管理平台。系统能发布乘客导乘信息、列车到站信息、票务政策信息、乘车指引、换乘信息、运营安全信息等运营服务信息,同时可为乘客提供丰富的资讯与娱乐信息,包括天气预报、时事新闻、电视节目、股市行情等。乘客信息系统由中心子系统、车站子系统、网络子系统、车载子系统组成,是地铁运营、资源开发兼顾的系统,在正常情况下,双方共同协调使用,在紧急情况下运营信息优先使用。

任务三　传输子系统

任务目标

1.明确传输子系统的功能。
2.掌握传输子系统的运行方式。
3.熟悉传输子系统的传输制式。

任务分析

传输子系统是承载轨道交通各类信息的网络平台,如图7.3所示。除传输通信系统各子系统所需的语音、数据、图像信息外,还为AFC(自动售检票)、ATS(列车自动监控)、FAS(火灾自动报警)、BAS(环境与设备监控)、SCADA(电力监控)等其他运营、设备管理信息的传输提供通道,是指挥轨道交通安全、准点、高效运营的重要保障。

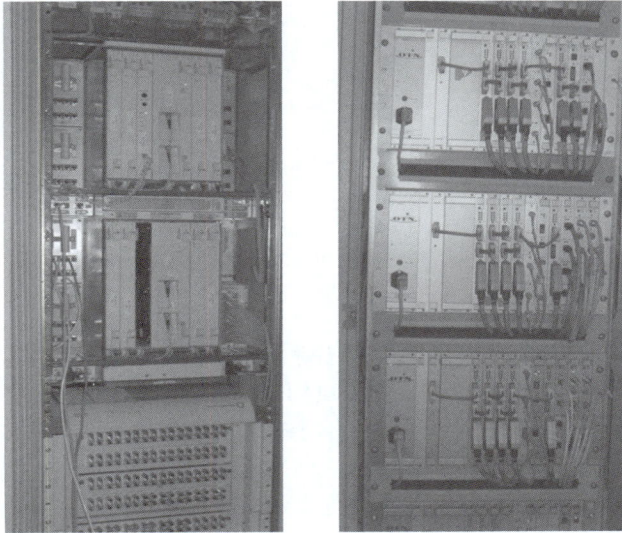

图7.3　传输子系统

重点:传输子系统的运行方式。

难点:传输子系统的结构。

知识描述

信息的传输离不开传输介质,城市轨道交通通信系统中常用的传输介质主要是电缆(图7.4)和光缆(图7.5)。在通信网中常用的电缆是双绞线电缆(图7.6)和同轴电缆(图7.7)。

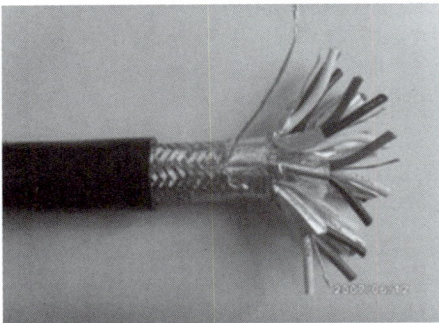

图7.4　电缆

图7.5　光缆

图7.6　双绞线电缆

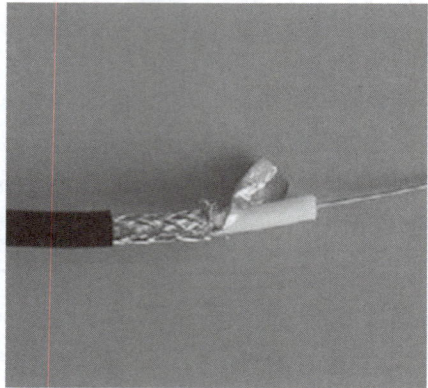

图7.7　同轴电缆

一、传输子系统的功能

分布在城市轨道交通线网的各站点及控制中心的各个专业系统均是一个统一的整体,它们之间需要经常进行信息交换,就必须构建通信传输网来满足各系统、各站点与控制中心之间及各个站点之间的业务信息传输要求;另一方面不同线路之间的信息交换也可以借助这个传输通道来实现。

城市轨道交通通信网的主干是一个基于光纤的传输网络。它是一个非常可靠的、冗余的、可扩展的、可重构的、灵活的、能为各专业系统提供丰富的接口类型,如 10/100 Mb/s 以太网接口、2 Mb/s 接口、RS422/RS232/RS485 接口、语音接口、高品质音频接口等。除了上述接口外还可以传输 SCADA、AFC、ATS、FAS、机电设备监控(EMCS)、门禁系统(ACS)、办公自动化(OA)等其他系统的信息。也可以实现网内各线无线通信系统语音和数据的互联互通,提高线网内各线无线通信系统运营管理的灵活性和安全性。为线网内各线提供统一、精准的时钟定时信号,保证各线数字传输网高效、准确地互通各方面的综合信息。此外,它还为各条轨道交通线间信息的互联与交互提供通道,如图7.8所示。

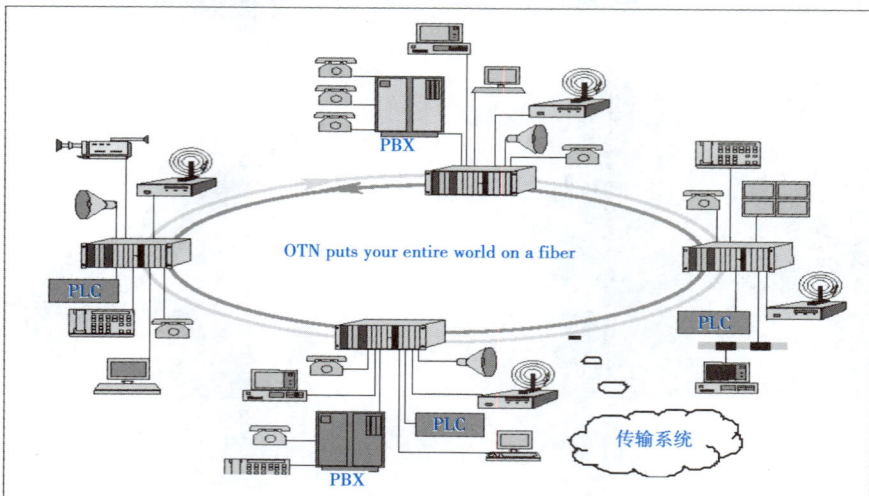

图7.8　城市轨道交通通信网

二、传输子系统的运行方式

1.传输子系统的结构

传输子系统是轨道交通系统中各站点与控制中心及站与站之间信息传输和交换的通道,由光纤网络、网络节点、用户接口设备和网络管理系统组成。

（1）光纤网络

光纤网络贯穿整个传输介质,有光纤、电缆两种介质。短距离连接使用电缆或多模光纤和 LED 光源,长距离只能使用单模光纤。

（2）网络节点

网络节点是用户访问网络、使用网络的途径,可以为用户接口设备提供电源,可接收用户设备的信息并发送到光纤网络,还可接收光纤网络信息并传送到用户接口设备。

（3）用户接口设备

用户接口设备是用户接入系统的硬件工具,其功能是使自身系统无限向外延伸。用户接口设备有硬件和软件两种形式:硬件,主要通过板卡自身跳线和微动开关实现;软件,主要通过网络中心实现。

（4）网络管理系统

网络管理系统通常是基于主流、成熟的操作系统,具有友好的操作界面,其功能是负责对传输网络的配置、扩展、管理和维护。

2.传输系统的运行方式

传输系统的运行方式是采用双环路运行方式:一个环路运行,负责传送信息;另一环路备用。两个环路实现的功能一致,同时运行,并不断监测备用环路,确保备用环路能随时启用,一但主环路故障,备用环路立即启用。

三、传输子系统的传输制式

目前国内城市轨道交通通信领域,传输系统采用的传输制式主要有 SDH（同步数字传输系统）和 OTN（开放传输网络）两种制式。

1. SDH 传输系统

SDH 是 Synchronous Digital Hierarchy 的英文缩写,同步数字传输系统的简称,是一种将复接、线路传输及交换功能融为一体,并由统一网管系统操作的综合信息传送网络。它可以实现网络有效管理、实时业务监控、动态网络维护、不同厂商设备间的互通等多项功能,能大大提高网络资源利用率、降低管理及维护费用、实现灵活可靠和高效的网络运行与维护,具有世界统一的网络节点接口（NNI）,也是全球传输领域应用较广泛、技术较成熟的一种通信制式。SDH 在我国城市轨道交通通信系统中得以广泛应用。

（1）SDH 网的优缺点

优点:一是具有标准的光接口规范;二是具有强大的网络管理能力和自愈能力;三是采用同步复用方式和灵活的复用映射结构;四是具有后向兼容性和前身兼容性。

缺点:一是频带利用率降低;二是由于 SDH 采用指针调整技术,增加了系统的复杂性;

三是由于大量集中软件控制,提高了自动化程度,但容易导致网络故障。

（2）SDH 网的设备构成

SDH 传输设备主要由网元设备（NE）、网络节点接口（NNI）及网络管理系统组成,如图 7.9 所示。

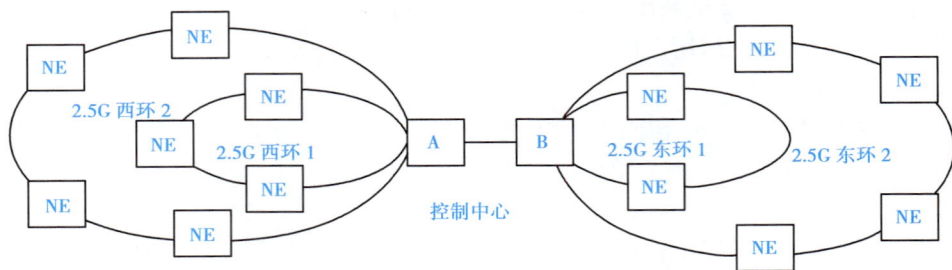

图 7.9　城市轨道交通 SDH 系统的网络拓扑图

图中两个环相切于公共节点网元 A、B,东西环内各自业务互通,具有很强的业务疏导能力;A、B 两网元的支路连接可使东西环中任何两网元的业务信息互通,并且可选的路由多,系统冗余度高。

2. OTN 传输系统

OTN 是 Open Transport Network 的英文缩写,顾名思义它是一个开放式的传输网络,所谓的"开放"指的是系统提供丰富的通信标准协议接口,支持数据、音频、视频和 LAN 行业标准,不需要再增加接入设备。其主要操作在 OSI 模型的物理层中完成,接传输的信息不发生任何协议上的变化。传输时,对接入的各种不同速率等级直接复用,利用光纤传送到目的地。OTN 支持点对点、点对多点、总线等通信方式。

（1）OTN 网的优缺点

优点:一是标准接口丰富;二是传输利用率高;三是设备简单,组网灵活;四是可靠性高;五是能快速进行错误检测;六是采用网络管理。

缺点:与非 OTN 网络的连接能力较差,产品的兼容性不好,设备生产厂家单一。

（2）OTN 网络组成

OTN 由两种基本设备组成:一种是传输设备;另一种是接口设备。传输设备由光纤线路系统组成;接口设备由节点及用户接口模块组成。其拓扑结构如图 7.10 所示。

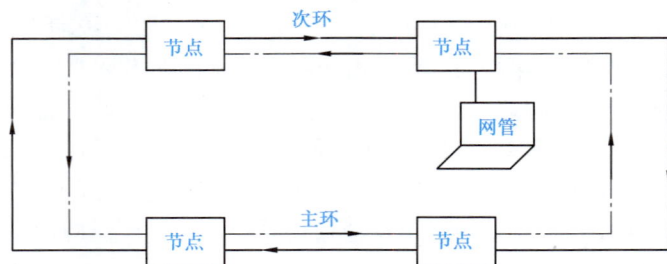

图 7.10　城市轨道交通 OTN 系统的网络拓扑图

在上图中节点采用点对点链接方式互联形成两个方向相反的主、次环,正常运行时,接口数据主环传输,次环保持与同步,主环故障时,次环故障情况时,次环可以全部接管主环传输的业务,保证系统的可靠性,这也称为 OTN 系统的自愈功能。

问题及防治

OTN 系统其明度较高,组网简单,对故障掩盖性较低,具备丰富的接口。因此,针对此系统一方面必须对接口及协议、传输机能熟练掌握;另一方面应熟练掌握接口的测试、各种板卡更换及业务配置。

SDH 设备较复杂,组网灵活,可采用多种复用方式,自动化程度高,一些故障很隐蔽,需要熟练掌握组网、配置、路由链接和网管操作。

传输系统具有多种数据接口,涉及大量的接线,需要具备熟练的配线及快速查线的技能。

扩展知识

在传输系统中有一种设备叫光纤配线架(ODF),如图 7.11 所示,用于光纤通信系统中局端主干光缆的成端和分配,可方便地实现光纤线路的连接、分配和调度。随着网络集成程度越来越高,出现了集 ODF、DDF、电源分配单元于一体的光数混合配线架,适用于光纤到小区、光纤到大楼、远端模块局及无线基站的中小型配线系统。其主要由架体部分、走线部分、熔接部分、光缆固定和接地部分组成。

图 7.11 光纤配线架

单元8　城市轨道交通信号系统及设备

　　城市轨道交通信号系统及设备是城市轨道交通的主要技术装备,担负着指挥列车运行、保证行车安全、提高运输效率的重要作用。它具有完善的列车速度监控功能、数据传输速率不高、联锁关系不复杂、车辆段独立采用联锁设备、自动化程度高、各条线路的设备不要求兼容等特点。它由列车运行自动控制系统(ATC)和车辆段信号控制系统两大部分组成,用于列车进路控制、列车间隔控制、调度指挥、信息管理、设备工况监测及维护管理,形成一个高效的综合自动化系统,如图8.1所示。

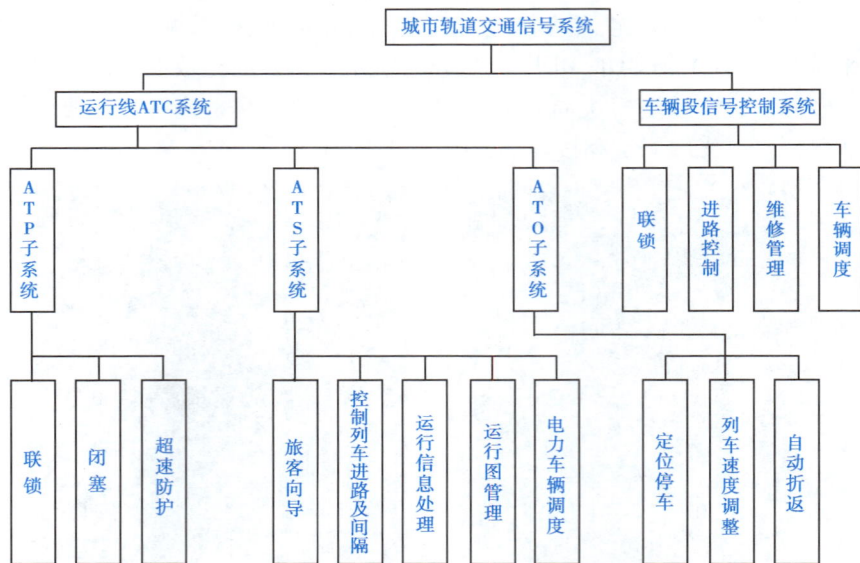

图8.1　城市轨道交通信号系统框图

　　城市轨道交通信号基础设备主要包括继电器、信号机、转辙机、轨道电路等,它们是城市轨道交通信号系统的重要基础设备,它们的运用质量和可靠性,直接关系到信号系统的正常运行和效能的充分发挥。

任务一　　继电器概述

任务目标

　　了解继电器的结构、动作原理及作用。

任务分析

重点:继电器的结构和作用。

难点:了解继电器的动作原理。

知识描述

一、继电器基本原理

1.组成

继电器由接点系统和电磁系统两大部分组成,电磁系统由线圈、固定的铁芯、轭铁以及可动的衔铁构成。接点系统由动接点、静接点构成,如图8.2所示。

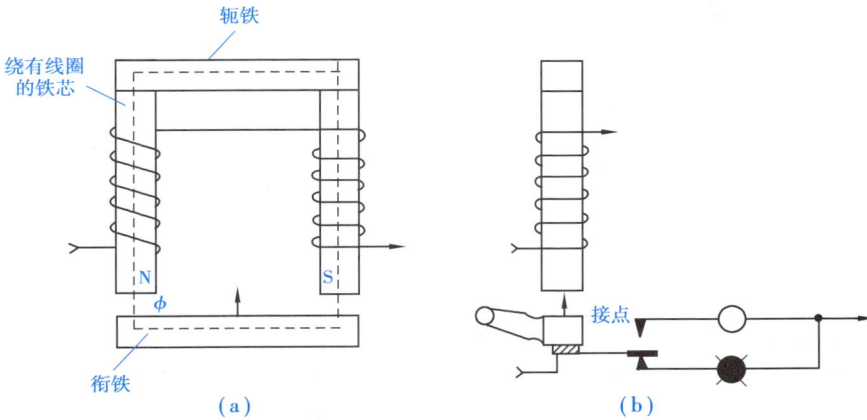

图8.2 继电器基本组成

2.继电器动作原理

当线圈中通入一定数值电流后,由电磁作用或感应方法产生电磁吸引力,吸引衔铁,由衔铁带动接点系统,改变其状态,从而反映输入电流状况。

图8.3 继电器实物

线圈通电→产生磁通(衔铁、铁芯)→产生吸引力→克服衔铁阻力→衔铁吸向铁芯→衔铁带动动接点动作→前接点闭合、后接点断开。

电流减少→吸引力下降→衔铁依靠重力落下→动接点与前接点断开,后接点闭合,可见继电器具有开关特性。

二、继电器的作用

继电器能够以极小的电信号控制执行电路中相当大功率的对象,能够控制数个对象和数个回路,也能控制远距离的对象。继电器有着良好的开关性能:闭合阻抗小、断开阻抗大;能控制多回路、抗雷击性能强、无噪声、温度影响小等特点。在以继电技术构成的系统中大量使用,在以电子元件和微机构成的系统中,作为接口部件,将系统主机与信号机、轨道电路、转辙机等执行部件结合起来。

问题及防治

要弄清楚继电器的电磁系统和接点系统是相对独立的回路,才能真正理解继电器的作用。

扩展知识

由于继电器的种类较多,本节中介绍的只是广泛用于城市轨道交通信号系统的安全型继电器(重力式继电器)。由于它特殊的结构组成,具有故障导向安全的性能。另外还可以了解一下其他不同类型的继电器。

任务二　信号机

任务目标

了解城市轨道交通信号显示的含义及信号机的种类和结构。

任务分析

重点:了解信号机的种类及信号显示的含义。
难点:各种信号机的特殊结构。

知识描述

信号机是用于指挥列车运行的信号设备;信号机显示为开放信号时允许列车通过进路;信号机显示为关闭信号时禁止列车进入进路。开放信号是指室外信号机点亮绿灯(黄灯或白灯）；关闭信号是指室外信号机点亮红灯（蓝灯）。

一、色灯信号机

色灯信号机以其灯光的颜色、数目和亮灯状态来表示信号。现多采用透镜式色灯信号机，它采用透镜组来将光源发出的光线聚成平行光束，故称为透镜式。它结构简单，安装方便，控制电路所需电缆芯线少，所以得到广泛采用。

1. 透镜式信号机的结构

透镜式色灯信号机有高柱和矮型两种类型，它们的区别主要在于高柱信号机的机构安装在信号机柱上，而矮型信号机的机构安装在水泥基础上。

高柱透镜式色灯信号机如图 8.4 所示。它由机柱、机构、托架、梯子等部分组成。

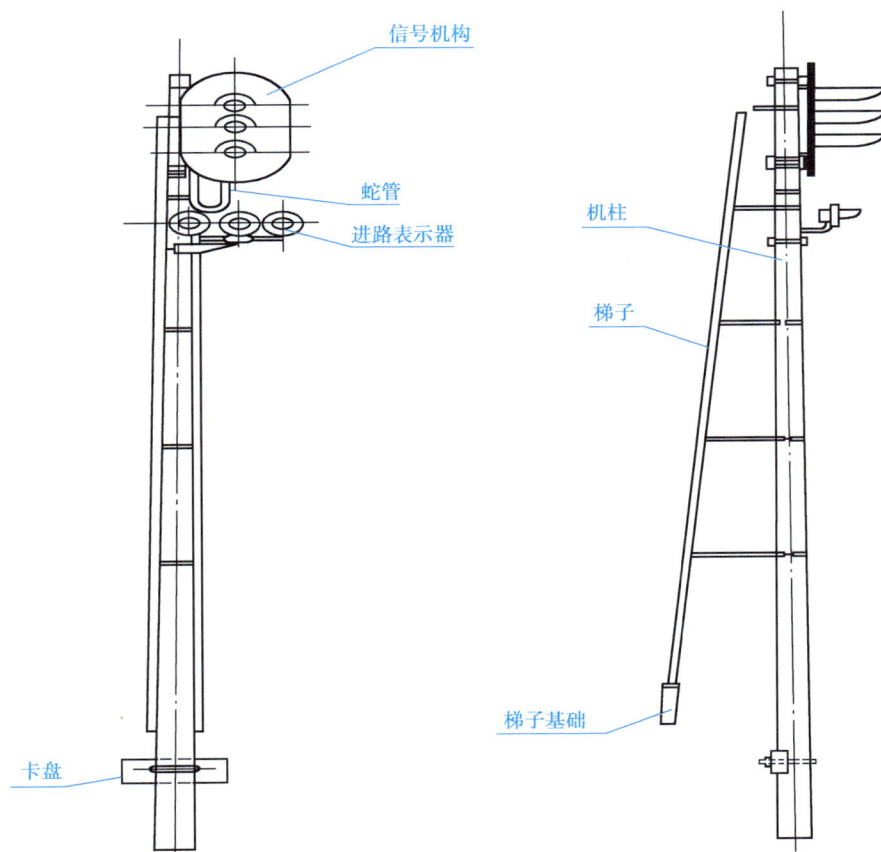

图 8.4　高柱透镜式色灯信号机

机构的每个灯位配备有相应的透镜组和单独点亮的灯泡，给出显示。托架用来将机构固定在机柱上，每一机构需上、下托架各一个。

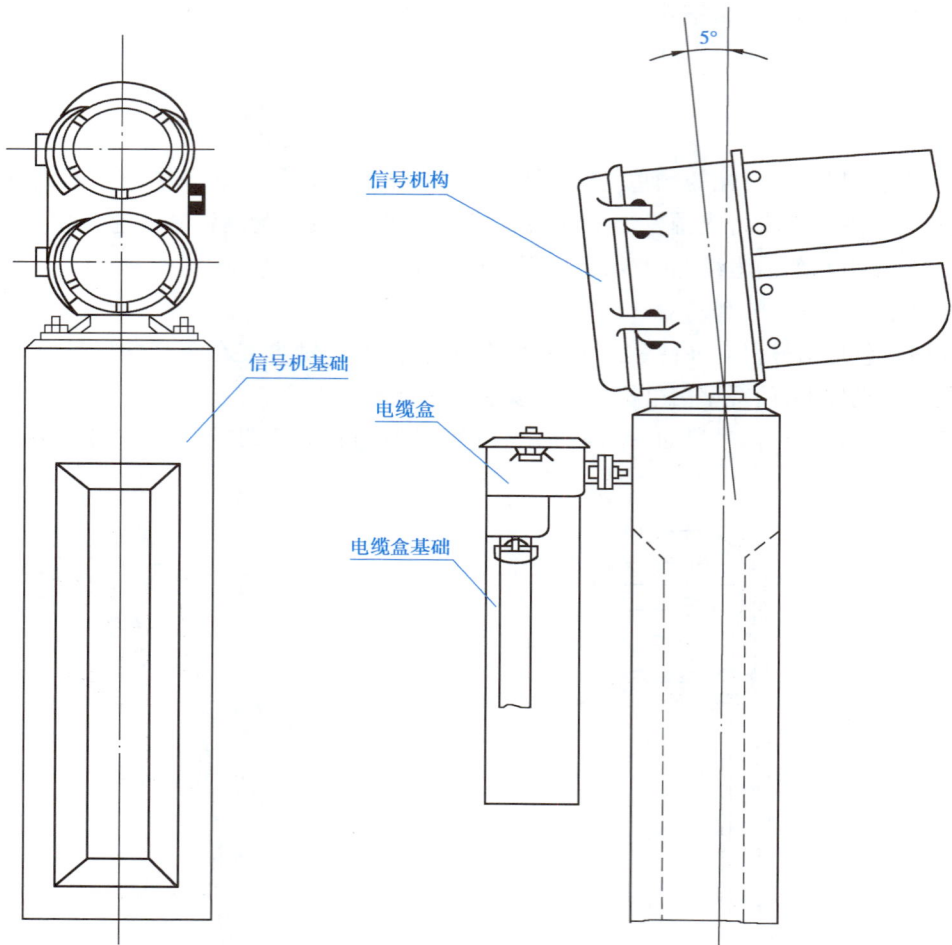

图 8.5　矮型透镜式色灯信号机

图 8.6　透镜式色灯信号机实物图

图 8.7　调车透镜式色灯信号机实物图

2. 透镜式信号机的机构

机构的每个灯位由灯泡、灯座、透镜组、遮檐及背板等组成,如图 8.8 所示。

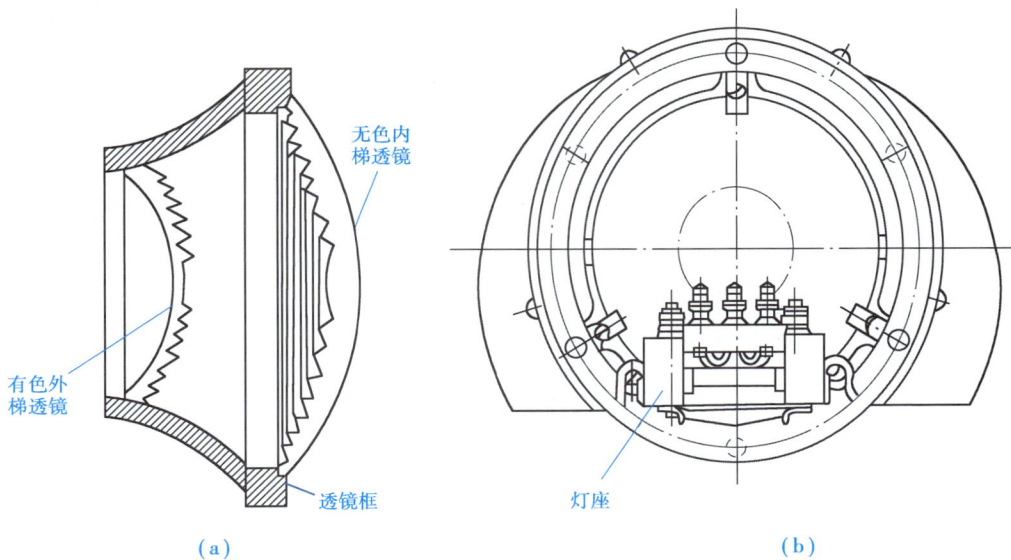

（a）　　　　　　　　　　　　　　（b）

图 8.8　透镜式色灯信号机构

灯泡是色灯信号机的光源,为保证信号显示的不间断,目前绝大多数信号机均采用直丝双丝铁路信号灯泡,即当点亮的主灯丝断丝时,可改为副灯丝点亮。

灯座用来安放灯泡,采用定焦盘式灯座,在调整好透镜组焦点后固定灯座,更换灯泡时无须再调整。

透镜组装在镜架框上,由两块带棱的凸透镜组成,里面是有色带棱外凸透镜(可有红、黄、绿、蓝、月白、无色 6 种颜色),外面是无色带棱内凸透镜。之所以采用两块透镜组成光学系统,是利用光的折射和反射原理,将光源发出的光线集中射向所需的方向,即增加该方向的光强。这样,就能满足显示距离远且具有很好的方向性的要求。之所以采用带菱型（梯形）透镜，是因为它比不带棱的透镜轻，且光学效果好。信号机构的显示颜色取决于有色透镜，可根据需要选用。

遮檐用来防止阳光等光线直射时产生错误的幻影显示。

背板是黑色的，可衬托出信号灯光的亮度，改善瞭望条件，一般信号机采用圆形背板。

3. 透镜式信号机构分类

高柱透镜式色灯信号机的机构按结构分为二显示和三显示两种。二显示机构有两个灯室，每个灯室内有一组透镜、一副灯座和灯泡及遮檐。灯室间用隔板分开，以防止相互串光，保证信号的正确显示，背板是共用的。三显示机构有三个灯室，每个灯室内的设备同二显示灯室。各种信号机可根据信号显示的需要选用机构，再按灯光配列对应信号灯位颜色的规定安装各灯座的有色内透镜。矮型信号机构用螺栓固定在信号基础上。其机构基本上与高柱信号机相同，只是没有背板，也分为单显示、二显示、三显示 3 种。

4. 组合式色灯信号机

组合式色灯信号机适用瞭望困难的线路，能在曲线半径 200～300 m 的各种曲线和直线上得到连续的信号显示。该信号机显示距离远，在直线上显示 1 500 m 以上、一般弯道上显示距离不少于 1 000 m，在小半径的 S 形弯道上一般也能显示 800 m。组合式信号机构由光系统、机构壳体、遮檐等组成。

组合式信号机构的光系统由反光镜、灯泡、色片、非球面镜、偏散镜及前表面玻璃组成，如图 8.9 所示。灯泡发出的光，通过色片、非球面镜汇聚成带有指定颜色的平行光，再经过偏散镜将一部分光偏散到所需方向，使曲线上能连续地、准确地看到信号显示。色片包括红、黄、绿、蓝、月白 5 种颜色，根据需要配备。偏散镜将光系统产生的平行光较均匀地汇聚到所需要的可视范围内。可根据曲线特点选用相应种类的偏散镜，以保证连续显示。偏散镜还可增强部分近距离能见度，使在距信号机 5 m 处也能看到信号显示。

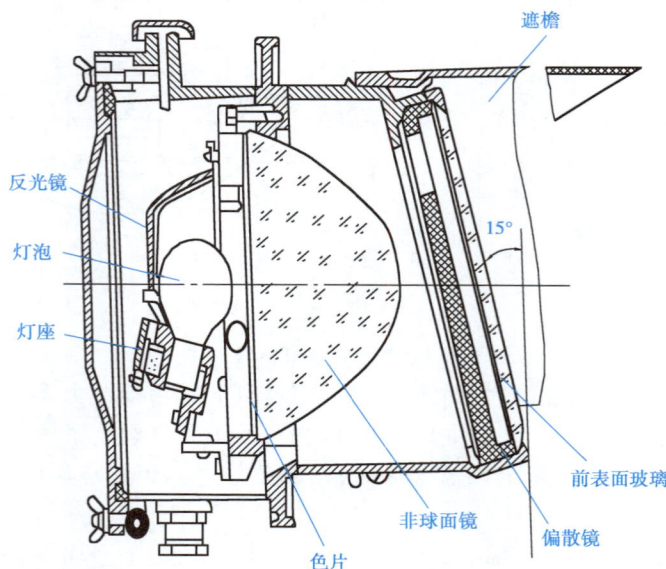

图 8.9　组合式信号机构

组合信号机光系统设计合理，光能利用率高，显示效果好，曲线折射性能强，偏散角度大，可见光分布均匀，能见度高。

组合信号机每个机构只有一个灯室，使用时根据信号显示要求分别组装成二显示、三显示及单显示机构，故称之为组合式。由于采用铝合金或玻璃钢材料，每个机构仅 7 kg，便于安装、维护和调整。

5. LED 色灯信号机

LED 色灯信号机有两灯位、三灯位和四灯位机构 3 种，主要由点灯变压器、超高亮度发光二极管矩阵（发光盘）、光学透镜、固定框架等组成，实物如图 8.10。

图 8.10　LED 色灯信号机实物

LED 色灯信号机由点灯变压器和发光盘组成，因 LED 发光管是低能低耗的高效发光器材，在满足相关光学指标的前提下，LED 信号光源的功率不足 25 W 双灯丝灯泡的 1/4，仅 6 W 左右，如果直接采用交流 220 V 向点灯变压器和发光盘供电，则会造成点灯回路中的电流过小而无法满足灯丝继电器工作的要求。所以，供电电路一般会采用低压供电方式，即将信号点灯电源由交流 220 V 降为 110 V 向点灯变压器和发光盘供电。

LED 色灯信号机的主要特点是寿命长，发光二极管理论寿命超过 100 000 h，是信号灯泡的 100 倍。其可靠性高，发光盘使用上百只发光二极管和数十条支路并联工作，在使用中即使个别发光二极管或者支路发生故障也不会影响信号的正常显示。LED 色灯信号灯节约能源，单灯 LED 光源小于 8 W；聚焦稳定，发光盘的聚焦状态在产品设计与生产中已经确定，并能始终保持良好的聚焦状态，现场安装与使用不需要调整。其显示效果好，发光盘除有轴向主光束，还有多条副光束，有利于增强主光束散角之外以及近光显示效果。无冲击电流，有利于延长供电装置的使用寿命。

二、色灯信号机用途的分类

信号机从用途上分，在正线上可以分为出站信号机、道岔防护信号机、防淹门防护信号机和尽头信号机 4 种；在车辆段可以分为列车信号机、调车信号机 2 种。

采用固定闭塞，准移动闭塞的区段，出站信号机显示为开放信号时允许列车进入区间，信号机显示为关闭信号时禁止列车进入区间。

在固定闭塞，准移动闭塞 ATC 系统故障的情况下，改变闭塞方式（如电话闭塞时），列车司机凭信号显示行车。

采用移动闭塞的区段，可以使用蓝色显示或灭灯信号来代表自动列车信号的状态，而不显示其他的灯光颜色。此时，自动列车可以凭机车信号通过显示为蓝色或灭灯的信号机，而非自动列车必须在此显示的信号机前停车。

在移动闭塞 ATC 系统故障的情况下，改变闭塞方式（如电话闭塞时），列车司机凭信号显示行车。

道岔防护信号机、防淹门防护信号机和尽头信号机显示为开放信号时允许列车通过进路，信号机显示为关闭信号时禁止列车进入进路。

还有一些组合显示，如红色＋黄色的显示、红色＋月白的显示代表引导信号，列车可以按照 25 km/h 的速度通过信号机。

车辆段的列车信号机为指示列车出入车辆段时使用,信号机显示为开放信号时允许出、入车辆段,信号机显示为关闭信号时禁止出入车辆段。

车辆段的调车信号机是在车辆段内的线路上调动列车、机车车辆时使用的信号机。信号机显示为开放信号时允许列车通过某段进路,信号机显示为关闭信号时禁止列车进入某段进路。

城市轨道交通信号系统除了车辆段和有岔站外,一般不设地面信号机。列车的运行速度不取决于信号的显示,即信号为非速差信号。允许信号的绿灯、黄灯并不表示列车的运行速度,而是代表列车的运行进路是走道岔直股还是弯股。

三、信号机显示颜色的含义

信号机显示采用的颜色主要有红色、绿色、黄色、蓝色和月白色等,根据不同的颜色显示可以表示不同的行车信息,用于指挥列车的运行。

红色——代表停车信号,列车必须在信号机前停车。

绿色——代表列车可以通过信号机,且进路中的所有道岔开通直股(只用于正线显示,车辆段:一般不设绿色显示)。

黄色——代表列车可以通过信号机,且进路中的道岔至少有一组开通弯股(用于正线显示),用于车辆段显示时,只代表列车可以通过信号机,不含道岔开通情况。

蓝色——代表禁止调车信号(用于车辆段显示),列车必须在信号机前停车。

月白色——代表允许调车信号(只用于车辆段),列车可以通过信号机进行调车作业。

问题及防治

信号机灯光显示的颜色、数目及亮灯状态代表不同的行车信息,一定要注意。

扩展知识

城市轨道交通信号系统中,信号机一般安装在线路右侧,特殊情况下经批准可安装在线路左侧,与铁路信号机的安装位置正好相反。同时,为确保司机从机车上能连续确认信号机的显示,防止发生行车事故,均要求各种信号机满足相应的信号显示距离。

任务三 转辙机

任务目标

了解转辙机的作用、结构及主要的类型。

任务分析

重点:了解转辙机的作用和主要类型。

难点:各种转辙机的结构。

知识描述

一、道岔转换与锁闭设备

道岔是列车从一股道转向另一股道的转辙设备,是轨道交通线路中最关键的特殊设备,也是轨道交通信号的主要控制对象之一。道岔的转换和锁闭设备,直接关系行车安全。道岔的操纵分为手动、电动两种方式。手动是作业人员通过道岔握柄在现场直接操纵道岔的转换与锁闭,这种方式在转辙机故障的情况下使用。电动方式,是指由各类动力转辙机转换和锁闭道岔,易于集中操纵,实现自动化。转辙机是重要的信号基础设备,它对于保证行车安全,提高运输效率,起着非常重要的作用。

二、道岔的组成

如图 8.11 所示,道岔有两根可以移动的尖轨,尖轨的外侧是两根固定的基本轨,与尖轨和基本轨相连接的是四根合拢轨。其中两根合拢轨是直的,两根合拢轨是弯的(其曲线叫道岔导曲线)。两根内侧合拢轨相连的是辙叉,由两根翼轨、一个岔心和两根护轮轨组成。护轮轨和翼轨是为固定车轮运行方向用的,因为机车车辆通过道岔时都要经过辙叉的"有害空间S",如果不固定车轮轮缘的前进方向,就有可能酿成脱轨事故。

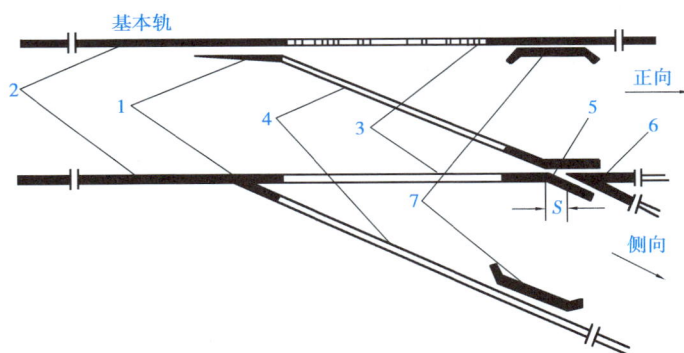

图 8.11　道岔示意图
1—尖轨;2—基本轨;3—直合拢轨;4—弯合拢轨;5—翼轨;6—辙岔心;7—护轮轨

三、道岔的位置和状态

由图 8.12 所示,道岔有两根可以移动的尖轨,一根密贴于基本轨,另一根尖轨离开基本轨,可以同时改变两根尖轨的位置,使原来密贴的分离,而原来分离的密贴,可见道岔有两个可以改变的位置。我们通常把道岔经常所处位置叫作定位,临时根据需要改变的另一位置叫作反位。为改变道岔的两个位置,在道岔尖轨处需要安装道岔转辙设备。

图 8.12 道岔实物图

尖轨与基本轨密贴的程度如何,对行车安全影响很大,比如列车迎着尖轨运行时,如果尖轨密贴程度差,即间隙超过一定限度(大于 4 mm)则车的轮缘有可能撞着或从间隙中挤进尖轨尖端而造成颠覆或脱轨的严重行车事故。因此,对尖轨与基本轨的密贴程度规定有严格的标准。装有转换锁闭器、电动转辙机,电空转辙机的道岔,当在转辙杆处的尖轨与基本轨之间插入厚为 4 mm、宽为 20 mm 的铁板时,应不能锁闭和开放信号。

因道岔有改变状态的可能性,为了防止此种危险的发生,在上述几种道岔转换设备中,都附有锁闭装置,以便把道岔锁在密贴良好的规定状态。

四、转辙机概述

转辙机是道岔控制系统的执行机构,用于道岔的转换与锁闭,以及对道岔所处位置和状态的监督。转辙机是转辙装置的核心和主体,除转辙机本身外,还包括外锁闭装置(内锁闭方式没有)和各类杆件、安装装置,它们共同完成道岔的转换和锁闭。

五、转辙机的作用

转辙机的作用具体如下:
①转换道岔的位置,根据需要转换至定位或反位;
②道岔转至所需位置而且密贴后,实现锁闭,防止外力转换道岔;
③正确地反映道岔的实际位置,道岔的尖轨密贴于基本轨后,给出相应的位置表示;
④道岔被挤或因故处于"四开"(两侧尖轨均不密贴)位置时,及时给出报警及表示。

六、对转辙机的基本要求

对转辙机的基本要求如下:
①作为转换装置,应具有足够大的拉力,以带动尖轨作直线往返运动;当尖轨受阻不能运动到底时,应随时通过操纵使尖轨回复原位。
②作为锁闭装置,当尖轨和基本轨不密贴时,不应进行锁闭;一旦锁闭,应保证不致因车通过道岔时的震动而错误解锁。
③作为监督装置,应能正确地反映道岔的状态。

④道岔被挤后,在未修复前不应再使道岔转换。

七、转辙机的设置

城市轨道交通的正线上一般采用 9 号道岔,车辆段(停车场)一般采用 7 号道岔,通常一组道岔由一台转辙机牵引。如果正线上采用的是 9 号 AT 道岔,其为弹性可弯道岔,需要两点牵引,即一组道岔需两台转辙机牵引。

图 8.13　单点牵引道岔

图 8.14　两点牵引道岔

八、ZD6 系列电动转辙机

ZD6 系列电动转辙机是城市轨道交通信号系统广泛使用的电动转辙机,包括 A、D、E、J 等派生型号。ZD6 型电动转辙机采用内锁闭方式。

ZD6-A 型是 ZD6 系列转辙机的基本型,系列内其他型号的 ZD6 转辙机都是以 ZD6-A 型为基础改进、完善而发展起来的。故以 ZD6-A 型转辙机为重点进行介绍。

ZD6-A 型电动转辙机主要由电动机、减速器、摩擦连接器、主轴、动作杆、表示杆、移位接触器、外壳等组成,如图 8.15 所示。

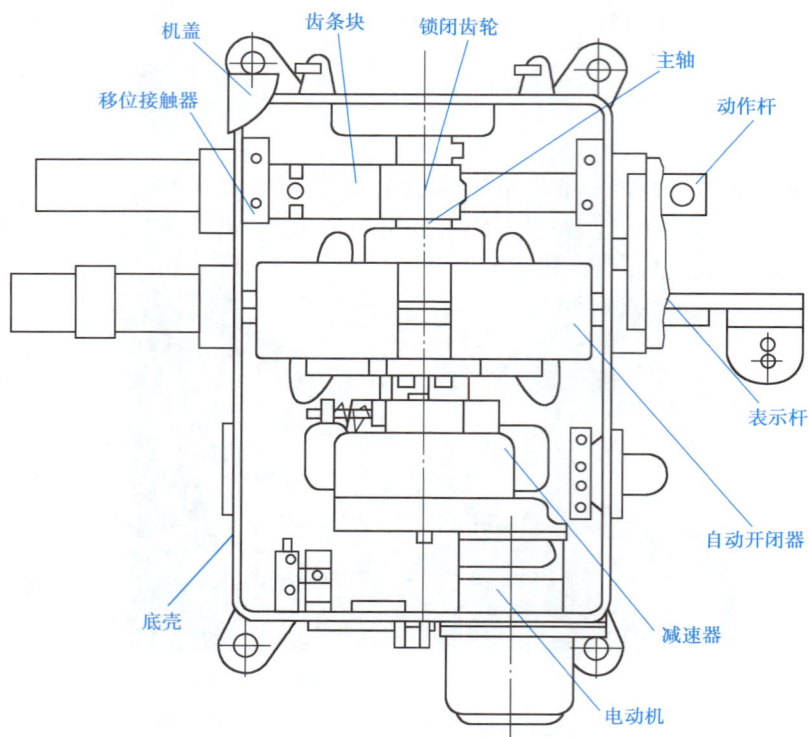

图 8.15　ZD6-A 型电动转辙机结构

图 8.16　ZD6 型电动转辙机实物图

九、S700K 型电动转辙机

1. 简述

S700K 型电动转辙机是从德国西门子公司引进设备和技术,经消化吸收和改进后使用的。其作用是提供转换力,带动外锁闭装置的锁闭杆动作。产品主要特点是采用精密加工的滚珠丝杠传动结构,使用三相交流电动机,接点采用速动开关。

分动外锁闭装置是西安信号厂的产品,是以 S700K 电动转辙机牵引的新型道岔转换锁闭设备——钩式外锁闭装置。其作用是带动道岔尖轨,使尖轨与基本轨密贴,并将尖轨锁闭,道岔动作过程中两尖轨是不同步动作的。产品主要特点是采用垂直锁闭方式。

实践证明,采用可挤型 S700K 转辙机、分动外锁闭装置与 9 号道岔相结合使用是非常稳定和可靠的。S700K 电动转辙机结构先进,工艺精良,不但解决了旧机型固有的电机断线,故障电流变化,接点接触不良,移位接触器跳起和挤切销折断等故障,而且可以做到"少维护,无维修",降低了信号维修人员的工作强度。

2.S700K-C 型电动转辙机的整体结构

S700K-C 型电动转辙机主要由外壳、动力传动机构、检测和锁闭机构、安全装置、配线接口五大部分组成,其结构如图 8.17 所示。

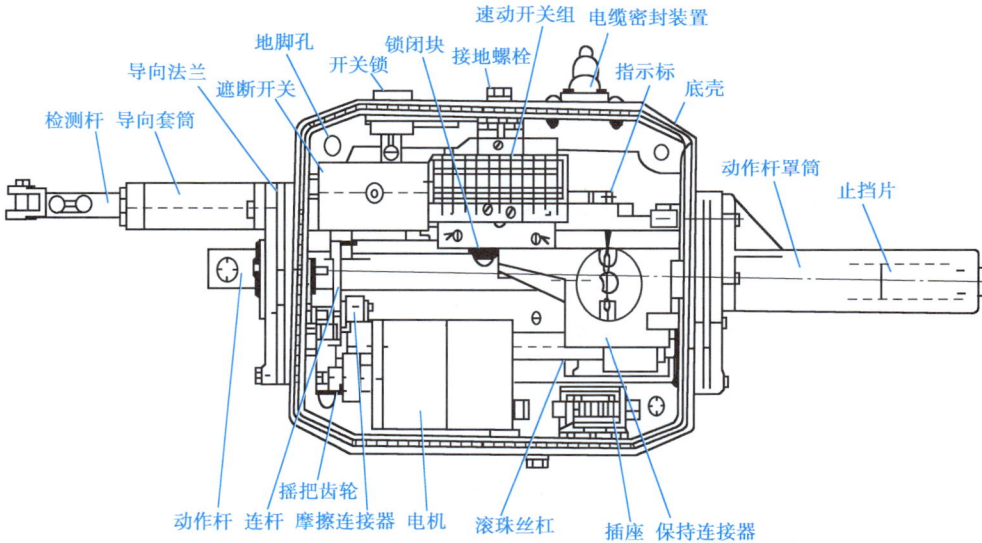

图 8.17　S700K-C 型电动转辙机结构及名称图

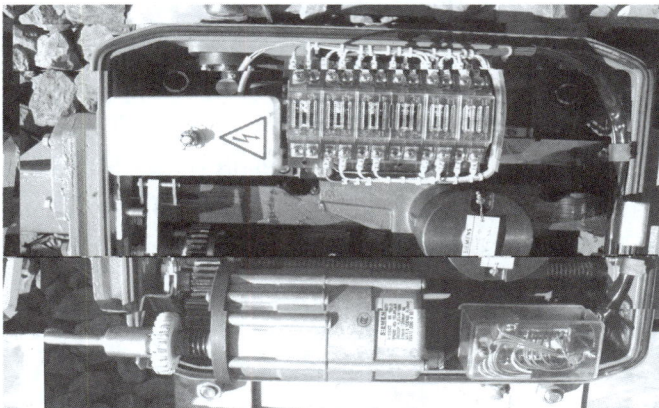

图 8.18　S700K-C 型电动转辙机实物图

问题及防治

转辙机维护质量的好坏直接关系到行车安全,在维护中一定要按标准的检修程序执行,使转辙机达到应有的要求和技术标准。

扩展知识

转辙机除了上面介绍的电动转辙机外,还有电液转辙机和电空转辙机。电液转辙机采用电动机驱动、以液压传动的方式转换道岔,适用于提速道岔。电空转辙机以压缩空气作为动力源,转换时间最短且转换力较大,适用于驼峰调车场道岔。

任务四　轨道电路

任务目标

了解轨道电路的作用、组成和基本原理。

任务分析

重点:了解轨道电路的作用及组成。
难点:基本原理。

知识描述

为了监督轨道区段是否空闲,自动地和连续地将列车的运行和信号联系起来并输出信号给其他信号设备使用,以保证行车的安全。利用钢轨线路和钢轨绝缘构成的电路就是轨道电路。轨道电路是信号系统的重要基础设备,它的性能直接影响行车安全和运输效率。

对于城市轨道交通来说,轨道电路不仅用来检测列车是否占用,还要传输 ATP 信息。所以除车辆段内可采用 50 Hz 相敏轨道、25 Hz 相敏轨道等电路外,正线需要采用音频轨道电路。为便于牵引电流流通,提高线路性能,方便维修,音频轨道电路是无绝缘的。音频轨道电路多采用数码调制方式。数码调制与模拟信号调制相似,也是用较高频率的正弦信号作为载波,但调制信号是数字基带信号。正线多采用高可靠性、多信息量的数字编码式音频轨道电路,也称数字轨道电路。

一、轨道电路概述

虽然经过 100 多年的发展与技术进步,轨道电路比它的原始发明复杂了许多。但是,在我国及世界大多数轨道线路,轨道电路仍是主要的列车位置检测手段,并且它的基本原理并没有改变。

轨道电路是利用一段铁路线路的钢轨为导体构成的电路,用于自动、连续检测这段线路是否被机车车辆占用,也用于控制信号装置或转辙装置,以保证行车安全的设备。

二、轨道电路的组成

　　轨道电路的组成如图8.19所示。

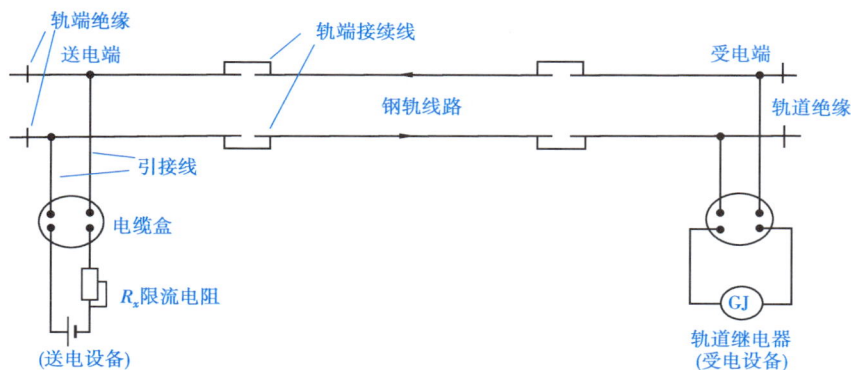

图 8.19　轨道电路的组成

　　图中一端为送电端,设置送电设备。送电设备有电池(为轨道电源)和防止过载电流的限流装置。另一端为受电端,设置受电设备,受电设备主要是轨道继电器。一般轨道电路是由以下3个主要部分组成的。

　　①送电端:主要有电源设备、限流装置和引接线;

　　②线路:主要为钢轨,轨端接续线和轨道绝缘;

　　③受电端:主要有引接线和轨道继电器。

　　轨道电路中轨道绝缘节实物、轨端接续线实物、轨道继电器实物如图8.20—图8.22所示。

图 8.20　轨道绝缘节实物图

图 8.21　轨端接续线实物图

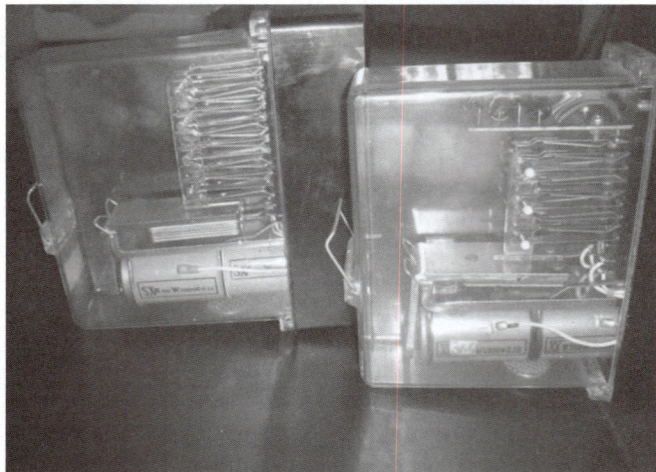

图 8.22　轨道继电器实物图

送电端(又称电源端或始端)由轨道电源和限流器等组成。根据轨道电路的类型不同,轨道电源可以用铅蓄电池浮充供电(或其他直流电源),也可以用轨道变压器或信号发生器供电。限流器一般可以用电阻器或电抗器构成,它的作用是保护电源设备,当轨道电路被机车车辆分路时,防止电流过大而损坏电源,并保证在列车占用轨道时,轨道继电器能可靠地落下,对某些交流轨道电路而言,它还兼有相位调整的功效。轨道电路使用电子设备时,一般都不需要限流器。

钢轨线路是由轨条、轨端接续线(又称轨端连接线或导接线)和钢轨绝缘等组成。为了减少轨条连接处的接触电阻,采用了轨端接续线。钢轨绝缘安装于轨道电路分界处,是为了分隔或划分轨道回路而装设的。也有不装钢轨绝缘的,这时根据轨道电流衰减到一定程度时即作为轨道电路的分界处。当然,这样的分界处的地点是比较模糊的。

受电端(又称继电器端或终端)的主要设备是轨道继电器,用它接收轨道信号电流来反映轨道电路的工作状态。电子轨道电路的接收设备一般都采用电子器件,其作用和轨道继电器相同。送、受电端的设备,都是通过引接线(钢丝绳)接向钢轨的。两个绝缘节之间的钢轨线路(即从送电端到受电端之间),称为轨道电路的控制区段,也就是轨道电路的长度。轨道电路的长度要受到轨道电路工作状态的制约,各种类型的轨道电路长度不同。

三、轨道电路的基本原理

最简单的轨道电路的结构形式如图 8.23 所示。平时,列车未进入轨道电路,即线路空闲时,电流从轨道电路电源正极→钢轨→轨道继电器→另一股钢轨电源负极,轨道继电器中有电流,使继电器保持在吸起状态,接通信号机的绿灯电路,允许列车进入轨道电路,如图 8.23 所示。当列车进入轨道电路区段内,即线路被占用时,电流同时流过机车车辆轮对和轨道继电器线圈,由于轮对电阻比轨道继电器线圈电阻小得多,使电源输出电流显著加大,限制电流(限流器)上的压降随之也增大,两根钢轨间的电压降低。因而流经轨道电路继电器线圈的电流减小到继电器的落下值,使轨道继电器释放衔铁,用继电器的后接点接通信号机的红灯电路,向后续列车发出停车信号,以保证列车在该轨道电路区段内的运行安全,如图 8.24 所示。

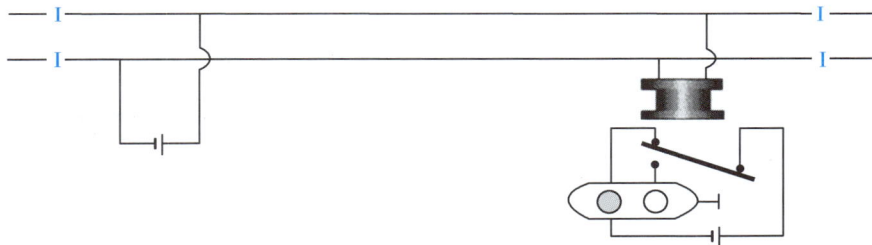

图 8.23　允许列车进入轨道电路

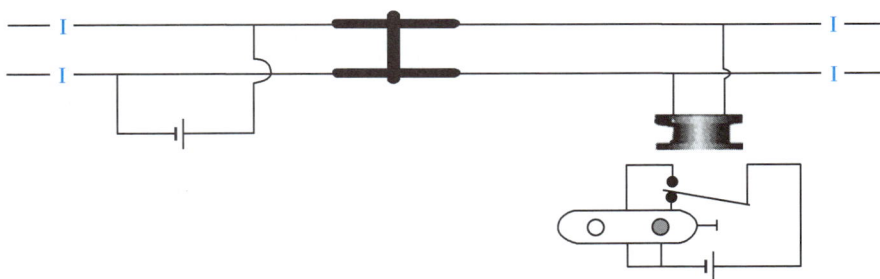

图 8.24　列车进入轨道电路区段内

从以上分析可见,轨道电路能否正常工作,直接关系到行车安全和行车效率,为此对轨道电路提出了几个要求:

①当轨道电路无列车占用时,轨道继电器应可靠吸起,保持正常工作;

②轨道电路在任何一点被列车占用时,即使只有一根车轴进入轨道电路,轨道继电器的衔铁应可靠落下。

③当轨道电路设备发生故障(如钢轨折断、绝缘破损等)时,轨道继电器应立即失磁,使之关闭信号。

四、轨道电路的作用

轨道电路的第一个作用是监督列车的占用。利用轨道电路监督列车在区间或列车和调车车列在站内的占用，是最常用的方法。由轨道电路反映该段线路是否空闲，为开放信号、建立进路或构成闭塞提供依据，还利用轨道电路的被占用关闭信号，把信号显示与轨道电路是否被占用结合起来。

轨道电路的第二个作用是传递列车信息。例如移频自动闭塞利用轨道电路中传递不同的频率来反映前行列车的位置，决定各信号机的显示，为列车运行提供行车命令。如图8.25所示。轨道电路中传送的行车信息，还为列车运行自动控制系统直接提供控制列车运行所需要的前行列车位置、运行前方信号机状态和线路条件等有关信息，以决定列车运行的目标速度，控制列车在当前运行速度下是否停车或减速。即轨道电路广泛作为传递行车信息的通道。

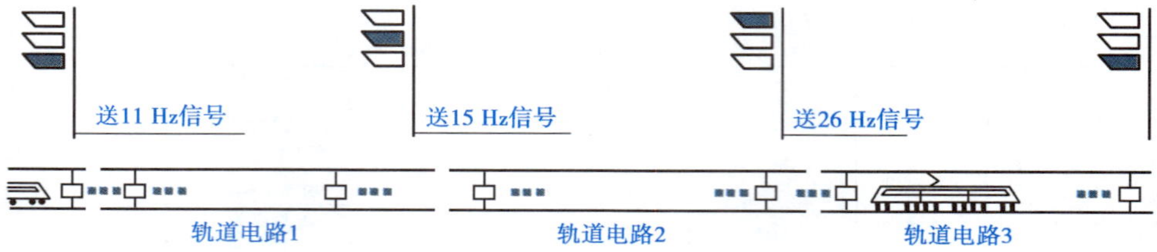

送11 Hz信号　　　　送15 Hz信号　　　　送26 Hz信号

轨道电路1　　　　　轨道电路2　　　　　轨道电路3

图8.25　传递列车信息

五、50 Hz 相敏轨道电路

50 Hz 相敏轨道电路用于城市轨道交通的车辆段内，包括继电式和微电子式。

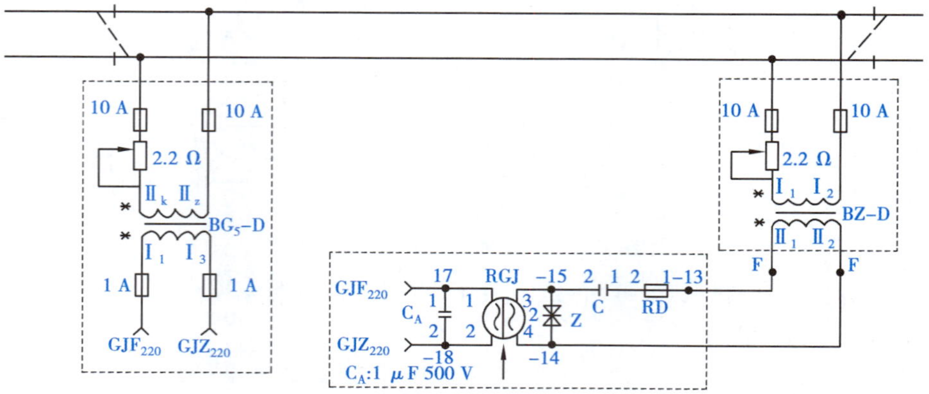

图8.26　50 Hz 相敏轨道电路原理图

1.50 Hz 相敏轨道电路的组成

50 Hz 相敏轨道电路由送电端、受电端、钢轨绝缘、钢轨引接线、钢轨接续线、回流线以及钢轨组成。

送电端包括轨道变压器、变阻器以及断路器（或熔断器），安装在室外的变压器箱内。轨道电源从室内通过电缆送至送电端。

受电端包括中继变压器、变阻器、断路器（或熔断器）、轨道继电器、电容器、防雷元件等。其中中继变压器、变阻器及断路器（或熔断器）安装在室外的变压器箱或电缆盒内，其他安装在室内的组合架上。

送、受电端视相邻轨道电路的不同组合，有双送、一送一受、双受以及单送、单受等不同情况，除双受、单受可采用电缆盒外，其他情况必须采用变压器箱。变压器箱或电缆盒用钢轨引接线接向钢轨。

钢轨接续线用来连接相邻钢轨，以减小钢轨接头处的接触电阻。

钢轨绝缘设于轨道电路分界处，用以隔离相邻的轨道电路。回流线连接相邻的不同侧钢轨，为牵引回流提供越过钢轨绝缘节的通路。

2.50 Hz 相敏轨道电路的工作原理

50 Hz 相敏轨道电路为有绝缘双轨条轨道电路，牵引回流为单轨条流通。

电源屏分别供出 50 Hz 轨道电源和局部电源。送电端轨道电源经轨道变压器降压后送至钢轨。受电端由钢轨来的电压经中继变压器升压后送至轨道继电器 RGJ 的轨道线圈。轨道继电器 RGJ 的局部线圈接局部电源。

当轨道线圈和局部线圈电源满足规定的相位和频率要求时，RGJ 吸起，轨道电路处于调整状态，表示轨道电路空闲。列车占用时，轨道电源被分路，RGJ 落下。若频率、相位不符合要求时，RGJ 也落下。这样，50 Hz 相敏轨道电路就具有相位鉴别能力，即相敏特性，抗干扰性能较高。

六、无绝缘轨道电路简介

无绝缘轨道电路多采用谐振式。早期的无绝缘音频轨道电路采用短路连接式。该轨道电路通过轨道区段两侧的短路钢条用来确保相邻轨道电路区段互不干扰，并使两条钢轨中的牵引电流平衡。该轨道电路在接收端存在"死区"，具有一定的危险性。

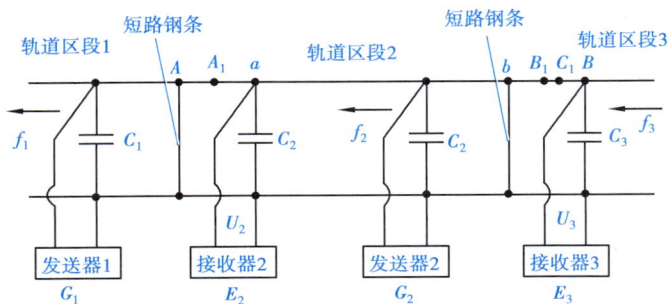

图 8.27　无绝缘音频轨道电路图

为了克服上述缺陷，目前一般采用 S 形连接音频轨道电路。

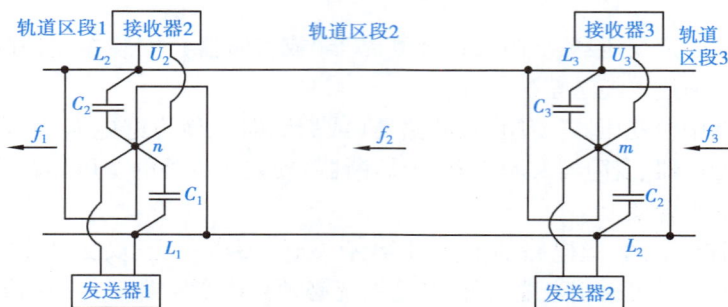

图 8.28　改进型无绝缘音频轨道电路图

该轨道电路把短路钢条联成"S"形。发送器和接收器的一个输入、输出端接在"S"形导线的中间。电容器 C_1 与钢轨 L_1 组成谐振于区段 1 音频频率 f_1 的并联谐振电路；C_2 与 L_2 组成谐振于区段 2 音频频率 f_2 的并联谐振电路；C_3 与 L_3 组成谐振于区段 3 音频频率 f_3 的并联谐振电路。

问题及防治

在轨道电路的维护中，一定要定期对各项技术指标进行检查测试，才能最大限度地保证行车的安全和效率。

扩展知识

由于有绝缘轨道电路在运营中其轨端绝缘节故障率较高，且维护的劳动强度大，因此在高铁和城市轨道交通中广泛使用无绝缘轨道电路，它与有绝缘轨道电路的最大区别是相邻区段使用电气绝缘节而非机械绝缘节。

任务五　计轴器

任务目标

了解计轴设备的作用、组成和简单原理。

任务分析

重点：了解计轴设备的作用和组成。
难点：基本原理。

知识描述

计轴设备是一种通过检测和比较进入和离开轨道区段的列车车轮轮轴数，来判断相应轨道区段的空闲/占用状态，并将判断的结果经继电器输出。计轴设备的最大优势在于它与轨道和道床状况的无关性,这使其不仅具备检查长大区间的能力,而且也解决了长期因道床潮湿和钢轨生锈影响行车安全运行的困扰。

计轴设备具有故障—安全性能,当设备断电、重启后,所有区段会设置为占用状态;当列车驾驶出区间而计轴数比较结果不为零(可能为正数也可能为负数),此时该区段仍会处于占用状态。列车无法出清。需要由行车人员确认该区间无车后,先对区段进行预复位,然后正常通过一列列车,才能使区段空闲。

计轴设备装设在车辆段(车场)与正线交接点处和采用的某种形式的列车自动控制系统的轨道区段上(如轨道电路、轨间电缆、无线通信等),作为主设备故障情况下的备用设备使用。比较列车驶入和驶出某段线路的轴数,作为检查区段的安全设备,其作用和轨道电路等效。在各种形式的列车自动控制系统设备的轨道区段上发生故障时,可用计轴设备检查列车的位置,构成"降级"信号。

在采用的某种形式的列车自动控制系统正常使用的情况下,计轴设备也向车站控制室和控制中心发送一些信息,供车站控制室和控制中心使用。

计轴设备缺点在于无"记忆性"。轨道区段有车占用情况下,当停电再恢复供电时,计轴信息会丢失,造成轨道区段无车的假象。使用计轴设备时,一定要采用不停电措施或者其他手段以保证运行安全。

一、计轴设备的原理

计轴设备是利用轨道传感器、计数器来记录和比较驶入和驶出轨道区段的轴数,以此确定轨道区段的占用或空闲。其工作原理:当列车驶入,车轮进入轨道传感器作用区时,轮对经过传感器磁头时,向驶入端处理器传送轴脉冲,轨道区段驶入端处理器开始计轴,驶入端处理器首先判定运行方向,确定对轴数是累加计数还是递减计数。列车进入轨道区段,驶入端计数器对轮轴进行累加计数,并发出区段占用信息,同时,驶入端处理器经传输线向驶出端处理器发送驶入轮轴数,列车全部通过驶入端计轴点时,停止计数。当列车到达区段驶出端计轴点时,由于列车是驶离区段,驶出端计数器进行减轴运算,同时再传送给驶入端处理器,列车全部通过后,两站的微机同时对驶入区间和驶离区间的轮轴数进行比较运算,两站一致时,证明进入区段的轮轴数等于离开区段的轮轴数,可以认为区段已经空闲,发出区间空闲信息表示,当无法证明进入区段的轮轴数等于离开区段的轮轴数,则认为区间仍将处于占用状态。

二、计轴设备组成

计轴设备由室内和室外设备两部分组成,如图8.29所示。室内设备有运算器、继电器等,或者采用微型计算机构成主机系统。室外设备有轨道传感器和电子连接箱。

计轴设备主要组成部分如下:

轨旁计轴点:主要用于产生车轴脉冲,包括轮轴传感器和电气连接箱;

信息传输部分:用来传递信息,包括传输线、防雷及线路连接设备;

计轴处理部分:主要功能是对计轴点产生的车轴脉冲进行计数和确定列车运行方向,比较计轴点入口点和出口点所记轴数及记录计数结果。包括计数、比较、监督、表示等装置;

电源:提供可靠不间断的电能。

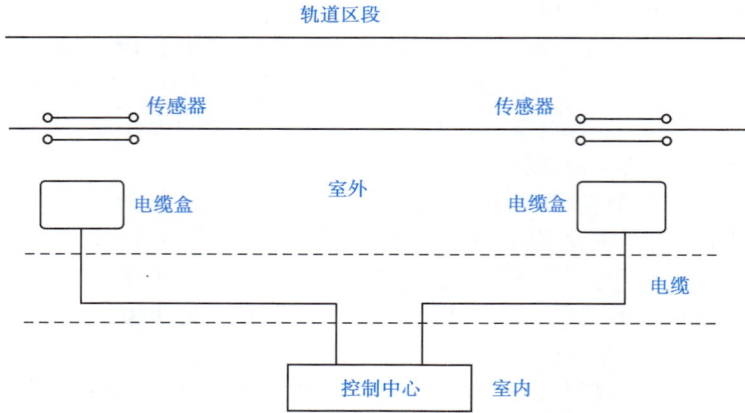

图 8.29　计轴设备的组成

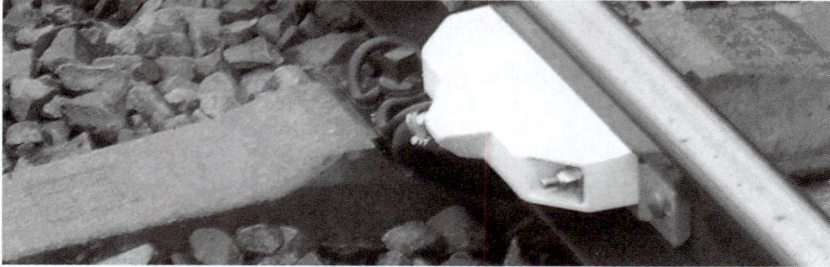

图 8.30　计轴实物图

问题及防治

在维护中要定期检查计轴磁头的安装是否牢固以及有无外界干扰磁头的情况。

扩展知识

西门子 Az S(M)350 计轴设备由于其高稳定性被广泛用于城市轨道交通信号系统中,它具有如下特点:检测区段长度可达 42 km;不受枕木类型及和道床电阻的影响;适用所有类型的机车和车辆;通过采用模块化设计和免维修的双置轮对传感器、运算单元,使其具有较高的可用性;通过在运算单元中采用标准化电路板,以达到低成本的库存;在计轴柜中可采用 OEM 产品或独立安装于框架上。

任务六　信标及应答器

任务目标

了解信标及应答器的种类和基本作用。

任务分析

重点：了解信标及应答器的种类和作用。

难点：设备的工作原理。

知识描述

一、信标定位

信标是安装在线路沿线反映线路绝对位置的物理标志。信标分有源信标和无源信标两种，有源信标可以实现车地的双向通信，无源信标类似于非接触式 IC 卡，在列车经过信标所在位置时，车载天线发射的电磁波激励信标工作，并传递绝对位置信息给列车。

城市轨道交通系统中所使用的信标大部分为无源信标，安装在轨道沿线。信标的作用是为列车提供精确的绝对位置参考点（也可以提供线路的坡度、弯度等信息）。由于信标提供的位置精度很高，达厘米量级，常用信标作为修正列车实际运行距离的手段。采用信标定位技术的信息传递是间断的，即当列车从一个信息点获得地面信息后，要到下一个信息点才能更新信息，若其间地面情况发生变化，就无法立即将变化的信息实时传递给列车，因此，信标定位技术往往作为其他定位技术的补充手段。

随着列车运行速度不断提高，应答器设备成为高速列车控制系统中的重要基础设备，也是信号系统引入的新设备。

二、应答器

设备用于向列车控制系统传送线路基本参数、线路速度、特殊定位、列车运行目标数据、临时限速、车站进路等固定和实时可变的信息。

应答器地面设备主要由以下设备组成。

1. 无源应答器

无源应答器存储固定信息，当列车经过无源应答器上方时，无源应答器接收到车载天线发射的电磁能量后，将其转换成电能，使地面应答器中的电子电路工作，把存储在地面应答器中的数据循环发送出去，直至电能消失（即车载天线已经离去）。平常处于休眠状态。

2. 有源应答器

有源应答器通过电缆与地面电子单元（LEU）连接，可实时发送 LEU 传送的数据报文。

当列车经过有源应答器上方时，有源应答器接收到车载天线发射的电磁能量后，将其转换成电能，使地面应答器中发射电路工作，将 LEU 传输给有源应答器的数据循环实时发送出去。直至电能消失（即车载天线已经离去）。平常处于休眠状态。

3. 地面电子单元

地面电子单元（简称 LEU）是一种数据采集与处理单元，根据外界变化的条件，选择存储在 LEU 中的其中一条报文传送给地面有源应答器进行发送，或将外部发送的应答器报文直接向有源应答器传送。

4. 报文读写工具 BEPT

报文读写工具 BEPT 是用于向有源和无源应答器、LEU 写入报文，并对其进行检测和校验的工具。

图 8.31　信标及应答器实物

问题及防治

设备安装前，必须确认表明的安装地点与实际安装地点一致；维护设备时严格按工作标准执行。

扩展知识

北京全路通信信号研究设计院于 2004 年承担了铁道部"大容量点式应答器系统的研究"项目，并与 ALSTOM 公司合作，向我国既有线 200 km/h 提速区段提供了大量的应答器地面设备。大容量点式应答器系统将成为客运专线、高速铁路中不可缺少的基础设备。

任务七　区间闭塞设备

任务目标

了解闭塞的含义及闭塞设备的种类和基本原理。

任务分析

重点：了解闭塞的含义及闭塞设备的种类。

难点：闭塞设备的工作原理。

知识描述

一、概述

闭塞设备是用来保证列车在区间内运行安全，并提高区间通过能力的区间信号设备。

在单线铁路上，为防止一个区间内同时进入两列对向运行的列车而发生正面冲突，以及避免两列同向运行的列车（包括复线区间）发生追尾事故，轨道交通上规定区间两端车站值班员在向区间发车前必须办理的行车联络手续，叫作行车闭塞（简称闭塞）手续。用于办理行车闭塞的设备称为闭塞设备。闭塞设备必须保证一个区间内，在同一时间里只能允许一个列车占用这一基本原则的实现。

行车闭塞制式大致经历了：电报或电话闭塞—路签或路牌闭塞—半自动闭塞—自动闭塞的发展过程。

闭塞方法主要有下列两种：

1. 半自动闭塞

此种闭塞需人工办理闭塞手续，列车凭出站信号机的进行显示发车，但列车出发后，出站信号机能自动关闭，所以称为半自动闭塞。

2. 自动闭塞

通过列车运行及闭塞分区的情况，通过信号机可以自动变换显示，列车凭信号机的显示行车，这种闭塞方法完全是自动进行的，故称为自动闭塞。

随着列车速度的提高，密度的加大，其闭塞方法则采用列车运行间隔自动调整。这种制式不需要将区间划分成固定的若干闭塞分区，而是通过地面处理机提供的与前面列车的间隔距离等信息，控制列车速度，达到自动调整运行间隔，使之保持一定的距离。这种方式可以提高区间内的行车密度，大幅度提高区间通过能力，是今后发展的方向。

二、半自动闭塞

半自动闭塞是我国铁路广泛采用的一种闭塞方式。采用半自动闭塞时，列车占用区间的行车凭证是根据出站信号机（线路所为通过信号机）的进行显示。出站信号机不能任意开放，它受半自动闭塞机的控制。只有当区间空闲，经过办理手续后，出站信号机才能开放。还应注意，出站信号机既要防护列车区间运行的安全，又要防护出发列车在站内运行的安全。所以它既要受闭塞机的控制，又要受到车站联锁设备的控制，即受到双重设备控制。

1. 半自动闭塞设备

（1）闭塞机

采用半自动闭塞的区间两端车站上各设一台闭塞机，一段轨道电路和出站信号机，它们之间用通信线路相连接,用来控制出站信号机并实现相邻车站之间办理闭塞。

半自动闭塞设备的组成框图如图 8.32 所示。

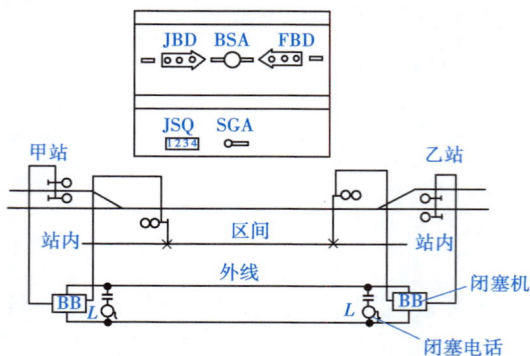

图 8.32　半自动闭塞设备的组成框图

闭塞机包括电源、继电器、操纵按钮、表示灯和电铃等。

（2）出站信号机

出站信号机是指示列车能否由车站开往区间的信号机,它受到闭塞机和车站联锁设备的双重控制。

（3）轨道电路

轨道电路应设在车站进站信号机内的适当地点,用以监督列车的出发和到达,并使双方闭塞机的接发车表示灯有相应的表示。专用轨道电路的长度一般不少于 25 m。

2. 工作原理

现在用图 8.32 为例,来说明半自动闭塞的基本工作原理。现甲乙区间空闲,由甲向乙站发车。甲站值班员用接在通信线路中的专用电话 L 向乙站联系请求发车,乙站值班员接受请求后,甲站值班员可按下闭塞按钮,此时甲站发车表示灯亮黄灯,乙站的接车表示灯也亮黄灯。乙站值班员按压闭塞按钮,此时乙站接车表示灯由黄灯变为绿灯,甲站发车表示灯也由黄灯变为绿灯。甲站即可办理发车进路,开放出站信号机,列车从甲站出发。当列车驶入轨道电路区段后,甲站发车表示灯由绿灯变为红灯,出站信号机自动关闭。乙站接车表示灯也由绿灯变为红灯。此时甲出站信号机不能再次开放,当然甲站就不能再向乙站发车了,由于区间处于闭塞,乙站也不能向甲站发车,这也就保证了该区间只准许有一列列车运行。

乙站为接车站,接到甲站已发车信息后,可将接车进路办妥并开放进站信号机。当列车接近乙站驶入轨道电路区段时,乙站发车表示灯与接车表示灯均亮红灯,表示列车到达。乙站值班员确认列车完整到达停妥后,将接车手柄恢复定位（进站信号机恢复定位）,拔出闭塞按钮,表示灯即熄灭,乙站闭塞设备复原。甲站铃响,闭塞设备复原。就可以重新再办理发车了（注:闭塞机类型不同办理略有差异）。

3. 半自动闭塞的主要优缺点

采用半自动闭塞时,由于出站信号机受到对方站闭塞机的控制,因而在保证行车安全方面有一定的优越性。但是,当线路的运量不断增大,要求进一步提高区间通过能力时,半自动闭塞也有它自己的局限性;而且,当区间线路发生故障,钢轨折断时,半自动闭塞设备也不能做出反应并由故障导向安全。因此,在一定条件下,又必须采用自动闭塞来代替半自动闭塞。在我国铁路上，在单线区段，应采用半自动闭塞，繁忙区段可根据情况采用自动闭塞。

三、自动闭塞

自动闭塞是由运行中的列车自动完成闭塞任务的一种设备。将两个相邻车站之间的区间正线划分成若干个小段——闭塞分区(其长度一般为 1 200 ~ 1 300 m)，每个分区的起点设置一架通过色灯信号机进行防护。由于闭塞分区内钢轨上装设轨道电路，因而能够正确反映列车的运行情况和钢轨是否完整，并及时传给通过信号机显示出来，向接近它的列车指示运行条件，行车安全有了进一步的保证。因为通过色灯信号机的显示是随着列车的运行通过列车自动控制的，不需要人工操纵，故称为自动闭塞。

目前，我国铁路上采用的自动闭塞主要有单线双向自动闭塞(在线路两侧均设有通过色灯信号机)和复线单向自动闭塞(每条线仅一侧设信号机)两种。

1. 自动闭塞基本原理

目前，我国铁路上广泛采用的是三显示自动闭塞，它用红、黄、绿三种颜色的灯光来指示列车运行的不同条件。图 8.33 是复线三显示自动闭塞的基本原理图。

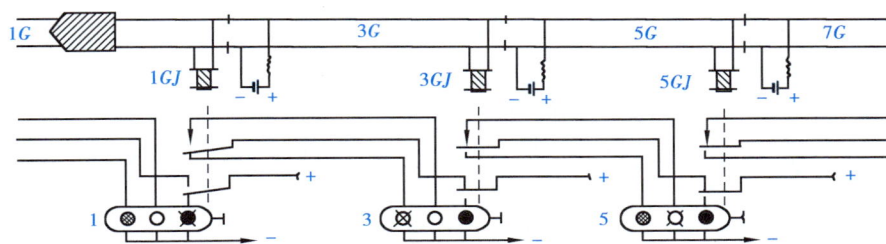

图 8.33　复线三显示自动闭塞的原理原理图

由图 8.33 所示可见，每上闭塞分区构成一个独立的轨道电路。当分区内无列车占用时，轨道继电器有电吸起。当列车在闭塞分区 $1G$ 内运行时，由于轨道继电器 $1GJ$ 被列车的轮对分路，它的前接点断开，继电器接通后接点，使 1 号信号机显示红灯。表示该闭塞分区有车占用。$3G$ 内无车，使轨道继电器 $3GJ$ 有电吸起，又因 $1GJ$ 接点落下，使 $3GJ$ 前接点闭合而接通 3 号信号机的黄灯电路，使 3 号信号机亮黄灯，表示它所防护的闭塞分区空闲，要求后行列车注意运行，前方只有一个闭塞分区空闲。5 号通过信号机由于轨道继电器 $5GJ$、$3GJ$ 都在吸起状态，遇过 $5GJ$ 和 $3GJ$ 的前接点闭合绿灯电路而亮绿灯，准许后行列车按规定速度运行，前方至少有两个闭塞分区空闲，其余的以此类推。

当线路上的钢轨折断时，由于轨道电路断电，继电器失磁释放衔铁，使信号机显示红灯所以能更好地保证行车安全。

随着列车质量、速度和密度的不断增加，三显示自动闭塞也已不能适应需要，在我国运输繁忙的铁路线上，将逐步采用四显示自动闭塞。此外，在今后修建的高速铁路上，也将采用这种闭塞方式。

2. 四显示自动闭塞

列车在区间最好能一直在绿灯下运行，避免遇到黄灯而影响速度。当采用三显示自动闭塞时，两列车至少要间隔两个闭塞分区才能保证在绿灯下运行；四显示就要间隔三个闭塞分区,其闭塞分区长度,定为适应低速列车的制动距离,并在三显示自动闭塞红、黄、绿三种灯光的基础上再增加一种黄绿显示,如图8.34所示。

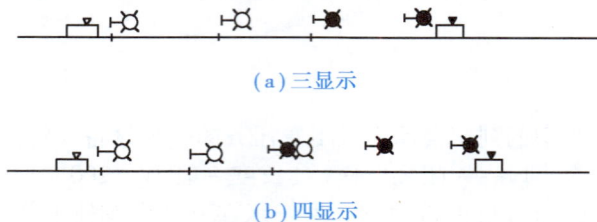

(a) 三显示

(b) 四显示

图 8.34　自动闭塞显示数目与追踪间隔

四显示自动闭塞能预告列车前方三个闭塞分区的状态。要求高速列车按规定速度越过黄绿显示的通过信号机后必须减速,以便使列车在黄灯显示下运行时不大于黄灯所要求的允许速度,保证能在显示红灯的信号机前停车。而对于低速运行的列车来说,越过黄绿显示的通过信号机时,则不必减速。实际上对于低速列车来说黄绿显示的意义相当于绿灯显示,而对于高速列车来说是将两个闭塞分区作为一个制动距离来对待,将黄绿显示视为注意信号,在越过黄绿灯后准备在红灯前停车。这样可以解决线路上以不同速度运行的列车的行车要求。

3. 自动闭塞的主要优缺点

在自动闭塞区段中,相邻两个车站之间的正线划分成许多闭塞分区,可以同时有两个以上的同向列车占用,比其他闭塞制度提高了区间通过能力。同时,由于轨道上全部装设了轨道电路,当区间有列车占用或钢轨折断时,都可以自动地使信号机显示停车信号,能够更好地保证列车在区间内运行的安全。

自动闭塞设备虽然比较先进,但比其他闭塞设备的初期投资大得多,因此,应当根据具体情况选用。在我国铁路上,复线区段应采用自动闭塞。

问题及防治

闭塞设备直接涉及列车在区间运行的安全,在维护中一定要按标准检修程序进行。

扩展知识

从闭塞制式的角度来看,装备列车运行控制系统的自动闭塞可分为三类:固定闭塞、准移动闭塞(含虚拟闭塞)和移动闭塞。

任务八　联锁概述

任务目标

了解联锁的含义和基本内容、联锁设备的种类。

任务分析

重点：了解联锁的含义和基本内容。

难点：如何实现联锁。

知识描述

城市轨道交通作为人们出行交通的首选，也是由一个庞大的系统所组成的，分为很多子系统，如可应用在轨道交通行业中，实现环境和设备监控系统（EMCS）、火灾报警系统（FAS）、气体灭火系统（FES）、电力监控系统（SCADA）、自动售检票系统（AFC）、调度监督（DSS）系统等。其中DSS系统是最为重要的系统，DSS是一个分布式系统，包括调度中心子系统、电务维护子系统、通信网络子系统和车站子系统。DSS的核心系统就是铁路信号联锁系统。该系统的可靠性、安全性、稳定性和实时性决定了列车运行的安全性。

在城市轨道交通运营的车站上，为了保证机车车辆和列车在进路上的安全，有效利用站内线路，高效率地指挥行车和调车，改善行车人员的劳动条件，利用机械、电气自动控制和远程控制、计算机等技术和设备，使车站范围内的信号机、进路和进路上的道岔相互具有制约关系，这种关系称为联锁。为完成联锁关系而安装的技术设备称为联锁设备。

联锁是城市轨道交通车站联锁的简称，是城市轨道交通信号设备的重要组成部分。

一、联锁的基本内容

防止建立会导致机车车辆相互冲突的进路；必须使列车或调车车列经过的所有道岔的位置均与进路开通方向相符合；必须使信号机的显示与所建立的进路相符合。

进路上各区段空闲时才能开放信号；进路上有关道岔在规定位置时才能开放信号；敌对信号未关闭时，防护该进路的信号机不能开放。同时这三点也是联锁最基本的三个技术条件，只有满足了这三点条件，联锁才能成立，列车进路与调车进路才能安全进行。

二、联锁设备

控制车站的道岔、进路和信号，并实现它们之间的联锁关系的设备，称为联锁设备。

联锁设备是轨道交通的重要信号设备，用来在车站和车辆段实现联锁闭塞关系，建立进路，控制道岔的转换和信号机的开放，以及进路解锁，以保证行车安全。联锁设备分为正线车站联锁设备和车辆段联锁设备。联锁设备早期为机械联锁，后来发展成为继电器集中联锁。随着计算机、通信、控制3C技术的快速发展，计算机联锁已经成为联锁设备的主要发展方向。

1. 联锁设备应满足

①开放信号时，要求该进路上有关的道岔必须处于开通该进路的位置。

②开放信号时，要求该进路上没有车占用。

③开放信号时，要求该进路有关的敌对信号没有开放。

④开放信号时，要求该进路上有关的道岔不能扳动，其敌对信号机不能开放。

2. 联锁设备原理图

联锁设备原理如图 8.35 所示。

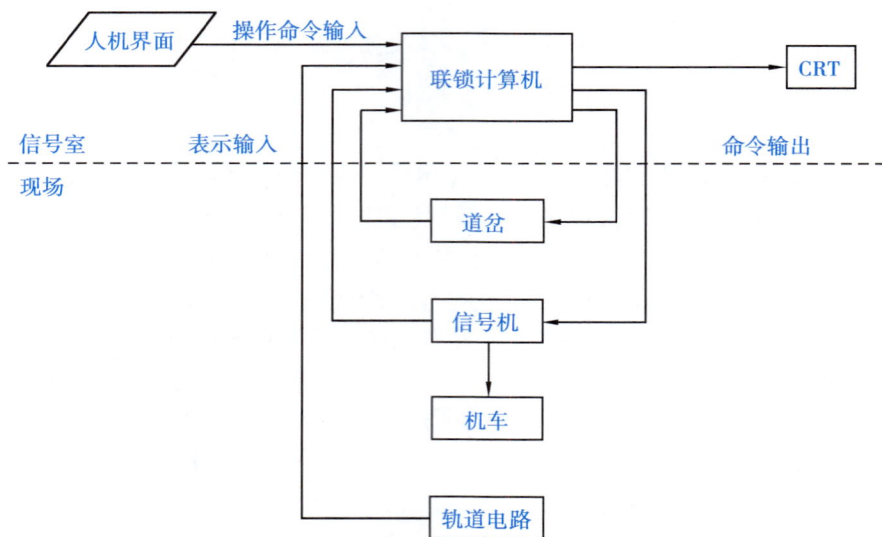

图 8.35　联锁设备原理图

三、电气集中联锁系统的概述

在线路上把许多道岔、进路和信号,用电气化方法由一个地方集中控制和监督,并实现它们之间联锁的设备,称为电气集中联锁设备,简称电气集中。

电气集中是实现轨道交通现代化和自动化的基础设备之一,因此要求它必须更加安全可靠。当设备发生故障时,也必须使其后果导向安全侧(如信号机由绿灯导向黄灯,由黄灯导向红灯,进路由解锁导向锁闭,均为导向安全侧),叫作故障-安全。故障-安全原则是电气集中设计时必须遵守的重要原则之一。

1. 电气集中联锁的组成

6502 电气集中的组成,如图 8.36 所示。

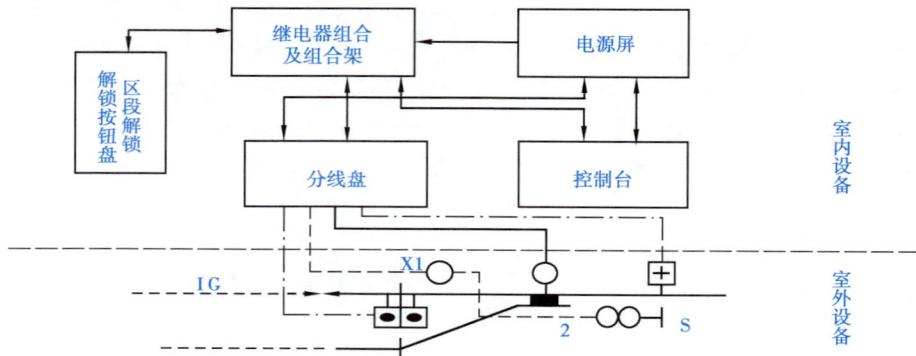

图 8.36　电气集中的组成示意图

图 8.36 中可看出信号楼(或行车室)内设有控制台、区段人工解锁按钮盘、继电器组合及组合架、电源屏和分线盘;室外设有色灯信号机、电动转辙机、轨道电路和电缆线路等。

用室外的色灯信号机给出各种信号显示;用电动转辙机转换道岔;用轨道电路监督进路是否空闲。室外的导线一般用地下电缆,分信号电缆〈虚线〉、道岔电缆〈实线〉和轨道电缆〈单点画线为供电用,双点画线为受电用〉。

继电联锁设备由室内设备和室外设备两部分组成。室内设备主要有控制台、继电器组合及组合架、分线盘和电源屏等;室外设备主要有色灯信号机、电动转辙机、轨道电路及电缆线等。

2. 继电联锁的作用原理

信号操纵人员(信号员)通过控制台将控制信号机和电动转辙机开放或关闭的指令,通过连结继电器室内的电缆传送到继电器室内的继电器组合上,继电器组合上的继电器接收到指令(有或无电流)后,使继电器的衔铁被吸动或复原,继电器动作的信号经分线盘由电缆传送到相应的信号机和控制相应道岔动作的电动转辙机,使信号机处于开放或关闭状态,使道岔处于定位或反位状态,从而使进路上的信号机、道岔与相应的进路实现联锁。

图 8.37　电气集中联锁继电器组合架实物

图 8.38　电气集中联锁控制台实物

四、计算机联锁系统概述

1.计算机联锁系统的功能及特点

计算机联锁是用微型计算机的软硬件和其他一些电子、继电器器件组成的,具有故障-安全性能的实时控制系统。其安全可靠、处理速度快,与继电集中联锁相比具有十分明显的技术经济优势。无论在安全性、可靠性、经济性等方面都是继电集中联锁无法比拟的,而且设计、施工、维修和使用大为方便,是一套全新的系统设备。整体层次结构如图8.39所示。

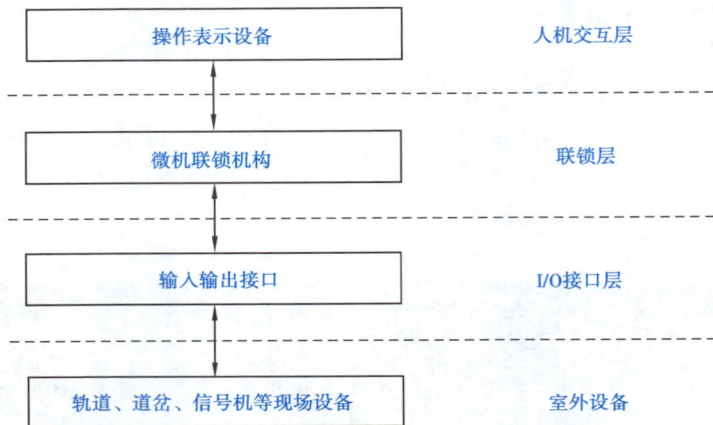

图 8.39　计算机联锁控制系统的整体层次结构示意图

计算机联锁控制系统的联锁功能包括以下几点:

①联锁逻辑运算:接收 ATS 或车站值班员的进路命令,进行联锁逻辑运算,实现对道岔和信号机的控制。

②轨道电路信息处理:处理列车检测功能的输出信息,以提高列车监测信息的完整性。

③进路控制:设定、锁闭和解锁进路。

④道岔控制:解锁、转换和锁闭道岔。

⑤信号机控制:确定信号机的显示。

2.计算机联锁控制系统的特点

①性能方面:大大减少了系统的设计与施工工作量,并方便系统的功能扩容与完善;提供现代化的声像图文显示,人机交互功能完善;系统可靠性和安全性更高。

②经济方面:性价比高,适于大型车站的系统应用;采用分布式系统结构,节省干线电缆的使用造价;体积小、占地面积小,车站规模越大,面积节省越显著。

③维护方面:安装、运营、维修费用大幅度减少;具有自诊断、故障定位等功能,可实现远程实时控制;继电部分结构简单,便于维护。

④其他方面:系统便于联网,为轨道交通信号系统的智能化和网络化方向发展创造条件。

3.计算机联锁控制系统也存在一定的不足,需要在结构和性能上进行近一步的研发

①系统应用大量的电子元件,需要在抗电磁干扰及防雷害等方面采取防护措施。

②系统中实现联锁逻辑的计算机一旦出现硬件故障,其影响会很大,甚至使系统不能工作。因此微机联锁控制系统必须时刻关注系统的结构与性能,提高可靠性和可用性。

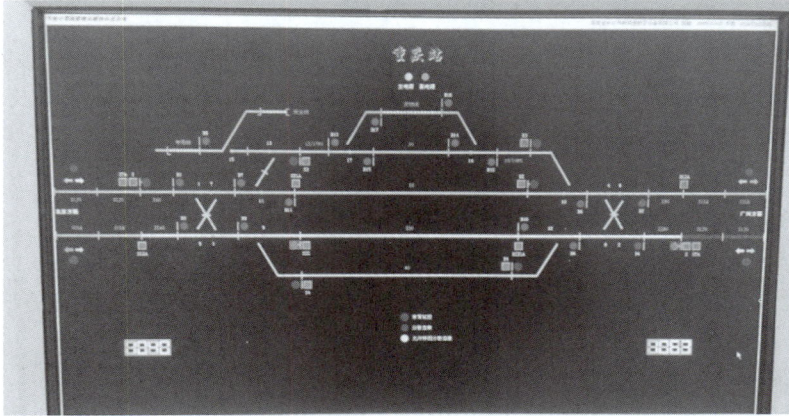

图8.40　计算机联锁操作界面

问题及防治

信号设备间的联锁关系是保证行车安全的关键,因此应定期进行设备联锁的校核,确保联锁关系的绝对正确。

扩展知识

车站联锁设备分为继电集中联锁和计算机联锁,由于继电集中联锁由继电逻辑电路完成全部联锁关系,所用继电器数量较多,功能亦受到限制,难以与现代化系统联网。而计算机联锁用软件完成联锁关系,技术性能和可靠性优于继电集中联锁,因此计算机联锁是车站联锁设备的发展方向。

任务九　列车运行自动控制系统

任务目标

了解列车运行自动控制系统。

任务分析

重点:了解列车运行自动控制系统的组成和功能。

难点:不同制式的列车自动控制系统。

知识描述

城市轨道交通信号系统是保证列车运行安全,实现行车指挥和列车运行现代化,提高

运输效率的关键系统设备。

城市轨道交通信号系统通常由列车运行自动控制系统（Automatic Train Control，ATC）组成，ATC 系统包括三个子系统：列车自动监控子系统（Automatic Train Supervision，ATS）、列车自动防护子系统（Automatic Train Protection，ATP）、列车自动驾驶子系统（Automatic Train Operation，ATO）。

三个子系统通过信息交换网络构成闭环系统，实现地面控制与车上控制结合、现地控制与中央控制结合，构成一个以安全设备为基础，集行车指挥、运行调整以及列车驾驶自动化等功能为一体的列车自动控制系统。

一、列车运行自动控制系统（ATC）分类

①按闭塞布点方式：可分为固定式和移动式。固定闭塞方式中按控制方式，又可分为速度码模式（台阶式）和目标距离码模式（曲线式）。

②按机车信号传输方式：可分为连续式和点式。

③按各系统设备所处的地域方式：可分为控制中心子系统、车站及轨旁子系统、车载设备子系统、车场子系统。

二、固定闭塞 ATC 系统

固定闭塞 ATC 系统是指基于传统轨道电路的自动闭塞方式，闭塞分区按线路条件经牵引计算来确定，一旦划定将固定不变。列车以闭塞分区为最小行车间隔，ATC 系统根据这一特点实现行车指挥和列车运行的自动控制。固定闭塞 ATC 系统又可分为速度码模式和目标距离码模式。

1. 速度码模式（台阶式）

如北京地铁和上海地铁 1 号线分别引进的英国西屋公司和美国 GRS 公司的 ATC 系统均属此类 ATC 系统，该系统属 20 世纪七八十年代的产品，技术成熟、造价较低，但因闭塞分区长度的设计受限于最不利线路条件和最低列车性能，不利于提高线路运输效率。固定闭塞速度码模式 ATC 是基于普通音频轨道电路，轨道电路传输信息量少，对应每个闭塞分区只能传送一个信息代码，从控制方式可分为入口控制和出口控制两种，从轨道电路类型划分可分为有绝缘和无绝缘轨道电路两种。

以出口防护方式为例，轨道电路传输的信息即该区段所规定的出口速度命令码，当列车运行的出口速度大于本区段的出口命令码所规定的速度时，车载设备便对列车实施惩罚性制动，以保证列车运行的安全。由于列车监控采用出口检查方式，为保证列车安全追踪运行，需要一个完整的闭塞分区作为列车的安全保护距离，限制了线路通过能力的进一步提高和发挥。能提供此类产品的公司有英国 WSL 公司、美国 GRS 公司、法国 ALSTOM 公司、德国 SIEMENZ 公司等。

2. 目标距离码模式（曲线式）

目标距离码模式一般采用音频数字轨道电路或音频轨道电路加电缆环线或音频轨道电路加应答器，具有较大的信息传输量和较强的抗干扰能力。通过音频数字轨道电路发

送设备或应答器向车载设备提供目标速度、目标距离、线路状态(曲线半径、坡道等数据)等信息,车载设备结合固定的车辆性能数据计算出适合于列车运行的目标距离速度模式曲线(最终形成一段曲线控制方式),保证列车在目标距离速度模式曲线下有序运行。不仅增强了列车运行的舒适度,而且列车追踪运行的最小安全间隔缩短为安全保护距离,有利于提高线路的通过能力。

三、移动闭塞 ATC 系统

移动闭塞方式的 ATC 系统通常采用无线通信、地面交叉感应环线、波导等媒体,向列控车载设备传递信息。列车安全间隔距离是根据最大允许车速、当前停车点位置、线路等信息计算得出,信息被循环更新,以保证列车不间断收到即时信息。

移动闭塞 ATC 系统是利用列车和地面间的双向数据通信设备,使地面信号设备可以得到每一列车连续的位置信息,并距此计算出每一列车的运行权限,动态更新发送给列车,列车根据接收到的运行权限和自身的运行状态,计算出列车运行的速度曲线,实现精确的定点停车,实现完全防护的列车双向运行模式,更有利于线路通过能力的充分发挥。

移动闭塞 ATC 系统在我国还未有应用实例,国外能提供此类系统的公司有阿尔卡特公司交叉感应电缆作为传输媒介的 ATC 系统,在加拿大温哥华"天车线"和中国香港 KCRC 西部铁路等应用,技术比较成熟,但交叉感应轨间电缆给线路日常养护带来不便;美国哈蒙公司基于扩频电台通信的移动闭塞应用在旧金山 BART 线,其系统结构、系统运用尚不成熟;阿尔斯通公司基于波导传输信息的移动闭塞正在新加坡西北线试验段安装调试。

四、信号系统基本功能

1. 列车自动监控子系统(ATS)

ATS 系统由控制中心、车站、车场以及车载设备组成。ATS 系统在 ATP 系统的支持下完成对列车运行的自动监控,实现以下基本功能:

①通过 ATS 车站设备,能够采集轨旁及车载 ATP 提供的轨道占用状态、进路状态、列车运行状态以及信号设备故障等控制和监督列车运行的基础信息。

②根据联锁表、计划运行图及列车位置,自动生成输出进路控制命令,传送至车站联锁设备,设置列车进路、控制列车停站时间。

③列车识别跟踪、传递和显示功能。系统能自动完成正线区段内列车识别号(服务号、目的地号、车体号)跟踪,列车识别号可由中央 ATS 自动生成或调度员人工设定、修改,也可由列车经车—地通信向 ATS 发送识别号等信息。

④列车计划与实际运行图的比较和计算机辅助调度功能。能根据列车运行实际的偏离情况,自动生成调整计划供调度员参考或自动调整列车停站时分,控制发车时间。

⑤ATS 中央故障情况下的降级处理,由调度员人工介入设置进路,对列车运行进行调整,由 ATS 车站完成自动进路或根据列车识别号进行自动信号控制,由车站人工进行进路控制。

⑥在计算机辅助下完成对列车基本运行图的编制及管理,并具有较强的人工介入能力。通过设在车辆段的终端,向车辆段管理及行车人员提供必要的信息,以便编制车辆运用计划和行车计划。

⑦列车运行显示屏及调度台显示器,能对轨道区段、道岔、信号机和在线运行列车等进行监视,能在行调工作站上给出设备故障报警及故障源提示。

⑧能在中央专用设备上提供模拟和演示功能,用于培训及参观。能自动进行运行报表统计,并根据要求进行显示打印。

⑨能在车站控制模式下与计算机联锁设备结合,将部分或所有信号机置于自动模式状态。

⑩向通信无线、广播、旅客向导系统提供必要的信息。

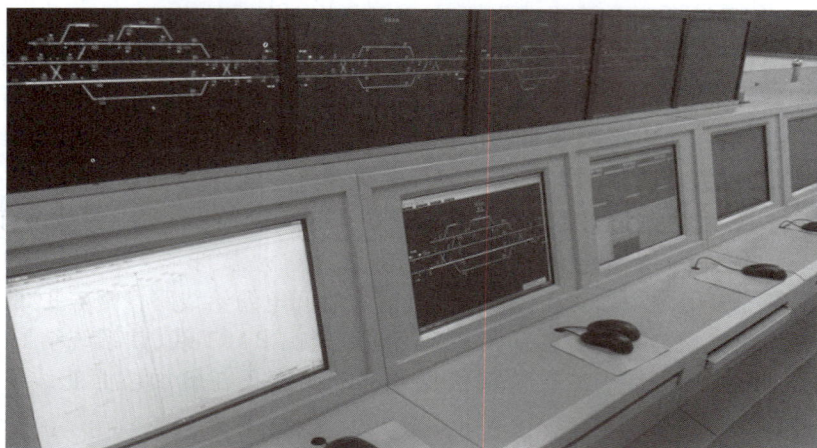

图 8.41　ATS 控制中心实物图

2. 列车自动防护子系统(ATP)

ATP 系统由地面设备、车载设备组成,监督列车在安全速度下运行,确保列车一旦超过规定速度,立即施行制动,主要实现以下功能:

①自动连续地对列车位置进行检测,并向列车发送必要的速度、距离、线路条件等信息,以确定列车运行的最大安全速度。提供列车速度保护,在列车超速时提供常用制动或紧急制动,保证前行与后续列车之间的安全间隔,满足正向行车时的设计行车间隔和折返间隔。对反向运行列车能进行 ATP 防护。

②确保列车进路正确及列车的运行安全。确保同一径路上的不同列车之间具有足够的安全距离,以及防止列车侧面冲撞等。

③防止列车超速运行,保证列车速度不超过线路、道岔、车辆等规定的允许速度。

④为列车车门的开启提供安全、可靠的信息。

⑤根据联锁设备提供的进路上轨道区间运行方向,确定相应轨道电路发码方向。

⑥任何车—地通信中断以及列车的非预期移动(含退行)、任何列车完整性电路的中断、列车超速(含临时限速)、车载设备故障等均将产生安全性制动。

⑦实现与 ATS 的接口和有关的交换信息。

⑧系统的自诊断、故障报警、记录。

⑨列车的实际速度、推荐速度、目标速度、目标距离等信息的记录和显示。具有人工或自动轮径磨耗补偿功能。

3. 列车自动驾驶子系统（ATO）

ATO 子系统是控制列车自动运行的设备，由车载设备和地面设备组成，在 ATP 系统的保护下，根据 ATS 的指令实现列车运行的自动驾驶、速度的自动调整、列车车门控制。

①自动完成对列车的启动、牵引、巡航和制动的控制，以较高的速度进行追踪运行和折返作业，确保达到设计间隔及运行速度。

②在 ATS 监控范围的入口及各站停车区域（含折返线、停车线）进行车—地通信，将列车有关信息传送至 ATS 系统，以便 ATS 系统对在线列车进行监控。

③控制列车按照运行图进行运行，达到节能及自动调整列车运行的目的。

④ATO 自动驾驶时实现车站站台定点停车控制、舒适度控制及节省能源控制。

⑤能根据停车站台的位置及停车精度，自动地对车门进行控制。

⑥与 ATS 和 ATP 结合，实现列车自动驾驶、有人或无人驾驶。

五、信号系统运营模式

1. ATS 自动监控模式

正常情况下，ATS 系统自动监控在线列车的运行，自动向联锁设备下达列车进路命令，列车在 ATP 的安全保护下由司机按规定的运行图时刻表驾驶列车运行。控制中心行车调度员仅需监督列车和设备的运行状况。每天开班前，控制中心调度员选择当日的行车运行图/时刻表，经确认或作必要的修改，作为当日行车指挥的依据。

2. 调度员人工介入模式

调度员可通过工作站发出有关行车命令，对全线列车运行进行人工干预。调整列车运行计划包括对列车实施"扣车"、"终止站停"、改变列车进路、增减列车等。

3. 列车出入车场调度模式

车辆调度员根据当日列车运行图、时刻表编制车辆运用计划和场内行车计划，并传至控制中心。车场信号值班员按车辆运用计划设置相应的进路，以满足列车出入段作业要求。

4. 车站现地控制模式

除设备集中站，其他车站不直接参与运营控制，车站联锁和车站 ATS 系统结合实现车站和中央两级控制权的转换。在中央 ATS 设备故障或经车站值班员申请，中央调度员同意放权后，可改由车站现地控制。

在现地控制模式下，车站值班员可直接操纵车站联锁设备，可将部分信号机置于自动模式状态，也可将全部信号机设为自动模式状态，控制中心行车调度员应通过通信调度系统与列车驾驶员、车站值班员保持联系。

5. 车场控制模式

列车出入场和场内的作业均由车场值班员根据用车计划，直接排列进路。车场与正线之间设置转换轨,出入场线与正线间采用联锁照查联系保证行车安全。

6.列车运行控制模式

列车在正线、折返线上的运行作业时,常用 ATO 自动驾驶模式和 ATP 监督下的人工驾驶模式,限制人工驾驶模式和非限制人工驾驶模式均为非常用模式。

(1)ATO 自动驾驶模式

列车启动后,在 ATP 设备安全保护下,车载 ATO 设备自动控制列车加速、巡航、惰行、制动,并控制列车在车站的停车位置,开关车门,司机仅需监督 ATP/ATO 车载设备运行状况。

(2)ATP 监督下的人工驾驶模式

列车启动后,车载 ATP 设备根据地面提供的信息,自动生成连续监督列车运行的一次速度模式曲线,实时监督列车运行。司机根据 ATP 显示的速度信息驾驶列车,当列车运行速度接近限制速度时,提出报警;当列车运行速度超过限制速度时,ATP 车载设备将对列车实施制动。

(3)限制人工驾驶模式

司机以不超过车载 ATP 的限制速度行车,列车运行安全由司机负责,当列车超过该限制速度时,ATP 车载设备则对列车实施制动。

(4)非限制人工驾驶模式

在车载 ATP 设备故障状态下运用,ATP 将不对列车运行起监控作用。列车运行安全由司机、调度员、车站值班员共同负责。

六、列车折返模式

列车在 ATP 监督人工驾驶模式下折返时,列车由人工驾驶自到达轨道牵出至折返线,由司机转换驾驶端,并折返至发车轨道。

在 ATO 有人驾驶模式下折返时,列车能以较合理的速度从到达股道牵出至折返线,由司机转换驾驶端和启动列车,然后从折返线进入发车轨道。

问题及防治

充分理解 ATS、ATP、ATO 三个子系统各自的功能和联系。

扩展知识

基于无线通信的列车控制(CBTC)是实现移动闭塞制式最主要的技术手段。采用这种方法以后,就能实现车地间双向、大容量的信息传输,达到连续通信的目的,进而实现列车运行的闭环控制。

本单元小结

1. 城市轨道交通信号系统的基本组成。
2. 城市轨道交通信号基础设备的组成及基本原理。
3. 联锁的含义及基本内容;实现联锁功能的联锁设备及其发展方向。
4. 简要介绍列车运行自动控制系统(ATC)。

单元9 城市轨道交通站场设备

站场设备主要包含站场低压配电系统、给排水系统、消防报警系统、BAS 环控系统、电梯系统、照明系统、屏蔽门和门禁系统。

任务一 站场低压供电设备系统

任务目标

能通过识图,了解站场配电室的基本结构和负荷的分配方式。

任务分析

重点及难点:正确识读供电系统图。

知识描述

一、负荷的分级

在我国电力系统中,负荷分为一、二、三级。因交通运输是国家规定的一级负荷,所以国家电力系统采用了高电压等级的双回路供电方式,以确保交通运行的可靠性。在站场的低压负荷中,我们又将运输用电、消防设备、消防电梯用电等分为一级负荷供电。

注意:国家电力系统的负荷分级与轨道交通的负荷分级不同。

二、系统组成

站场配电室主要由高压室、变压器室和低压配电室等组成。站场供电主要采用了经本系统内高压配电回路提供的 35 kV 电源,站场变压设施为 35 kV/0.38 kV 变压器。在低压配电系统中,采用了 380 V 三相五线制供电方式和 220 V 单相三线制供电方式。低压供电母线分为二段式供电。一级和二级负荷设备为双母线段供电方式,其他设备采用单母线段供电方式,如图 9.1 所示。

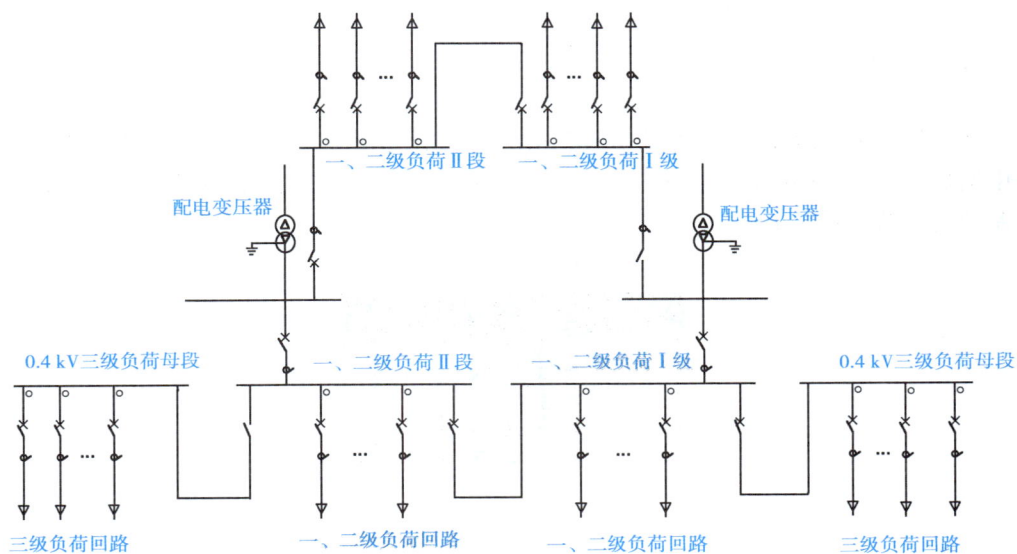

图 9.1　站场配电系统组成

三、电容补偿柜

电容补偿设备是电力系统中的主要设备,它主要解决无功负荷电流回送系统的问题。因此,补偿装置一般采用就近补偿的原则。该补偿装置一般配置在低压母线段上,它根据低压总进线开关上的无功电流参数来决定补偿电容的多少。电容补偿柜(图9.2)有补偿仪、交流接触器、熔断器、电力电容等。

图9.2　电容补偿柜实物图

四、低压配电系统的其他控制

在低压配电系统中,由于在消防紧急情况下需要对有关回路进行断电,因此在低压开关中增加了分励跳闸控制,如图9.3所示。分励跳闸一般受控于"消防系统"中的 BAS 的控制和电力监控系统 PSCADA。

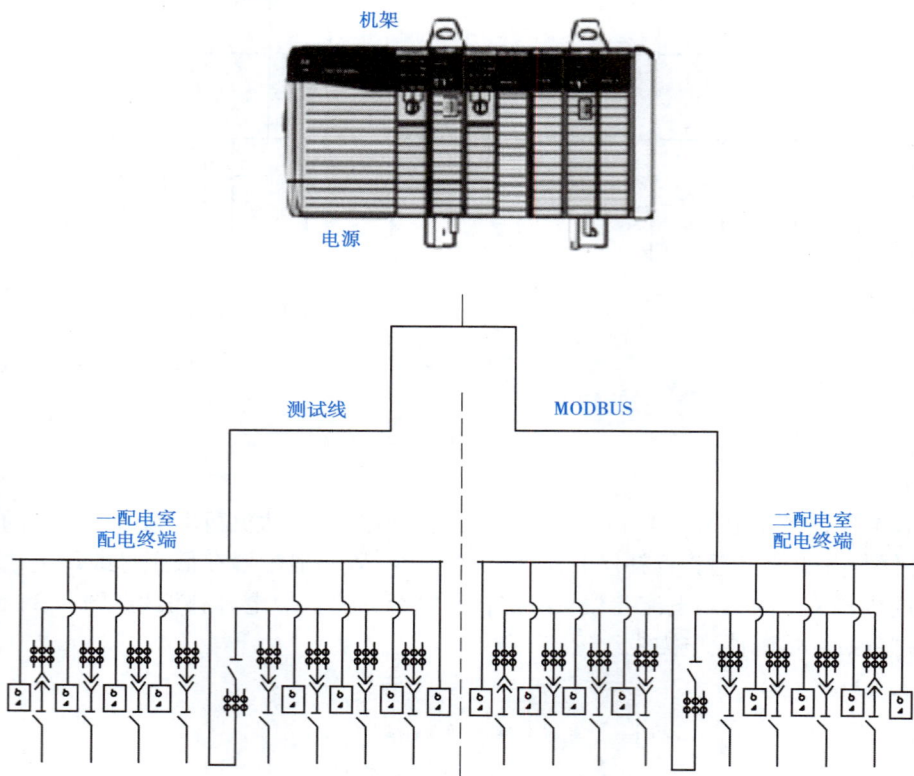

图9.3 分励跳闸控制系统

问题与防治

因电力系统供电故障较多的是"开关跳闸",引起跳闸的原因很多,一是系统回路出现"短路"故障,二是开关控制回路故障。一般的解决方法是,先检查回路是否短路,用接地电阻表进行检测;如果排除,则检查断路器的控制回路。

知识扩展

在电力系统中,系统的运行方式已经由人工调度方式向智能调度方式发展,智能电网是电力网络发展的必然方向。这里主要是依靠计算机网络控制系统来实现,它带动了电力设备智能化的发展,例如智能化远程抄表系统。

任务二　站场给排水系统

任务目标

1. 了解给水中的生活用水、消防用水和生产用水的基本组成。
2. 掌握排水系统中自动排水的基本设备。

任务分析

重点及难点:正确识读给排水系统图。

知识描述

城市交通给排水系统为本站所需的生活用水、消防用水和生产用水三大类。排水系统分为生活污水排水系统和雨水排水系统。

一、给水系统

给水系统主要来自于城市管网。因城市交通站站场和站场楼都很低,所以其生活用水没有二次加压供水系统。城市供水高程一般为几十米。由于各站分散,因此一般采用接入站场附近的城市管网中,在接入点安装有总水表和总阀门。

1. 生活用水

生活用水,主要指卫生间、锅炉房、食堂和汽车冲水等用水。该生活用水从总进水口引入,经调压、阀门等供给到各个供水点。管道材料一般采用 PPR 管及系列管件(图9.4),供水末端出口压力应大于 0.05 MPa。

2. 消防给水

消防用水主要有两大用水系统:一是消防

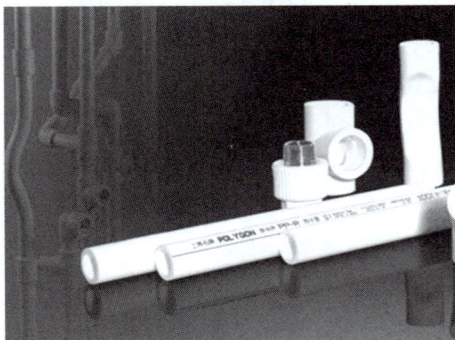

图9.4　PPR 管

栓用水,二是喷淋用水。这两个系统的用水取于消防水池。消防水池的大小一般为150～300 m³。前池水来源于城市管网中,当消防水池水存满后,消防用水储备完成。

消防用水系统如图9.5所示。

①消火栓(图9.6)用水,是消防泵(图9.7)将消防水池的水加压后送到各个消防栓中。最远端消防栓出口压力应有 20 m 水柱高。消防泵结合器(图9.8)是消防栓系统与外消防车水系统相结合的一个器件,当本系统消防水用完后,便可采用消防车提供的水。

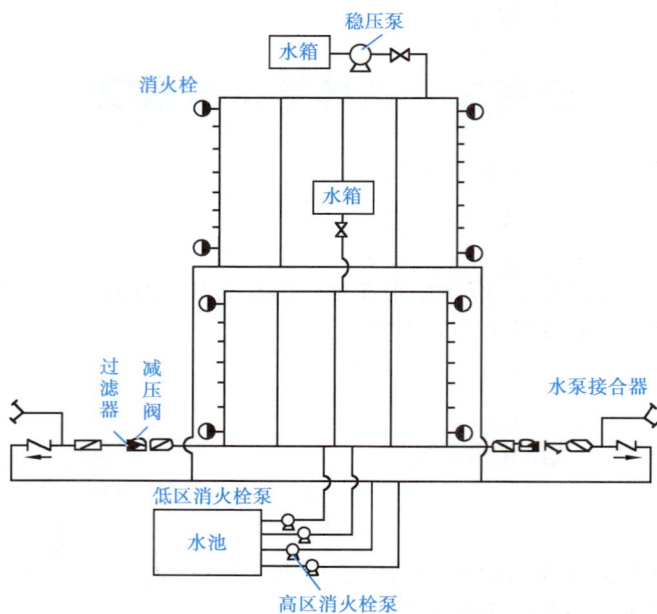

图9.5 消防用水系统

图9.6 消火栓

图9.7 消防泵

图9.8 消防泵结合器

图9.9 消防喷淋泵图

②消防喷淋用水是消防喷淋泵(图9.9)将消防水池的水加压后送到各个喷淋管道中。其工作过程:当喷淋头膨胀管受热爆开后,喷淋头出水带动水流指示器(图9.10)动作,从而启动喷淋泵。

图 9.10　水流指示器　　　　图 9.11　消防喷淋头　　　　图 9.12　空调补水装置

3. 生产用水

生产用水主要指空调系统的用水。该系统因为在冷却塔的热交换过程中有不少的水损失，所以要进行补水。空调系统中设有一个补水箱（图 9.12），可从给水管道中自动地为补水箱补水。

二、排水系统

由于轨道交通系统的站场多数都位于街平面以下，因此许多排水管低于城市排水管网的高程。因此，这类排水就需加排污泵，将污水抽出排入城市管网中。如果站场高于街平面，则按自然排放来布置排水管。排水系统分排污系统和排雨水系统。

排污系统主要是解决生活用水的排放，其流量小，水中成分复杂，因此需要进行污水处理并达到国家排放标准后，排入城市管网中。排污系统图如图9.13所示。

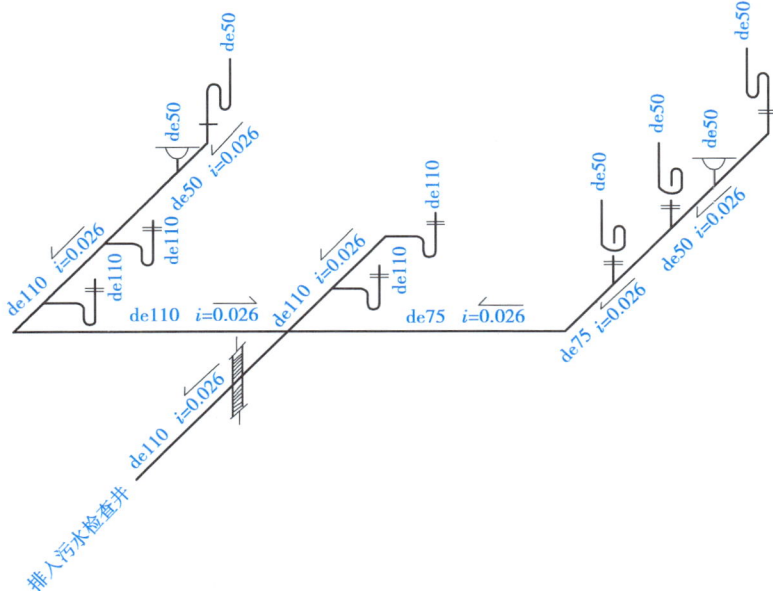

图 9.13　排水系统图

①排污井：因为轨道交通站场多数都在地面以下，所以很多污水排放要经过提升后才能排入城市管网，所以在站场最低点会设计专门的排污井，并通过排污泵排入城市管网，如图9.14所示。

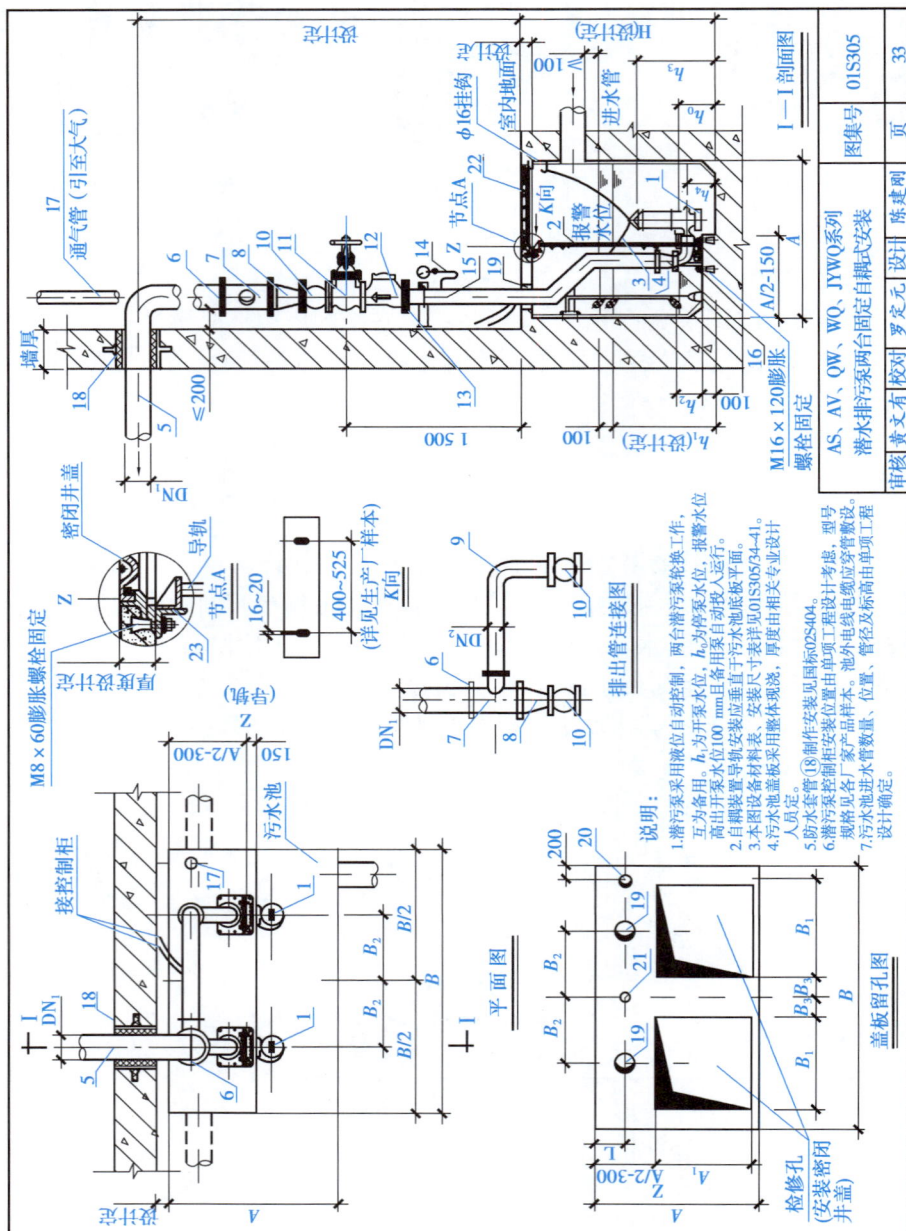

图9.14　排污井设计图

②排污管:主要以 PVC 管为主,大型管为 HDPE,部分下水管仍在采用水泥管,如图9.15所示。

(a)PVC 管　　　　　　　(b)HDPE 管　　　　　　　(c)水泥管

图9.15　排污管

③污水处理池:将生活用水进行专门处理,待其达到国家排放标准后排入城市管网中,其结构如图9.16 所示。污水处理过程:污水→格栅栏污→调节池→接触氧化池→沉淀过滤池→达标排放,如图9.17 所示。

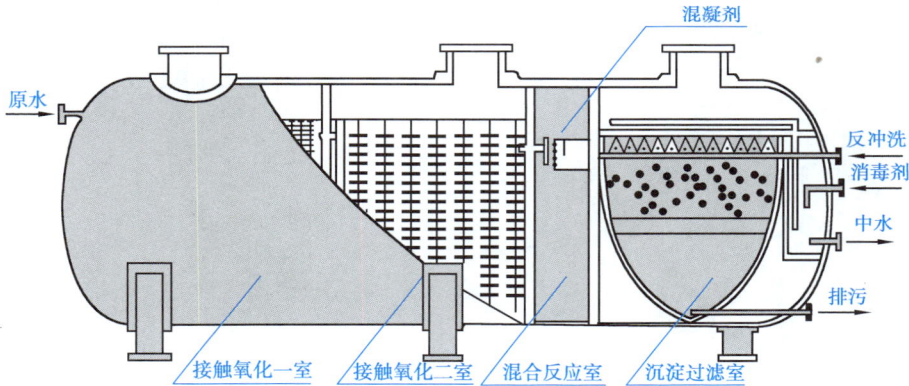

图9.16　污水处理池的结构

④排污泵:地下污水经过处理后会排放到专门的污水集水池,再通过排污泵(图9.18)自动排放控制系统进行排污。其控制方式可由 BAS 系统进行监控。

排污泵的工作过程是:当污水池水位达到一定高度后,排污泵工作;当污水水位下降到一定水位后,排污泵停止工作。

⑤超声波液位计:超声波换能器(探头)置于被测液体或物位上方,向下发射超声波,超声波穿过空气介质,在遇到水面或物体介面时被反射回来,然后被换能器所接收并转换为电信号,电子检测部分检测到这一信号后将其变成物位信号进行显示并输出标准信号。

SDHT-CJ 智能超声波液位计(图9.19)标准信号有 3 种,即可编程继电器输出、高精度4～20 mA 电流输出和 RS-485 数字通信输出。其中,RS-485 数字通信输出能与 BAS 系统进行配合控制。

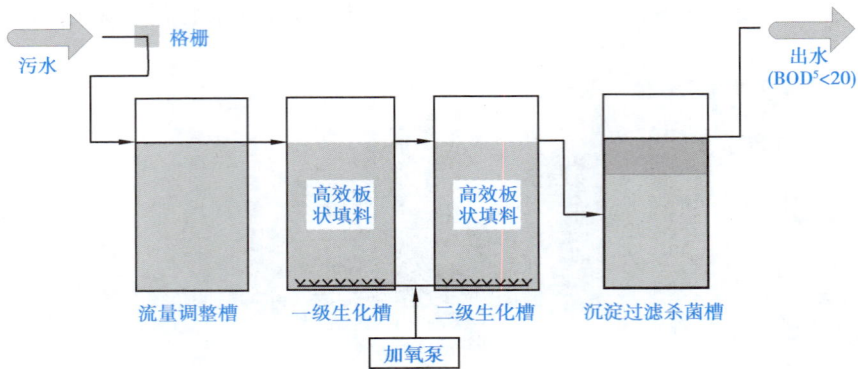

图 9.17　污水处理过程

图 9.18　排污泵

图 9.19　SDHT-CJ 智能超声波液位计

　　排雨水系统主要根据站场集水面积以及站场冲洗水流量加以综合考虑,地下站场设置排水池和排水泵。地上站场原则上按自然排放设置管道系统。

问题与防治

　　给排水漏水故障的处理:

　　①给水常出现两种漏水现象,一是阀门"关不严"漏水,这主要是阀中止水垫片老化的原因造成,更换止水垫片就可以解决漏水现象。二是管道漏水,对于明管漏水,更换管道即可;对于暗埋管漏水,则需要用探测装置检查出漏水点后,进行管道更换就可解决。

　　②排水管漏水多数原因是因为管道堵塞而引起"倒灌"漏水,解决的方法是疏通管道。

知识扩展

　　在给水系统中,小型给水管道已经初步完成了管道无污染的目标,但在大型管道中还有待解决,因此大型管道的新型材料是今后发展的重点。

任务三　FAS 消防报警系统

任务目标

1.了解消防系统的基本组成和工作过程。
2.了解气体灭火的基本组成和工作过程。
3.了解光纤感温系统的基本组成和工作过程。

任务分析

重点:消防系统图和消防设备。
难点:消防中设备联动的基本关系。

知识描述

消防系统按功能可分为火灾自动报警系统、联动系统、消防广播、消防电话。前者的功能是在发现火情后,发出声光报警信号并指示出发生火警的部位,便于扑灭;后者的功能是在火灾自动报警系统发现火情后,自动启动各种设备,避免火灾蔓延直至扑灭火灾。二者是密不可分的。消防广播和消防电话是配合消防报警系统使用的两个独立的系统。

一、消防报警系统构成

城市交通运输系统一般以一个站场为一个消防单元。以站场为例,首先要实现消防防火分区。分区原则:有楼层时,按楼层分区;有较大的平面面积时,按平面功能分区。消防报警原则:按分区报警疏散和分区联动控制原则进行。防火分区应做到各区域有明显的防火隔断,使火情控制在一定的范围内。

1.消防系统的构成

消防系统由消防报警主机系统、联动系统、消防广播系统、消防电话系统等组成,如图9.20所示。

2.消防系统的工作过程

当消防报警主机收到消防探测器发出的信号后,经确认,可以向 BAS 系统发出启动联动消防设备指令,由 BAS 系统来启动消防泵、喷淋泵、抽排烟、AFC 自动售票系统中的门闸、门禁、卷帘门、电梯等设备,并且断掉非消防电源。消防广播也配合消防报警联动设备完成分区消防广播。消防电话则配合消防报警系统,完成消防过程中的消防通信和消防调度工作。

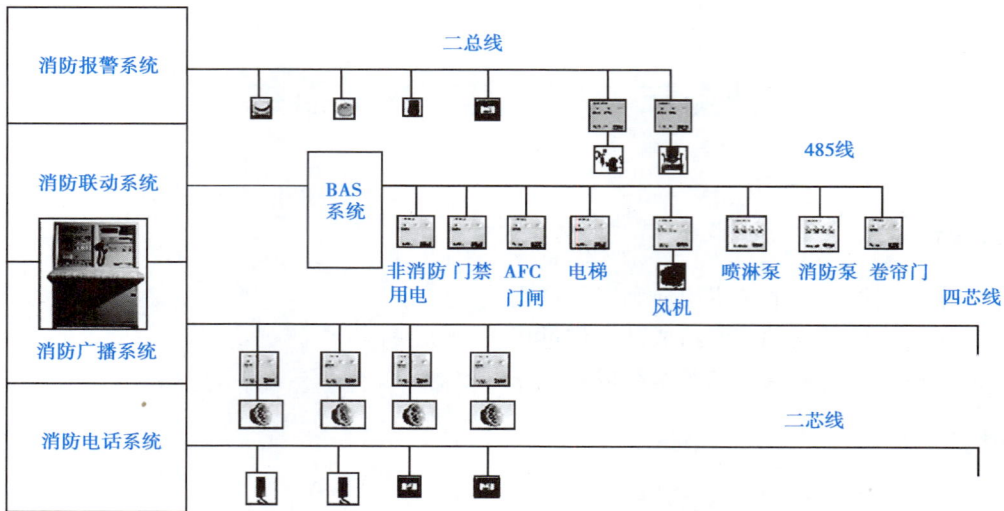

图 9.20　消防系统的组成

二、消防探测设备

消防探测设备主要有感烟探头、感温探头、消防红处对射报警探头、手动报警模块等。

1. 感烟探头(图 9.21)

其基本工作过程:当有烟雾通过探头,阻断探头内的红外线时,探头发出带有 8 位地址码的报警信号。

2. 温感探头(图 9.22)

当火灾温度达到一定程度时,温感探头发出带有 8 位地址码的报警信号。

图 9.21　感烟探头　　　图 9.22　温感探头　　　图 9.23　消防红外对射报警探头

3. 消防红外对射报警探头(图 9.23)

当火灾烟雾阻断红外对射线时,探头输出 8 位带地址的报警信号。

4. 声光报警(图 9.24)

当主机向二总线发出消防声光报警信号,消防主机会根据需要向相关的声光报警器发出报警指令,从而启动声光报警器。

5. 输入、输出模块(图 9.25)

在消防报警系统中,输入、输出模块一般分为 24 V 电压信号量和触点输出方式,作为设备的控制信号。

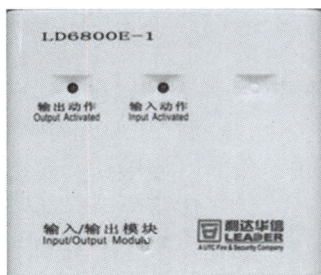

图 9.24　声光报警　　　图 9.25　输入、输出模块　　　图 9.26　手动报警模块

6. 手动报警模块(图 9.26)

在许多消防报警厂家中,手动报警附带了消防电话插孔,以供消防人员在火灾地区与消防中心取得联系。

7. 感温电缆(图 9.27)

感温电缆主要用于线性探测的环境中,如电缆的线槽、易燃物品仓库等。其基本组成为:感温探测器、感温电缆、电缆终端盒。工作过程为:(以电缆槽为例)当蛇形布置的感温电缆受到高温的影响后,其电缆的正常电流发生变化,当到达一定值后,启动感温探测器动作,并给消防输入模块发出消防报警信息。

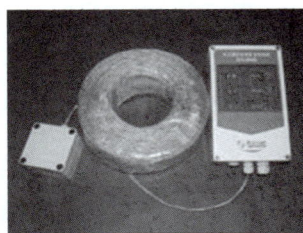

图 9.27　感温电缆

三、消防气体灭火系统

为保护一些不能用水扑救的部位,避免火灾损失,城市轨道交通广泛使用了气体消防,如车控室、弱电设备机房、环控设备房、电气设备房、变压器、油断路器等场所。

1. 气体灭火系统的组成

气体灭火系统包括气体储存瓶、气体电磁阀、选择阀、气体传输管道、喷气头、探头和气体控制设备等。用于灭火的气体一般有卤代烷(当前改用替代物)、二氧化碳、烟络尽等惰性气体。气体灭火系统如图 9.28 所示。

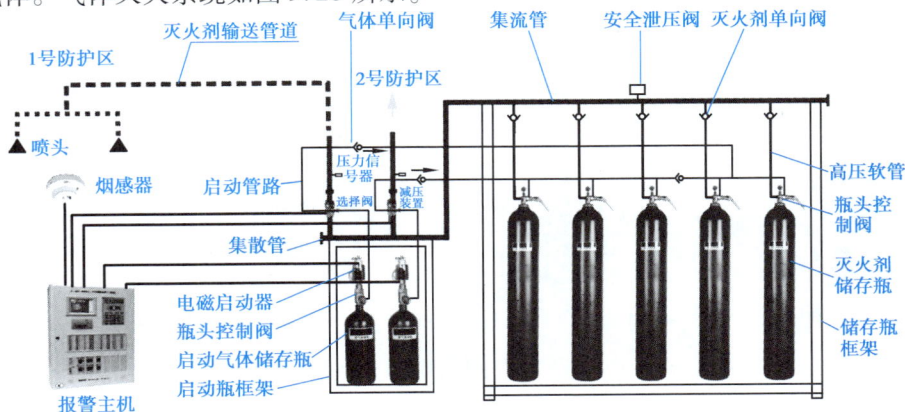

图 9.28　气体灭火系统图

2. 气体灭火工作过程

当探测器探测到火灾信号后,并经报警主机确认后,打开启动瓶,启动气瓶的气体一部分送到主气管选择阀上,并打开阀门,一部分气体压力被传输到灭火剂储存容器气体开关上,从而打开灭火剂储存容器,使气体送到汇集管中,由汇集管再传送到火灾相应的房间。

图9.29 选择阀

① 气体瓶分为启动瓶与气体储备瓶(大瓶)。在灭火剂储存容器开关上有一手柄,用于在紧急情况下开启储存瓶。

② 选择阀(图9.29):用于开启主供气体管供气回路。

③ 电磁瓶头阀(图9.30):该阀安装在启动钢瓶上,用以密封瓶内的启动气体。发生火灾时,控制器发出灭火指令,打开电磁阀,启动气体释放打开灭火剂储存容器上的容器阀及相应的选择阀。

④ 容器阀(图9.31):安装在灭火剂储存容器出口,其作用是平时用来封存灭火剂,火灾时自动或手动开启释放灭火剂。

图9.30 电磁瓶头阀

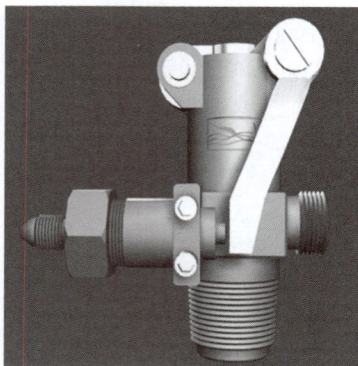

图9.31 容器阀

⑤ 气体单向阀(图9.32):用于气体单向流动。

⑥ 压力开关(图9.33):安装在选择阀的出口部位,对于单元独立系统则安装在集流管上。当灭火剂释放时,压力开关动作,送出灭火剂释放信号给控制中心,起到反馈灭火系统的动作状态的作用。

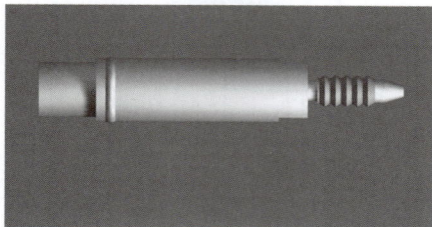

图9.32 气体单向阀

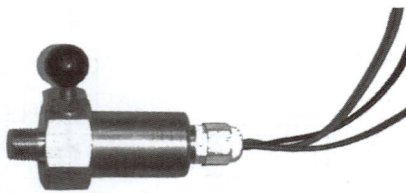

图9.33 压力开关

⑦ 安全泄压阀(图9.34):通常设置在组合分配系统的集流管上。在组合分配系统的集流管中,由于选择阀平时处于关闭状态,在容器阀的出口处至选择阀的进口端之间形成了一个封闭的空间,因而在此空间内容易形成一个储压区域。安全泄压阀起着保证管网

系统安全的作用,当压力超过规定值时自动开启泄压。

⑧气体喷头(图9.35):安装在灭火释放管道的末端,用来控制灭火剂的释放速度和喷射方向,是将灭火剂释放到防护区的关键组件。因灭火剂的不同,喷头有各种类型,但基本要求是必须保证耐压、耐腐蚀,并具有一定强度。

⑨消防控制主机可采用已有的消防报警控制系统,也可独立成为一个消防体系。

图9.34　安全泄压阀

图9.35　气体喷头

四、感温光缆系统(TDFS)

线型光纤感温火灾预警系统的原理是在光纤中注入一定能量和宽度的激光脉冲,它在光纤中传输的同时不断产生背向散射光波。这些背向散射光波的状态受到所在光纤散射点的温度影响而有所改变,将散射回来的光波经波分复用、放大、光电转换、解调后送入信号处理系统便可将温度信号实时显示出来,并且由光纤中光波的传输速度和背向光回波的时间对这些信息定位。

1.系统构成(图9.36)

感温光纤测温主机下接感温光纤,上接以太网交换机和计算机工作站,能实现多点联网运行,在轨道交通系统中常用于隧道温度测试。因为本系统不仅能测量距离,测量信号也为连续的温度变化信号。

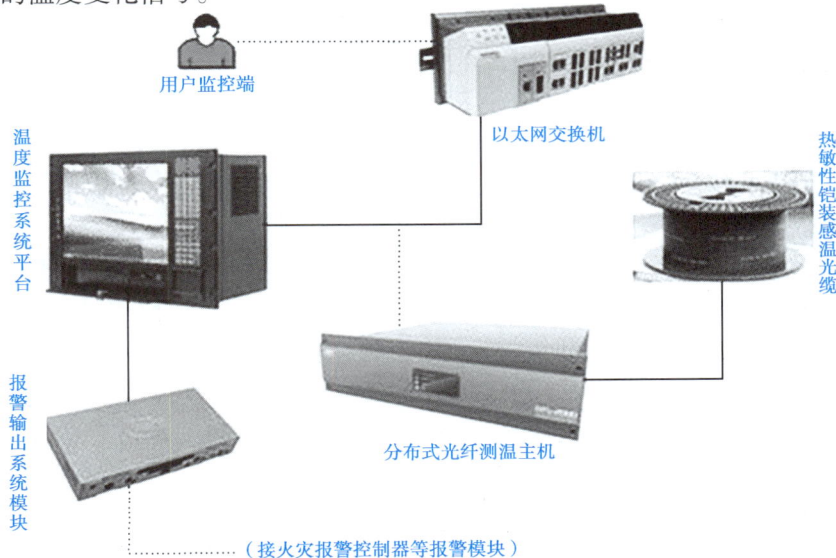

用户监控端

以太网交换机

温度监控系统平台

热敏性铠装感温光缆

报警输出系统模块

分布式光纤测温主机

(接火灾报警控制器等报警模块)

图9.36　系统构成

2.感温光纤系统的工作过程

当着火点出现后,测温主机测量出着火点的距离和实时温度,经过分析,将着火点的信息通过以太网上传至相关系统中。在地铁中,常将实时信号传入 BAS 系统中,由 BAS 系统根据信号的情况,决定启动消防系统相应的模式。

问题与防治

消防系统常见故障主要为消防误报,引起误报的原因为探头失效。处理方法:先在系统中找出故障探头,并暂时屏蔽掉"故障探头"报警;而后清理"故障探头"内探室灰尘,如果不能排除故障,则更换故障探头。

知识扩展

技术消防报警系统是典型的计算机控制系统,其终端设备技术主要有网络传输和编码技术。这就是各生产厂家的消防终端设备不能通用的主要原因。

任务四 BAS 环控系统

任务目标

1. 了解 BAS 网络构成。
2. 掌握空调系统的基本构成。
3. 掌握通风设备及管道。

任务分析

重点及难点:PLC 控制过程;空调系统设备;通风设备。

知识描述

一、BAS 系统

为了满足轨道交通的运营要求,车站设置了保障正常运营的照明设备、通风空调设备、给排水设备、屏蔽门系统、自动扶梯等机电设备;同时,为满足在紧急状态的报警、乘客疏散、救灾等要求,轨道交通车站还设置了火灾报警系统、水消防系统、气体灭火系统、防排烟系统、防烟设备等机电设备和系统。为了实施这些系统和设备相互间的有序联动控制和监视,轨道交通线上设置了称为"环境与设备监控系统"(Electrical and Mechanical Control System,EMCS 或 Building Automatic System,BAS)的自动控制系统,形成了一个强大的轨道交通运营保障系统。在多数轨道交通线上,常称之为 BAS。这种控制理论的起源,就是楼宇自动化系统。但在轨道交通中,它是综合监控系统(ISCS)的一个子系统。综合监控系统只是一个系统集成软件。

BAS 在轨道交通中基本关系如图 9.37 所示。

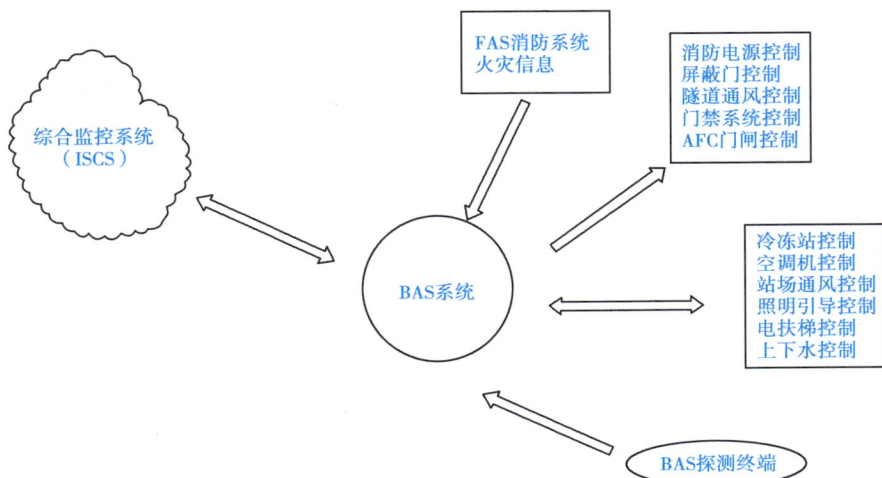

图 9.37　BAS 系统

BAS 系统在正常情况下运行正常模式,在非正常情况下运行非正常模式。我们所说的非正常情况,主要是指消防报警确认后的一种非正常运行模式。

1. BAS 的工作过程和构成

BAS 主要由 PLC 主机、终端 I/O 模块、工作站、终端探测设备、网络连接线等组成。轨道交通是以站场为基本控制单位,建立自己的控制体系。

站场 BAS 结构如图 9.38 所示。

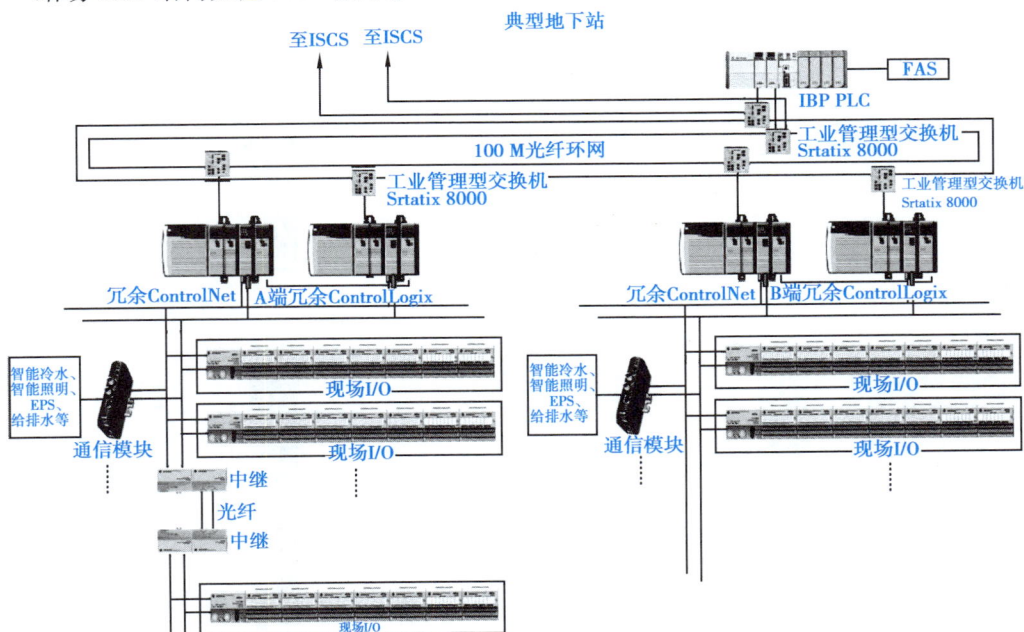

图 9.38　站场 BAS 结构

站场中,首先建立了以以太网为基础的网络传输系统,成都地铁就建立了站场光纤以太环网,通过以太网交换机连接 BAS 中的 PLC 设备和 IBP 设备,再由 PLC 连接终端 I/O 模块,再由终端模块连接探测设备和控制设备。

在 BAS 建立的过程中,根据站场的实际情况,建立完善了所有的探测设备和控制设备,并且设立了站场的 BAS 运行模式。在正常模式下,BAS 根据探测设备检测到温度、湿度和二氧化碳的含量后,经过分析,决定新风机组的送风量和空调器的运行大小参数。

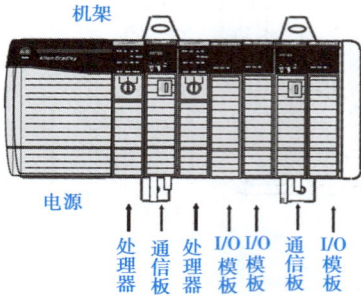

图 9.39　PLC 结构

2. BAS 设备

PLC 设备是 BAS 中的主要设备,生产这类设备的厂家也很多,目前是以罗克韦尔产品为工业控制的主导产品。PLC 由机架、电源、处理器、通信模板、I/O 模板等组成(图 9.39),根据需要可以任意组合所需的模块,但机加、电源、处理器是必需的模块。控制中最常用的 I/O 模块有:

(1)开关量输入模板(直流)

1756-Ibxx(24VDC)

1756-IB16　16 点 10~31VDC 汇流

(2)开关量输出模板(直流)

1756-Obxx(24VDC)

1756-OB8　8 点 12/24VDC 源流

(3)开关量输出模板(交流)

1756-OA xx(120/240VAC)

1756-OA8　8 点 120/240VAC

图 9.40　开关量输入模板(直流)

图 9.41　开关量输出模板(直流)

图 9.42　开关量输出模板(交流)

图 9.43　继电器输出模板

（4）继电器输出模板

1756-OW16I　16点常开,隔离

（5）模拟量输入模板（图9.44）

1756-IF xx

1756-IF8

8路单端/4路差分/2路高速差分

电压信号——正负10.25 V, 0~5.125 V, 0~10.25 V

电流信号——0~20.5 mA

1756-IF6I

6路单端/差分,隔离

电压信号——正负10.5 V, 0~5.25 V, 0~10.5 V

电流信号——0~21 mA

1756-IF16

16路单端/8路差分/4路高速差分

电压信号——正负10.25 V, 0~5.125 V, 0~10.25 V

电流信号——0~20.5 mA

以上这些模板可通过机架进行组合。这种形式的控制多用于集中设备群的控制,但对于分散设备就不适合。因此通过通信模板与远端的FLEXLOGIX模块相连接。连接方式为:Control Net通信方式(即同轴电缆传输方式)。

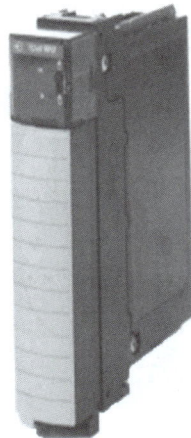

图9.44　模拟量输出模板

（6）FLEXLOGIX模块（图9.45）

FLEXLOGIX模块的基本结构也由导轨、电源、通信模块和多种控制模式的I/O块组成。系统根据不同的需要,选择不同的I/O模块。

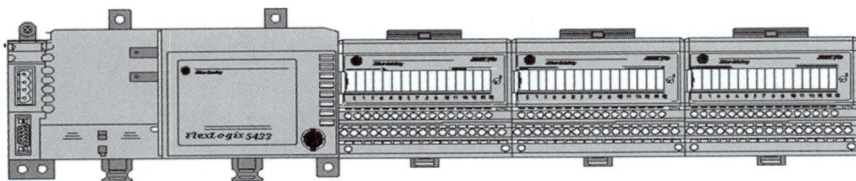

图9.45　FLEXLOGIX模块

3.BAS系统网络的三种连接传输方式

BAS系统一般可以采用三种连接传输方式:

①Control Net方式:传输介质为同轴电缆。

②Device Net方式:传输介质为带屏蔽的4芯线(信号线2根、电源线2根)。

③Ethernet/IP方式:传输介质为5类线(TUP线)。

第1种方式和第3种方式,可用于远距离传输,而第2种方式适合于近距离传输和控制。

4. RSLogix5000™软件的特性

RSLogix5000™软件是用于 BAS 控制编程软件。该软件是通过工作站上的 Ethernet/IP 方式连接在 PLC 的通信口端(图 9.46)。通过编程,可完成对设备的监视和控制。其基本特性:

①具有与 RSLogix 5 & 500 通用的用户界面。

②单一的编程软件包,适用于整个 Logix 系列产品。

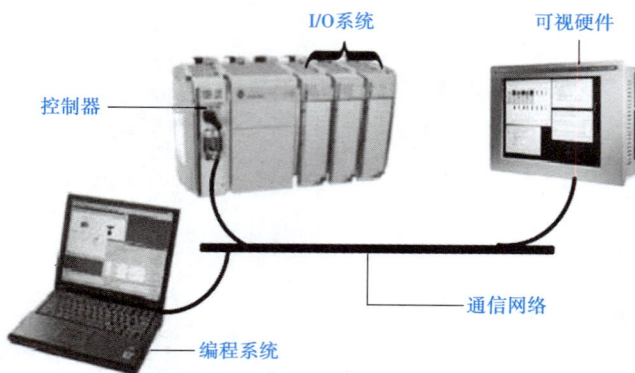

图 9.46 RSLogix5000™软件连接

图 9.47 超声波水位探测装置

二、BAS 末端设备

BAS 末端设备主要指末端探测设备和末端执行设备。末端探测设备有两种:一种是开关量,用来区分某个设备的开启状态;另一种是模拟量,实时反映设备的数据变化,如电压、电流、水位、温度、湿度、二氧化碳含量等。

1. 电压探测设备

一般直接取电压互感器的二次电压作为测量值,最大值为 100 V。测量的二次电压可直接接入 FLEXLOGIX 模块。

2. 水位探测设备

实际应用中多数采用开关量来决定水位的高低。但现在许多系统已经用上了超声波水位探测装置,并将探测的模拟电流信号与 FLEXLOGIX 输入模块相接,也可通过 RS-485 口与通信口相接。图 9.47 为超声波水位探测装置。

3. 温度检测设备

温度传感器(图 9.48)是控制中常用的部件,它将温度转化成电信号后,传给 FLEX-LOGIX 输入模块。

4. 二氧化碳传感器(图 9.49)

二氧化碳传感器主要用于检测室内二氧化碳的含量,并将其转化成的电压信号传给 FLEXLOGIX 输入模块。

图 9.48　温度传感器　　　图 9.49　二氧化碳传感器　　　图 9.50　电磁阀门

5. 电磁阀门(图 9.50)

这类阀门有大有小,因此电磁线圈的电压也有大有小。一般控制较大阀门采用 110 V 直流电压控制,较小的采用 24 V 直流电压控制。在 FLEXLOGIX 输出模块上选择相应的直流输出 I/O 终端,就实现了对管道的控制。

6. 变频器

变频器是工业控制中常用的一个设备。变频器下接变频电机。图 9.51 是罗克韦尔配套的变频器,它可与 FLEXLOGIX 通信口直接相接,通过对变频器的控制,实现对变频电机的控制。

7. 可调节风阀

可调节风阀(图 9.52)常用于环控中新风进入的调节装置。它的开启大小是由 BAS 根据室内空气中二氧化碳的含量来决定的。带动风叶开启大小由侍服电机来执行,侍服电机的控制电源由相应的 FLEXLOGIX 输出模块来执行。

图 9.51　变频器　　　　　　　图 9.52　可调节风阀

8. 终端设备控制箱

大型设备往往都有自己的控制箱,这些控制箱都留出了接收外来继电控制信号的端子,因此,BAS 根据设备不同控制信号的要求,提供相应的 FLEXLOGIX 输入输出模块。

三、BAS 与 FAS 消防系统的联动关系

IBP 盘又称综合后备盘如图 9.53 所示，放置在地铁车站综合控制室内。IBP 盘由 IBP 面板、PLC（BAS 专业提供）、人机界面终端（其他专业提供并安装）、监控工作台构成。当出现车站值班操作员在车站设备服务器或者人机界面出现故障时，通过 IBP 盘对本车站进行应急管理；或在紧急情况下直接操作 IBP 盘上按钮、钥匙开关等，采用人工介入方式进行运行模式操作和某些设备的远程单动操作。发出的操作控制信号输入 IBP 盘中的 PLC。

图 9.53　IBP 综合后备盘

消防系统的主机（图 9.54）也放置在地铁车站综合控制室内，因此，消防系统的报警信号通过 RS-485 通信口传输给 BAS 中 PLC。BAS 根据不同的情况，决定是否启动非正常模式，从而有效地开启相应的设备，如 AFC、排风机、关掉非消防电源、打开门禁等。

四、BAS 与 PSD 屏蔽门联动关系

在正常情况下，BAS 系统不参与 PSD 屏蔽门（图 9.55）的控制，只完成屏蔽门状态和故障的监测工作。PSD 屏蔽门有自己的一套继电控制装置，它与信号系统实现工作联动。只有在非正常情况下，BAS 才完成强制开启动作。

图 9.54　消防系统主机

图 9.55　PSD 屏蔽门

五、BAS 与 ISCS 综合监控系统的关系

综合监控系统是一个在 BAS 系统之上的集成软件系统,它主要为实现高层集中管理提供平台。BAS 不仅要完成对所管理的设备实施监测和控制,同时要将所管理的设备实时信息传给 ISCS。ISCS 系统可以向 BAS 发出指令,以完成上层管理控制功能。

问题与防治

在环控系统中,数据传输中断是造成各种控制错误的主要原因。因此检查网络连接是否正常,是故障处理的主要方法。其处理过程为:①连接线检查(光纤、同轴电缆、UTP线、KAN 总线);②网络连接设备检查。

知识扩展

BAS 系统是建筑智能化的英文缩写,现在已经广泛用于各种工农业控制体系中,如轨道交通的环境控制和消防控制等。在系统设备中,以罗克韦尔设备为其典型代表。

任务五　空调设备系统

任务目标

了解空调系统的基本结构和设备的作用。

任务分析

重点及难点:制冷机的工作原理。

知识描述

站场级空调系统主要由制冷机、水泵、冷却塔、空调器、阀门、管道等组成,其中水循环系统有冷冻水循环系统和冷却水循环系统,如图 9.56 所示。

系统的工作过程是:制冷机组把交换出来的冷量通过冷冻水(出口温度在 8 ℃左右)送至冷冻水泵,经过加压后向末端设备空调器等传输。空调器将冷冻水传来的冷量经与回风进行冷量交换,将热量经冷冻水的回水传回至制冷机组。而空调器将得到的冷量经与回风进行交换,使回风的温度下降,从而变为冷风,再将冷风送至大厅的站台。我们把冷回风系统称为通风系统。

制冷机组把接收到冷冻水的回水中的热量经过交换送至冷却水循环系统中,冷却水中的热量从制冷机组送至冷却水泵,经冷却水泵加压后送至冷却塔。而冷却塔将送来的热量经与空气交换,使冷却水温度下降,再将冷却水回水送回制冷机组。

整个过程,空调系统完成了将室内的热量带到室外而又将室外冷量带到室内的过程。

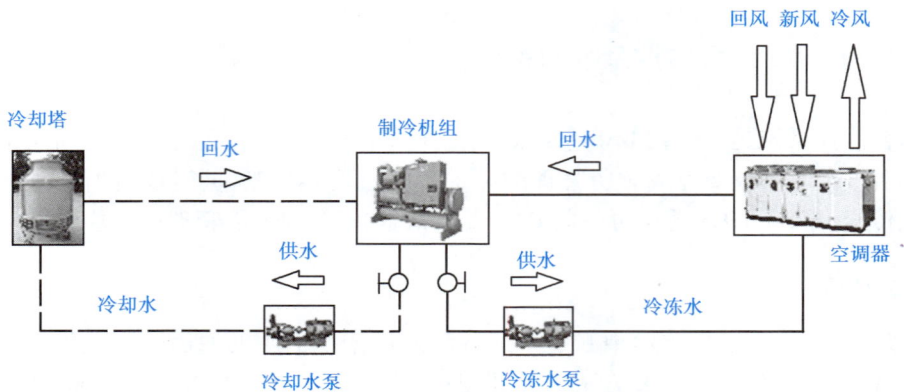

回风 新风 冷风

冷却塔　　　　回水　　　制冷机组　　回水

供水　　　　　　　　供水

空调器

冷却水　　　　　　　　　　　　冷冻水

冷却水泵　　　　　冷冻水泵

图9.56　空调系统图

一、制冷机组

轨道交通的站场多数都采用的是集中制冷方式,也就是大型集中制冷机,常采用离心式制冷机(图9.57)。它的基本组成有压缩机、冷凝器、蒸发器、制冷剂、控制箱等。以约克公司的集中制冷机为例,其制冷机中有两个独立的室。

①与冷冻水相接的蒸发器室:室中蒸发器与冷冻水进行冷量交换。其工作过程:当冷冻剂在蒸发器中进行膨胀时,吸收冷冻水中的热量,释放出大量的冷量,使冷冻水温度下降,而热量被带入膨胀后的冷冻剂中。下降温度后的冷冻水被送入冷冻水泵中,供末端设备使用。

②与冷却水相接的冷凝器室:压缩机将已经蒸发的冷冻剂进行压缩,冷冻剂由气态变为液态,冷冻剂温度升高,压缩机将冷冻剂送到冷凝器中,热量在冷凝器中与冷却水进行交换,使冷却水变热,并将这种"热水"送到冷却水泵中。

图9.57　制冷机

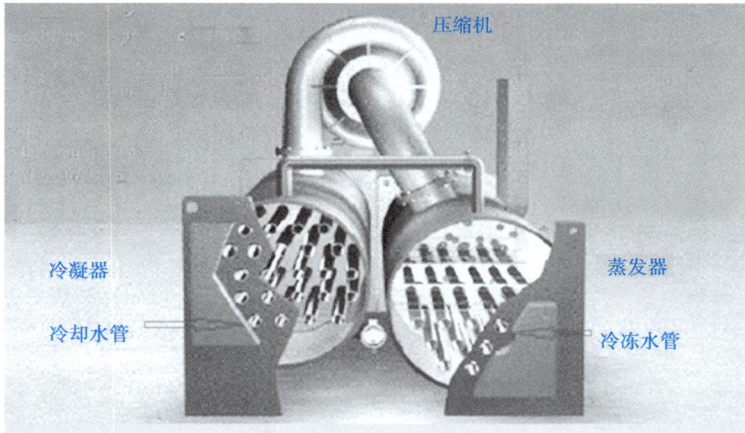

图 9.58　制冷机室

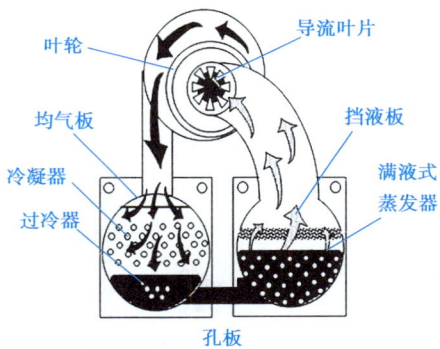

图 9.59　制冷原理

图 9.60　冷却塔

二、冷却塔(图 9.60)

冷却塔是将冷却水中的热量与空气进行交换的设备,可使冷却水降温。这种设备的构成有玻璃钢外壳、风扇、雨淋器、接水盘。工作过程:冷却水经雨淋器由上往下流动,而风扇将空气由下往上抽,并与冷却水进行热量交换。交换后的冷却水回到回水管中。这种设备有一个缺点,就是冷却水会在交换过程中损失,因此冷却水循环过程中要进行补水。

三、空调器

空调器是空调系统中的末端设备,其作用是将冷冻水的冷量传给空气,再将它送入相应大厅的工作室。这里介绍组合式空调器(图 9.61)。

图 9.61　组合式空调器

（1）基本构成（图 9.62）

①送风风机：双进口，机翼型叶片，高静压，大风量，高效率，低噪声

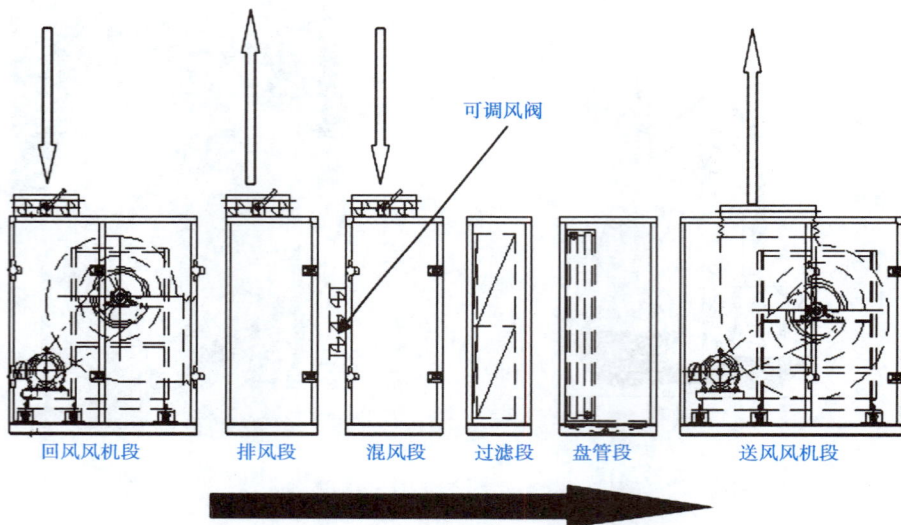

可调风阀

回风风机段　　排风段　　混风段　　过滤段　　盘管段　　送风风机段

图 9.62　基本构成

②回风风机：双进口，前弯叶片，动静平衡校正，运行平稳、低噪声、低振动。

③盘管：T2 铜管，波纹铝片，铜管束错排，机械胀接，换热高效。

④过滤器：压强低，迎风速度小。

⑤箱体：双层结构壁板，多种保温方式。

⑥调节风阀。

（2）空调器的工作过程

制冷机送出的冷冻水接入空调器中的盘管上，室内的回风首先进入回风风机上，经过排风段、混风段后，过滤段与盘管进行热量交换，冷量被交换到空气中，再经送风风机后进入送风管道。这里面有个混风段，这是新风与回风的混合段。部分回风经排风段的出风口，进入排风管道之中。原则上排出多少回风，就应补进多少新风，因此这两个风阀的开度应为一样，而在排风段与混风段之间有一个可调的风阀。这个风阀开度要决定新风与回风的混合比例。

在轨道交通系统中,风机的电机往往被变频电机所取代,因此,可通过对变频电机的控制,实现对冷量交换的控制。

四、盘管风机(图9.63)

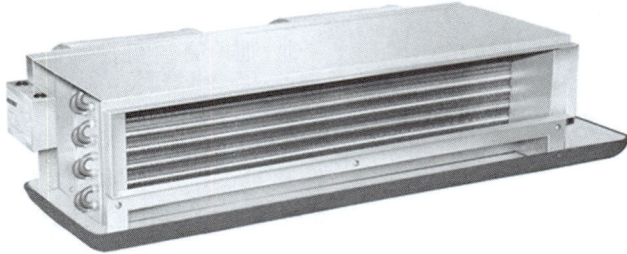

图9.63　盘管风机

这类末端设备多用于独立的小房间中。其基本组成是盘管、风机、出风口和回风口。其工作过程与空调器一样,只是缺少新风调节系统。

五、管道

管道是空调系统冷量传送的主要途径。由于末端设备往往较远,因此对于冷冻水管的供、回水路都要经过保温处理,以减少管道对冷量的损失。而冷却塔与制冷机的距离一般很近,对于冷却水管道一般不经过保温处理。空调保温管道如图9.64所示。

图9.64　空调保温管道

六、水泵(图9.65)

在空调系统中,水泵完成对冷冻水、冷却水的循环过程。由于在轨道交通中,空调的控制体系要由BAS来完成,因此,冷冻水泵电机往往就更换成变频电机。

图 9.65　水泵

问题与防治

在空调系统中,常出现故障点都为系统的末端设备,如盘管风机。其中最多的故障现象是风机不转。处理方法:用万用表检查电机绕组阻值和移相电容是否正常,如果正常,则检查风机控制回路。

知识扩展

空调系统的发展开始从集中控制方式向分散控制方式进行,这主要解决空调系统的冷量损失和响应时间的问题,同时也是节能的一个重要措施。制冷剂方面也逐步取代氟利昂,以减少对大气层的影响。

任务六　通风系统

任务目标

了解风管结构和系统的基本构成。

任务分析

重点及难点:正确区分空调通风和隧道通风。

知识描述

在轨道交通系统中,通风系统一般分为站场通风系统和隧道通风系统。而站场通风将消防排风、空气调节进行了统一的综合设计,以满足在正常情况下和非正常情况下的有效使用。

一、空气调节通风系统

空气调节通风系统主要是通过空调器来完成的,使空调器的出口冷风进入站场大厅。风道分为送风道和回风道,冷空气经风道传送到站场大厅。在大厅中均匀布置冷风出风口,根据冷气体的流动性质,在相应的地方设置回风口。如有些布置为上出风、下回风,也就是在大厅的上部设置出风口,在大厅的下半部设置回风口,如图 9.66 所示。冷气经出风口自然下落进入回风通道,其气流在大厅中成垂直流动。有些布置则按前后水平布局,如图 9.67 所示。这种布置多出现在大厅的顶部。冷气经出风口自然下落一定高度后又升高进入回风通道,其气流在大厅中成水平上部流动。

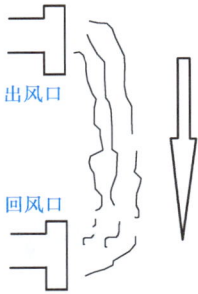

图9.66 上出风、下回风空气流动方向

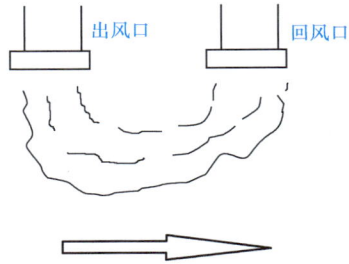

图9.67 空气水平流动方向

通风系统基本构成如图9.68所示。

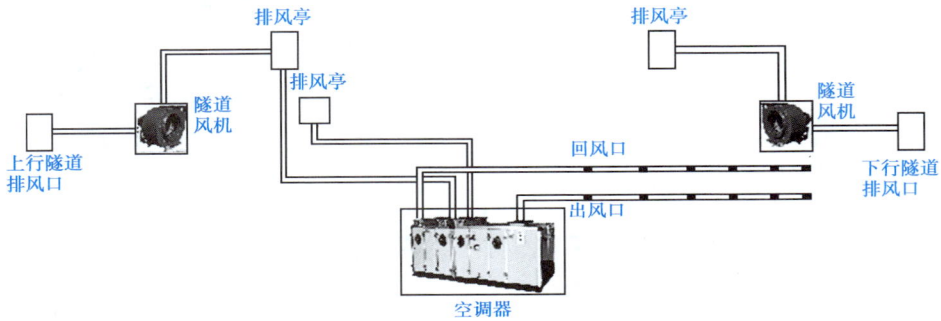

图9.68 通风系统

二、空调通风管道

对于冷气管道(图9.69),为了减少冷量的损失,冷气管道的出风和回风管道都进行了保温处理,以减少冷量的损失。管道保温主要由玻纤保温棉、聚乙烯发泡板(图9.70)等组成。

图9.69 冷气管道

图9.70 聚乙烯发泡板

三、风口

风口材料与形式有很多种,这里介绍两种。
1. PVC 球型喷口
PVC 球型喷口如图 9.71 和图 9.72 所示。

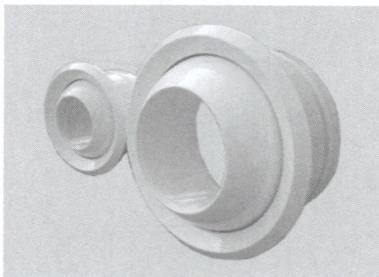

图 9.71　PVC 球型喷口 1

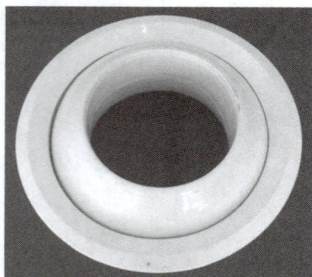

图 9.72　PVC 球型喷口 2

2. 铝合金散流口和回风口
铝合金散流口和回风口如图 9.73 和图 9.74 所示。

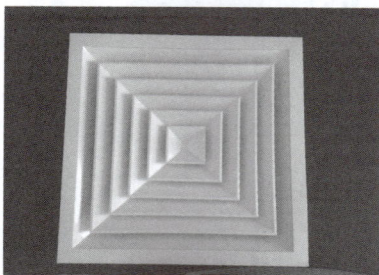

图 9.73　铝合金散流口

图 9.74　铝合金回风口

四、隧道通风

隧道通风是轨道交通中用风量最大的通风系统。站场上的两端都各设了一台大功率风机。风机的正反转受 BAS 系统控制。正转时为正压送风,反转时为负压抽风。

在一个隧道段中,列车由上行往下行开,隧道通风的流动方向应与列车行驶的方向一致。也就是上行车站上的下行风口为正压送风状态,下行车站的上行风口为负压抽风状态。

问题与防治

通风系统中常见故障是风阀不能正常打开,这主要是因为风阀中的电磁阀不能正常工作。检测方法:如果加电后,电磁阀不动作,则电磁阀线圈损坏,一般情况下更换电磁阀或者电磁阀线圈就能解决故障。

知识扩展

管道的保温已经从过去的"白铁皮＋保温棉"方式向保温材料复合型方式发展,管道也由"白铁皮"向"工程PCV"方向发展,材料表面的光洁度也进一步减小了材料的风阻。

任务七 电梯系统

任务目标

1. 了解电梯构成。
2. 掌握电梯的运行过程。
3. 掌握电梯的消防运行。

任务分析

重点及难点:电梯运行控制过程;电梯结构;电梯的保护。

知识描述

电梯是人们生活中必不可少的设备,人们进入宾馆、车站、机场、商场等都会乘坐电梯或扶梯。电梯按运输类别分有载货梯和载人梯。轨道交通系统以载人梯为主。由于轨道交通系统多数以地铁、轻轨运输为主,其站场建设一般在几层层高,因此载人电梯多以扶梯为主。

一、扶梯

扶梯是以运动楼梯的方式,将人从一层运送到另一层的专用设备,其基本结构简单、运送快捷。扶梯的组成有扶梯架、传动轮、导轨、梯级、传送链、疏流板、护板、电动机、控制电路等,如图9.75所示。

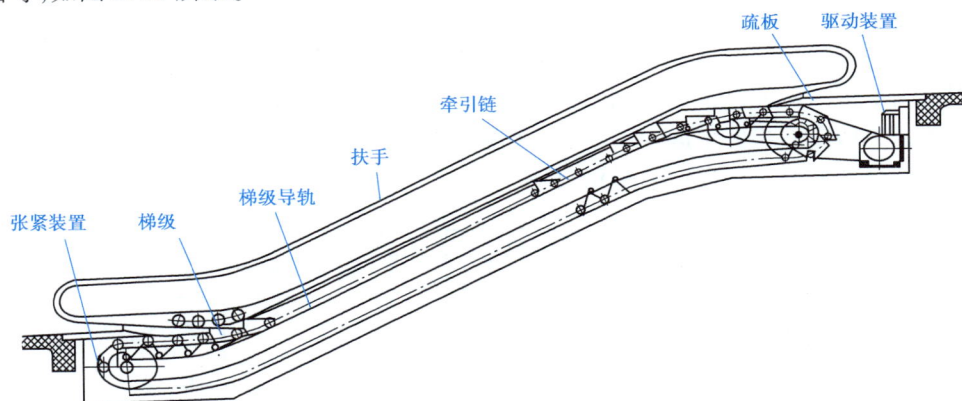

图9.75 扶梯结构

扶梯架是完成输送人员、承受重力的桁架结构,材料以钢型材为主。扶梯的上下两端都有一段水平运送带,中间是斜面运送带;在水平段上有与建筑梁搭接区,搭接宽度一般为300 mm左右。

电动机动能传到传动轮上，由传动轮带动传送链，并带动梯级轮进行运动。梯级轮在导轨中运行。传送带上安装的疏流板用于人员运送。

梯级是扶梯中的主要部件，基本结构包括踏板、踢板、梯级轮等。

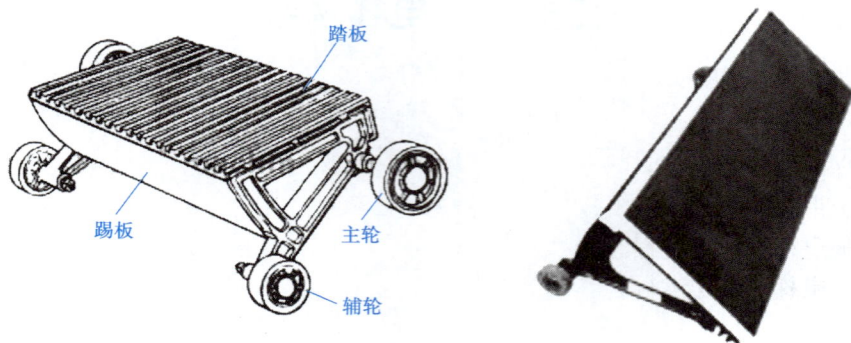

图 9.76　梯级结构

主轮是安装在传送链上的，图 9.77 中 L 是梯级板的宽度。

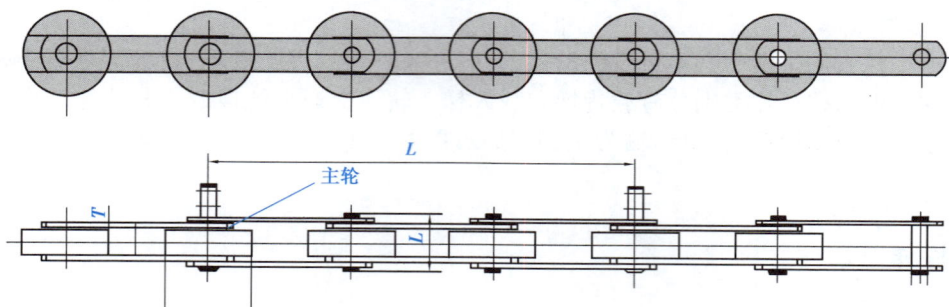

图 9.77　传送链上的主轮

护板是扶梯运行的安全挡板，在护板上有与传送带同步运行的护手带。

控制电路是扶梯运行的控制设备，在早期的扶梯中，只设计出分上下运行的电梯控制电路。如今的扶梯控制增加了智能控制部分。智能控制部分主要以判定扶梯上是否有人为依据。当认定为无人时，电梯进行低速运行，再运行一定的时间，电梯将停止运行。扶梯在消防紧急情况下将停止运行。一般以切断扶梯电源为停止方式。

智能控制部分的工作过程如图 9.78 所示。

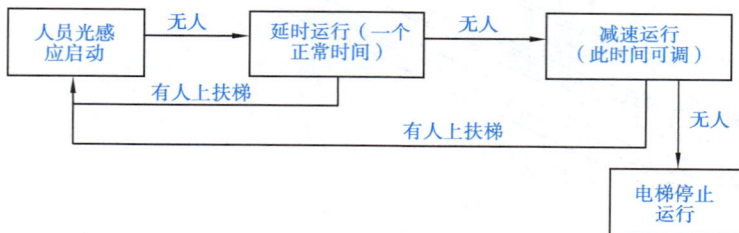

图 9.78　智能控制过程

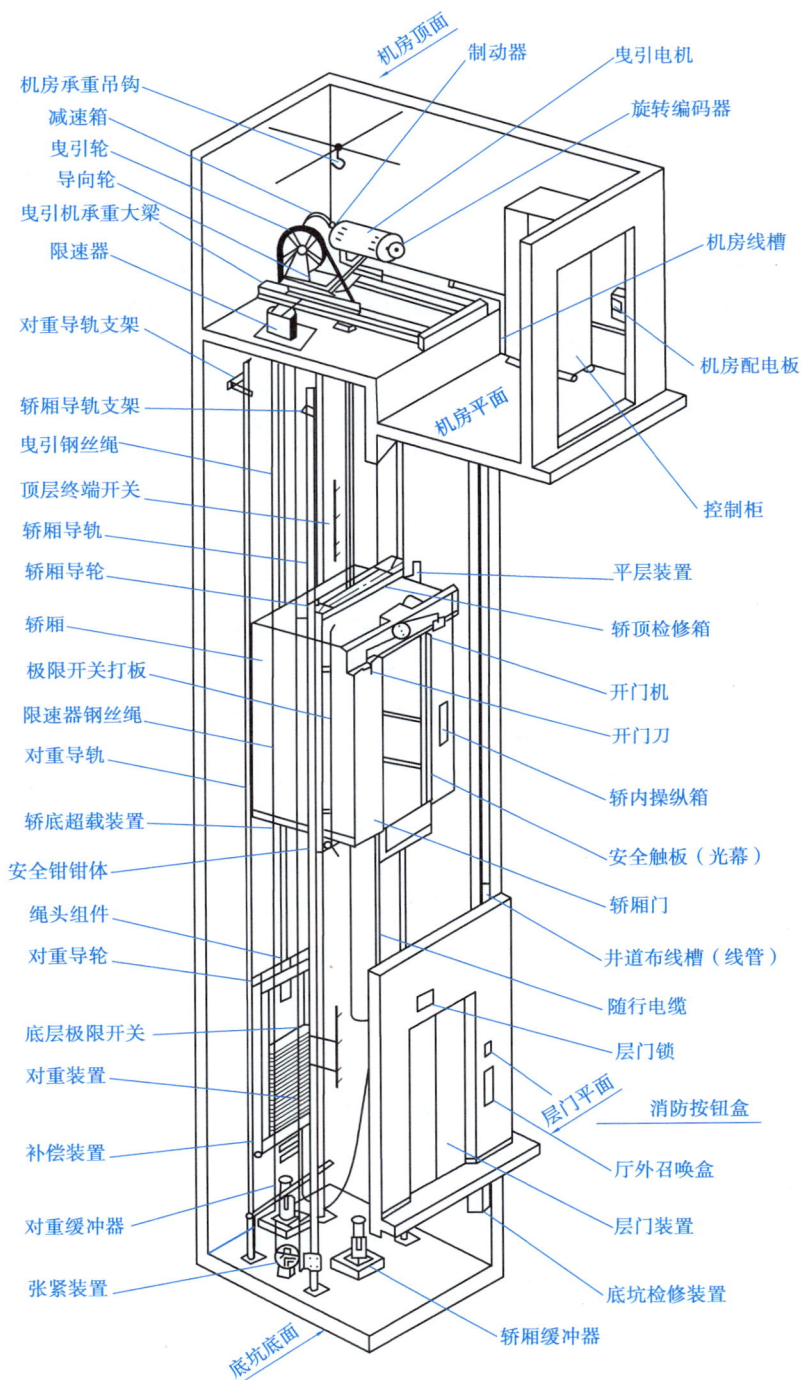

机房顶面　制动器　曳引电机

机房承重吊钩
减速箱
曳引轮
导向轮
曳引机承重大梁
限速器
对重导轨支架
轿厢导轨支架
曳引钢丝绳
顶层终端开关
轿厢导轨
轿厢导轮
轿厢
极限开关打板
限速器钢丝绳
对重导轨
轿底超载装置
安全钳钳体
绳头组件
对重导轮
底层极限开关
对重装置
补偿装置
对重缓冲器
张紧装置
底坑底面

旋转编码器
机房线槽
机房配电板
机房平面
控制柜
平层装置
轿顶检修箱
开门机
开门刀
轿内操纵箱
安全触板（光幕）
轿厢门
井道布线槽（线管）
随行电缆
层门锁
层门平面
消防按钮盒
厅外召唤盒
层门装置
底坑检修装置
轿厢缓冲器

图 9.79　电梯结构

二、电梯

　　电梯是一个具有特种容载装置轿厢、沿着恒定不变的铅垂导轨,在不同水平面间歇运动的用电力驱动的起重机械,它适宜装置在二层以上的高层建筑物内,专供上下运送人员或货物之用。

　　电梯是高层建筑垂直运输的主要工具,但在轨道交通系统中,垂直电梯却是使用较少的设备。由于站场建筑楼层不高,垂直电梯的设置主要是解决残疾人上下楼层的需要。在消防紧急状态下,兼做消防电梯用。

　　电梯结构图如图9.79所示。

　　电梯的结构及其装备可分为机械、电气两大部分。现将组成电梯的主要部件按其安装部位、作用的不同分别加以介绍。

1. 机房部分

　　(1)曳引机

　　曳引机是电梯的起重机构,安装在专用承重钢梁上,其主要由下列部件组成:

　　①驱动电动机。它采用变压变频(VVVF)驱动方式,对电机进行控制。电梯启动时,逆变部分使定子频率从零赫兹按要求上升到额定频率,使转速相应从零速平滑地上升到额定值;电梯停站前,电源频率从额定频率按要求下降,使转速平滑地下降为零速,实现电梯停层,保证了电梯具有良好的舒适感。

　　②闭式型电磁制动器。它只有在制动器通电时松闸,或当电梯停驶时即时制动并保持轿厢位置不变,即制动器通电松闸,关电制动,充分保证工作的可靠性。

　　③减速器。它采用了蜗轮蜗杆减速器或永磁同步驱动技术。蜗轮蜗杆减速器具有承载能力大、驱动平稳等特点,永磁同步驱动具有高效率及低噪声特点。

　　④防振装置。它采用橡胶防振装置安装于曳引机与承重大梁之间,以消除或减小曳引机的振动,提高电梯运行时的舒适感。

　　(2)限速器

　　限速器由限速器的制动装置和张紧装置组成。它通过安全绳索与轿厢连接,把轿厢的运动传递给限速器,并随轿厢速度相应转动,当轿厢的运动速度超过允许的安全速度时,限速器即起作用,其过程分为:

　　①首先通过超速限位开关,切断控制电路。

　　②如果电梯继续超速,则限速器动作带动安全钳或夹绳器动作。

　　③控制屏是电梯电气控制的中心,采用先进的微电子及电力电子元件,用现代的微机技术及变压变频技术对电梯进行电气控制。它在操纵装置的配合下,使电梯正确地实现启动和停止、上行或下行、快速和慢速,以及达到设定的自动功能和安全性能。当按下厅外召唤或轿内指令按钮时,控制系统按原先编制设定的程序,通过输入输出接口电路将信号输入微处理器,根据电梯当时的状态确定电梯的运行,控制屏内装有自动/检修转换开关以及上行/下行按钮,可对电梯实行机房控制。

　　④主开关。它包括轿厢照明、通风;轿顶电源插座;机房照明、电源插座;电梯井道照明;报警装置,该装置装于机房门内。

2. 井道部分

（1）导轨

电梯专用导轨分轿厢导轨和对重导轨，用压导板固定导轨支架面上。当电梯正常工作时，轿厢和对重沿导轨运动，以保持轿厢和对重相应之间及井道壁之间的位置要求。当安全钳起作用时，导轨则起支承轿厢及其负载和对重的作用。

（2）对重

当曳引钢丝绳通过钢丝绳锥套或对重轮加以悬挂，用作平衡轿厢的自重和 45%～50% 的电梯额定载重量。其上下两侧装有导靴，以使其沿着对重导轨上、下滑行。

（3）缓冲器

缓冲器分为弹簧式和液压式两种，且区分为轿厢缓冲器和对重缓冲器，安装在轿厢架及对重架下面的井道底坑内。当轿厢超载 10%，并以限速器允许的最大速度下降时，缓冲器能承受相应的冲击，它是电梯的重要安全部件之一。

（4）井道终端开关

它装在井道的上、下两端站处，由装在轿厢边上的撞弓触动，当电梯到达端站超越正常的停站检测位置时，能自动强迫减速或切断控制回路使轿厢停止运行。

（5）停止开关

底坑设有停止开关，当检修时，人进入底坑前先动作停止开关，切断控制电路。

3. 层门部分

（1）层门

在每一层站处都设有进入轿厢的门——层门，层门上设有门锁，只有当轿厢在该层站时才允许层门开启。层门还装有联锁触头，只有当门扇可靠关闭时才能允许电梯启动。每一层门设有手动开锁的三角锁，当电梯在停电或故障时且轿厢在平层区域内，可手动开锁，强制开门。而在运行中严禁开锁，用户应派专人负责保管三角钥匙。

（2）召唤按钮

召唤按钮装在每站层门旁，分单钮和双钮两种。上、下端站用单钮，中间层站用双钮，基站或底层召唤按钮盒面板上还可设置钥匙锁，可作控制上、下班性质电梯开锁使用。此锁打开时，当按下某站上行或下行按钮时，即把召唤信号输入电梯控制系统，使之接受召唤要求，同时，轿内照明、通风装置打开。此锁关闭时，电梯控制电路、轿内照明、通风装置电路都断，电梯关闭和停用。两台电梯并联时，中间层站召唤换钮盒合一使用，揿按上或下按钮，任一电梯自动应答。

（3）层门指层灯

层门指层灯装设在每一层站的上面（横式）或旁边（直式），或同召唤盒结合在一起，面板上有表示停站层楼的数字及表示运行方向的指示，数字表示轿厢在井道中的位置，亮的箭头指示的电梯正在运行的方向。当多台并联或控制时，仅用方向指示灯。电梯运行时，亮的箭头指示出正在运行的方向，电梯到达与否通过到站钟进行提前预报。

4. 轿厢部分

（1）轿厢

轿厢是电梯的载客装置，它由曳引钢丝绳通过钢丝绳锥套或轿顶轮加以悬挂，通过安装在轿厢架上下两旁的导靴沿着轿厢导轨进行垂直滑移运行。电梯轿厢内设有轿厢门、选层器、紧急呼叫电话(三方通话)、照明(在装饰吊顶上面)、通风装置(风扇或风机)、应急照明(停电时自动点亮,可使用1h),轿底设有超载或称量装置,轿顶设有紧急上人的安全窗(当窗打开时,切断控制电路)及检修盒,轿架设有安全钳钳体、联动装置、停平层装置等。

轿门门机采用直流伺服电动机进行驱动,利用调速系统进行调节,其作用是根据控制信号实现自动开启或关闭轿厢门(并通过门刀带动层门)。电梯正常运行时,只在当轿厢门可靠关闭时才能允许电梯启动,而一旦当门扇开启时在运行中的轿厢就立即停止运动。在轿厢自动门的门沿上装有可活动的安全触板或光电设施,当关门过程中安全触板接触到障碍物或光束受阻时,则由安全触板的联锁触点或光电开关起作用,使轿厢门立即停止,并迅速反向开启,防止夹人等事故发生。

轿门的控制流程如图9.80所示。

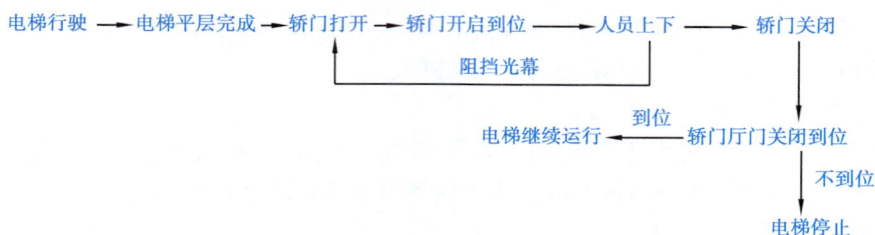

电梯行驶 ⟶ 电梯平层完成 ⟶ 轿门打开 ⟶ 轿门开启到位 ⟶ 人员上下 ⟶ 轿门关闭

阻挡光幕

电梯继续运行 ⟵ 轿门厅门关闭到位 (到位)

(不到位) 电梯停止

图9.80 轿门控制流程

(2)安全钳

安全钳装置在轿厢架下梁两旁。当电梯轿厢超速下降时,限速器将安全绳索卡住拉动拉杆臂通过杆系使两旁安全钳块动作,安全钳即起作用而使轿厢被夹住在导轨上,同时安全钳开关也略超前作用,断开控制电路,使电梯停止运行。若在电梯井道底坑下设有地下室或通道时,对重架也应设置安全钳。

(3)选层器

选层器装设在轿厢内的轿厢门侧面,主要是借按钮组实现选层、开门、关门等。在选层器箱内还装有安全开关(停止开关或钥匙开关)、慢速检修开关等应急按钮,以及风扇、照明等开关。

(4)轿内指示灯

轿内指示灯一般设在轿厢门上面,也有同操纵箱结合在一起,面板上有停层站数及运行方向的指示灯,亮的数字表示轿厢目前在井道所处的位置,亮的箭头表示电梯目前的运行方向。

(5)停平层感应器

该装置是磁控或光控感应器,设置在轿厢架顶,由装在井道内各层站的插板触发,为控制系统提供层区平层信号,使电梯正确地实现停层动作。

(6)紧急呼叫系统

紧急呼叫系统主要指在电梯出现紧急情况后进行呼叫的专用电话。它通话的地点一般设为电梯机房、轿厢、轿厢底,但在实际的使用中存在一定的局限性。

5. 消防紧急情况

在消防火警情况下,消防自动报警系统会给电梯控制柜送入一个信号,使电梯就进入消防紧急状态。此状态下,电梯首先由正常运行转入消防运行状态,电梯由任何一层直接回到一层,并打开电梯门,待消防人员到达后,转入司机状态,方能运行。在消防状态下,电梯只供消防人员使用,其他人员一律走消防楼梯。

问题与防治

电梯中常见故障是电梯门不能正常开闭,从而使安全回路不能闭合。这里面有两个行程开关容易出现问题,一是梯门行程开关,二是厅门行程开关。这两个开关都可能因为长时间的工作发生行程位移和触点机械疲劳使行程开关不能正常开闭,解决方法是调整行程位置和更换行程开关。

知识扩展

电梯系统也是计算机控制的典型设备,系统中最为关键的技术为变频技术。变频技术中有两个设备,一是 VVVF 变频器,二是变频电动机。现代电梯的智能发展主要以非接触 ID 卡的结合,从而实现"是什么人,进什么楼层"的目的。

任务八　低压配电与照明系统

任务目标

1. 了解低压配电与照明系统的基本构成。
2. 了解双电源切换箱。
3. 了解照明灯具和新光源。

任务分析

重点及难点:一般用电与消防用电(紧急状态)的区分;引导照明系统。

知识描述

轨道交通供电一般取自城市电网,且大部分为城市电网一级负荷,要求比较高,以确保供电的可靠性。城市轨道交通供电系统包括外部电源、主变电所、牵引供电系统、动力照明供电系统、电力监控系统。其中,动力照明系统提供车站和区间各类照明、自动扶梯、风机、水泵等动力机械设备电源和通信、信号、自动化等设备电源,它是由降压变电所和动力照明配电线路组成的。

一、负荷分级

低压配电与照明系统的用电负荷按其不同的用途和重要性分为一、二、三级负荷。

一级负荷:应急照明、变电所操作电源、火灾自动报警系统设备、消防水系统和通风系统设备、地下站厅/站台应急照明、引导指示照明、通信系统设备、信号系统设备、电力控制系统设备、环境与设备监控系统设备、自动售检票系统设备、消防电梯、屏蔽门、卷帘门。

二级负荷:地上站厅/站台照明、附属房间照明、出入口通道照明、普通风机及其电动阀门、污水泵、自动扶梯、电梯、维修电源等。

三级负荷:空调制冷及水系统设备、广告照明、电开水器、电热设备、清洁设备等。

二、低压配电中的双回路二母段供电方式(图9.81)

在轨道交通配电系统中,其负荷也分为了三级,其中一、二级负荷为一个母线段,在一、二级母线段上出一个回路到三级负荷母线段上,并经过一个开关。这个开关在消防紧急情况下能切断所有的三级负荷。

在一、二级负荷母线段上,按一个变压器负责一个母线段的原则,实现在一、二级负荷终端(双电源切换箱)的双回路供电(消防规范要求)。

对于三级负荷分配,是从一、二级母线段上出一路到三级负荷母线段上,再进行负荷分配。在消防紧急情况下,能切断所有的三级负荷。

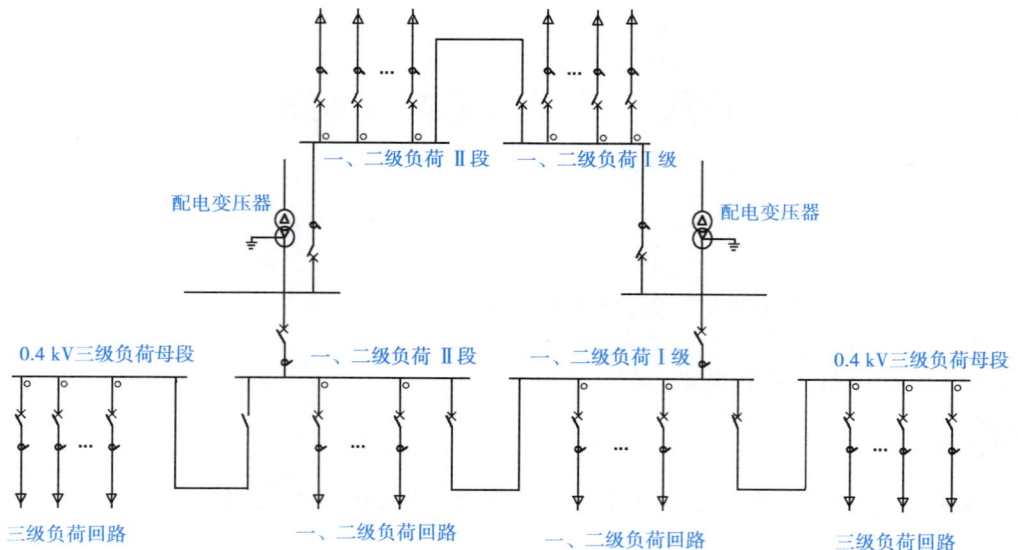

图9.81 双回路二段供电方式

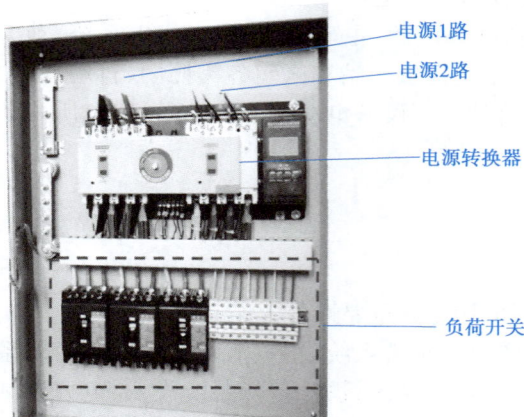

图9.82 双电源切换箱

三、双电源切换箱(图9.82)

在一、二级负荷中,都要在末端负荷分配中实现双电源的自动切换,以提高用电的可靠性。其双电源切换工作过程:当一路电源掉电时,控制装置会自动转换到另一路电源。在切换后端再实现负荷分配。

双电源自动切换箱工作过程:当正常供电回路断电后,切换箱会自动切换到备用回路上,一旦恢复正常供电后,切换箱又自动切换到正常供电回路中。

四、三级负荷配电箱

三级负荷就是一般性负荷,配电箱的空气开关根据用电回路的负荷大小而设置。配电箱中不仅有空气开关,还有 N 线接线母排和 PE 接线母排。

常用的配电箱如图9.83所示。

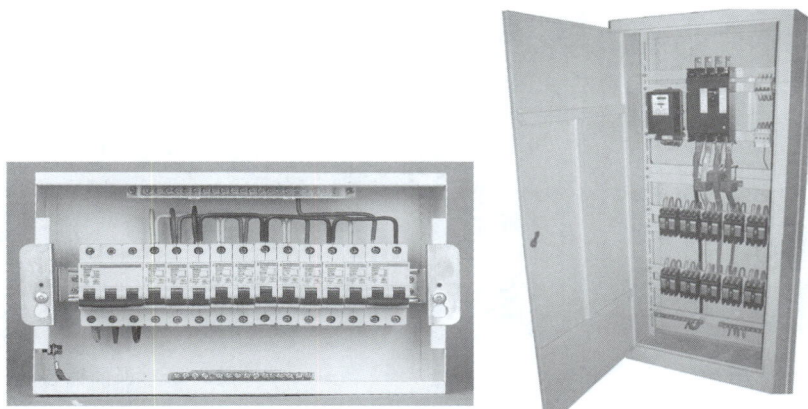

图9.83　三级负荷配电箱

五、引导照明系统

引导照明实际上是由许多盏灯箱组成,只是这种照明被规定为1级负荷。由于轨道交通系统中人员流向比较固定,因此采用固定引导标志。引导标志分为顶面引导、侧面引导、地面引导和图形引导。在消防紧急情况下,对出口引导可以采用灯光闪烁引导。

地面标志、侧面标志、顶面标志、图形标志分别如图9.84至图9.87所示。

图9.84　地面标志

六、照明灯具

在轨道交通系统中,灯具主要采用的是日光灯具,其形式分为格栅灯、光带形式、灯箱形式等。其光源尽量采用冷光源,个别的地方可以采用白炽光源。随着科技进步,因为LED光源有寿命长、节能的优点,因此许多企业越来越多地采用LED光源。

光带、格栅灯、LED光源、灯箱分别如图9.88至图9.91所示。

图 9.85　侧面标志

图 9.86　顶面标志

图 9.87　图形标志

图 9.88　光带

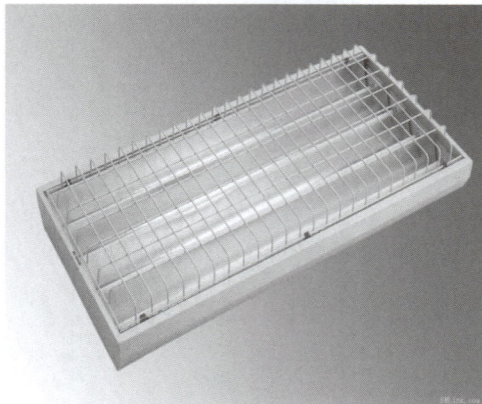

图 9.89　格栅灯

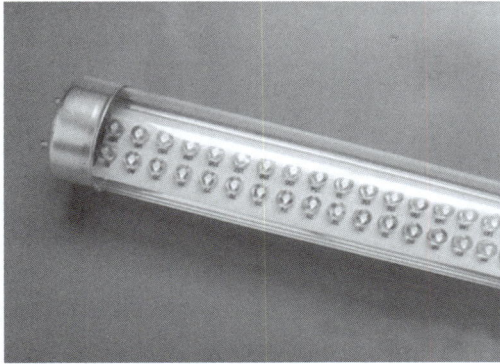

图 9.90　LED 光源

图 9.91　灯箱

问题与防治

在低压照明系统中,故障最多的是灯具故障和空气开关故障。灯具中主要的两种故障是灯管失效和整流器失效,原则上可通过更换灯管与整流器的方法来解决。空气开关故障也是通过更换来解决。因此解决的最佳途径是使用质量较好的灯具和开关。

知识扩展

在照明系统中,以节能为目的 LED 照明灯具是当今照明灯具的发展主流。LED 灯具以节能、寿命长为主要特征。

任务九　PSD 屏蔽门系统

任务目标

1. 了解 PSD 构成。
2. 了解 PSD 控制过程。
3. 了解 PSD 的消防运行过程。

任务分析

重点及难点:PSD 控制过程;PSD 的组成。

知识描述

一、屏蔽门的构成

屏蔽门(PSD)(图 9.92)是安装于站台边缘用以将站台区域与轨道区域隔离开来的一系列自动控制的滑动门组成的屏障,是站场重要的安全设施。

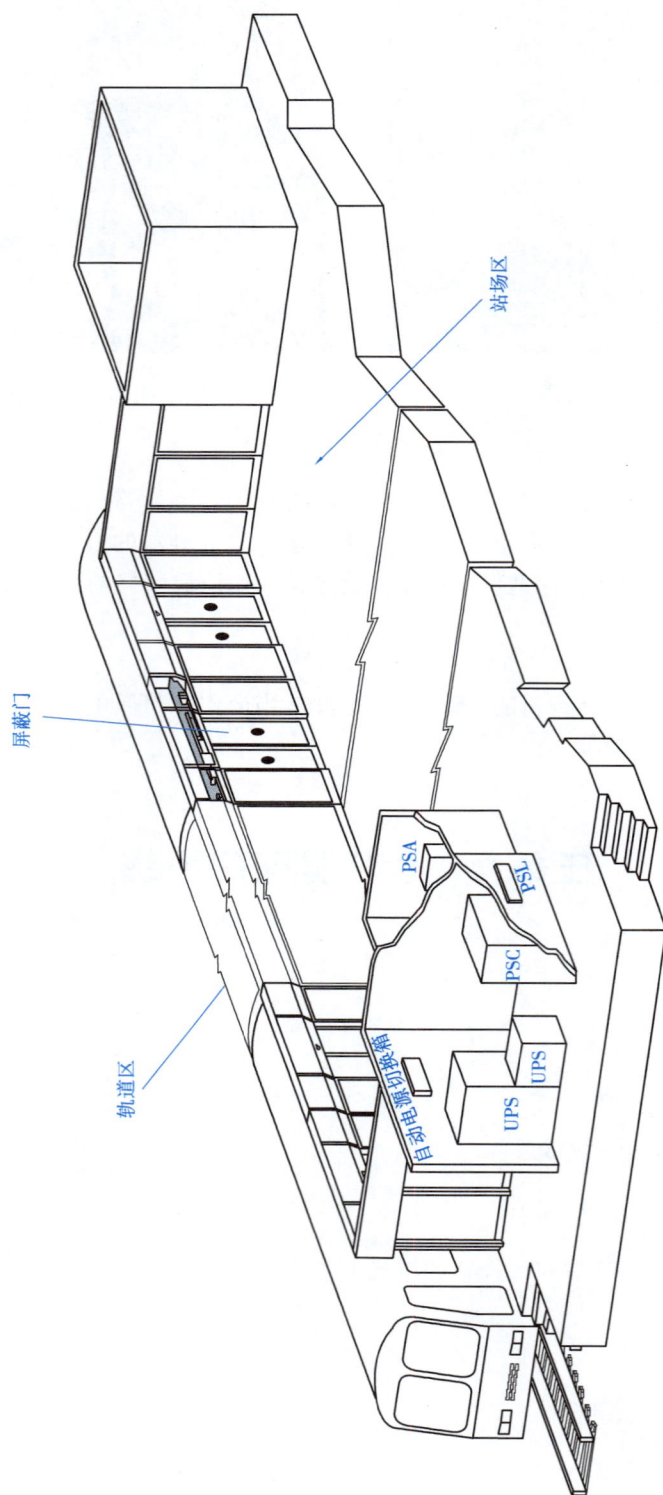

图9.92 屏蔽门示意图

站场区

屏蔽门

轨道区

自动电源切换箱

PSA

PSC

PSL

UPS

UPS

站场屏蔽门的组成如图9.93所示。

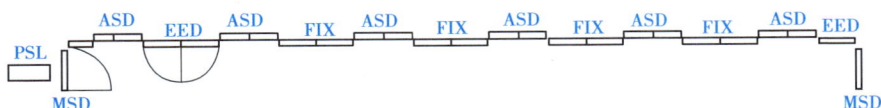

图 9.93　站场屏蔽门的组成

ASD—滑动门；EED—紧急出口门；FIX—固定玻璃；MSD—端门；PSL—就地控制盘

标准门单元的基本尺寸如图9.94所示。

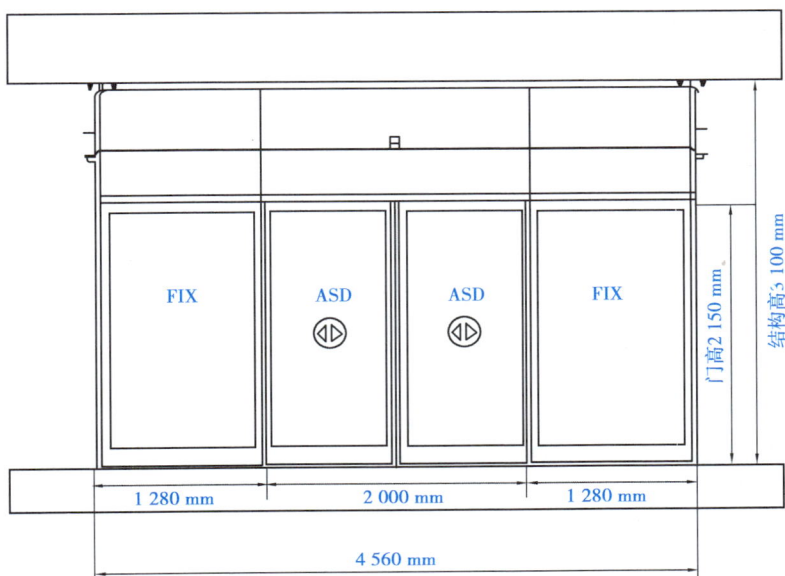

图 9.94　标准门单元的基本尺寸

但在实际的过程中，滑动门之间的中心线距离应与列车门之间的中心线距离一致。如果有出入，可调整固定门的宽度。

在门高 2.15 m 到 3.1 m 是屏蔽门传动和控制机构的置放空间，如图9.95所示。

图 9.95　屏蔽门传动和控制机构置放空间图

二、屏蔽门的控制系统

屏蔽门控制设备主要分布在机房、站台、车控室。

在屏蔽门机房中，主要有隔离变压器、控制 UPS 电源、蓄电池柜、中央接口盘（PSC）、屏蔽门操作指示盘（PSA）。

屏蔽门控制系统的基本构成如图 9.96 所示：控制系统主要由两大部分组成，一是电源部分，二是信号控制部分。

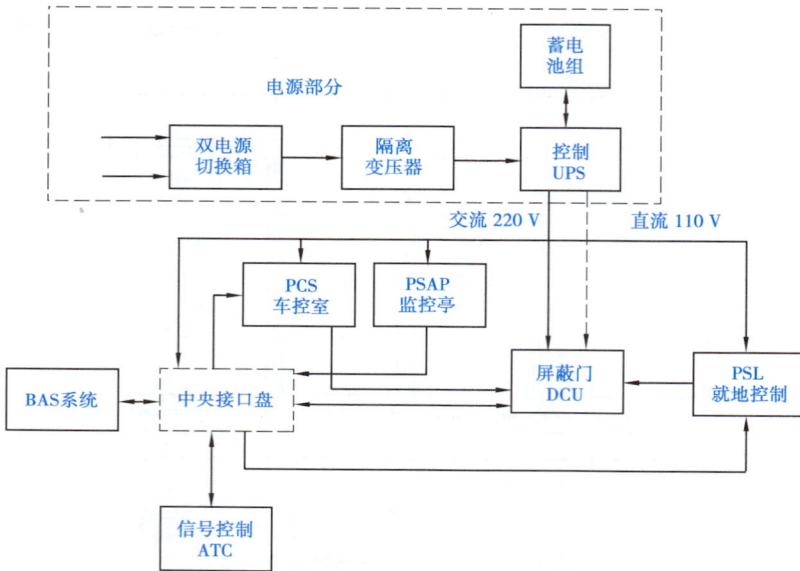

图 9.96　屏蔽门控制系统

（1）电源部分

前面已经介绍过双电源转换箱，电源经过双电源控制箱后进入隔离变器，隔离变器是 1∶1 的变压器，其目的是隔离交流电源带的干扰信号，为 UPS 提供"干净"电源。

图 9.97　隔离变器

图 9.98　UPS

UPS 主要完成整流、浮充、停电切换等功能。其电压输出有两个等级,第一个是交流 220 V,第二个是直流输出 110 V。当双电源切换箱不能正常输出交流电压时,UPS 电源自动切换至蓄电池供电。电池组电压为直流 110 V。

（2）信号控制部分

在屏蔽门控制室中,中心控制设备是中央接口盘 PSC。它对下连接的设备有:就地控制盘 PLS,布置在机车停靠处;屏蔽门状态报警盘（PSAP）,安装在站台的某一个地方;屏蔽门操作控制开关（PCS）,安装在车控室的 IBP 盘上,PSC 上接环控系统（BAS）和信号系统（ATC）。

中央接口盘是屏蔽门的主要控制单元,其方式有两种:一种是用 PLC 工控设备进行控制,另一种是以继电控制方式进行控制。在中央接口盘上还设置了显示屏,用于屏蔽门状态显示、故障显示、设备检测显示和控制操作显示等。

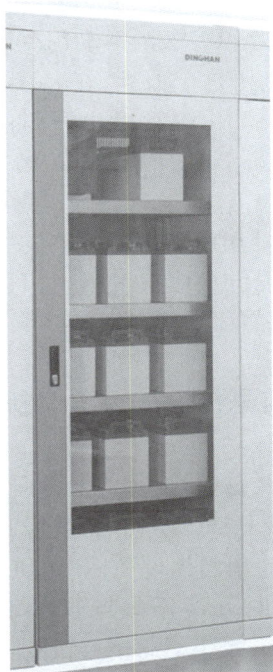

图 9.99　UPS 电池组

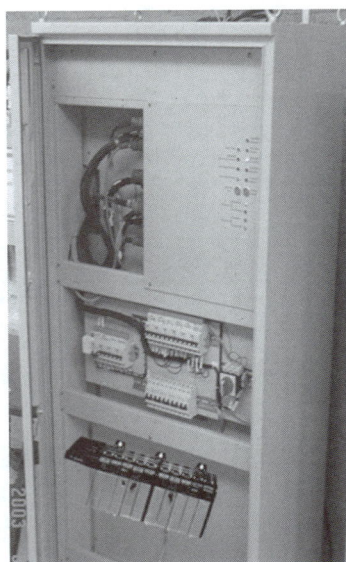

图 9.100　中央接口盘

系统的控制过程:在正常情况下,由 ATC 信号控制装置向 PSC 发出开关门指令,PSC 向 DCU 屏蔽门发出开关指令。当 DUC 接收到指令后,控制直流电机运行。在开门时按一个速度进行开门,在关门时按两个速度进行关门。

DUC 不仅是执行指令的单元,它同时要向 PSC 发出屏蔽门开与关的状态。在不能开门的紧急情况下,司机可在就地盘 PSL 上操作开关门,同时在车控中心室的 IBP 盘上（PCS）也可做相应的操作。

（3）屏蔽门执行机构

屏蔽门执行机构主要是指在门的上方安装的直流驱动电机,其传动部分一般有两种形式,一种为皮带传动,一种为螺杆传动。这时介绍的是螺杆传动装置。

图 9.101　DCU

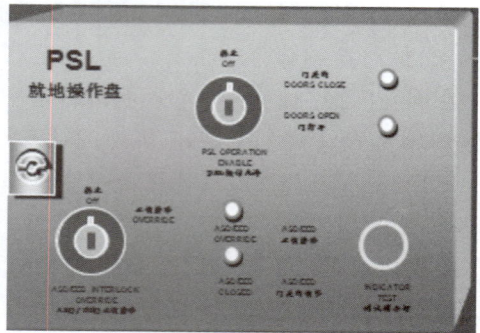

图 9.102　PSL

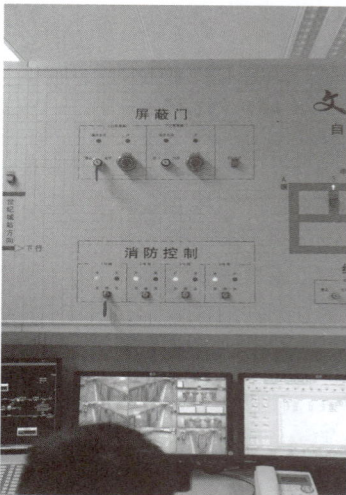

图 9.103　IBP

电机的执行电压为 110 V,当滑动门受阻,直流电机的工作电流会增高,基于这个原理,在 DCU 中发出门阻故障信号给 PSC,PSC 又向 DCU 发出开门信号,以此自动重复三次后,门机处于打开状态,供相关人员进行处理。

螺杆是直流电机带动滑门进行运动的装置,螺杆是硬性连接,但它的行程位置比皮带精确,只是在特殊情况下,容易损坏滑门装置。

三、屏蔽门的状态信号传输与消防控制

屏蔽门的状态信号是通过 DCU 设备向 PSC 设备发出,而 PSC 又向上一级 BAS(或者综合监控 ISCS)发出开关门状态信号。当某一扇门出现故障时,DCU 也会向上一级发出故障信号,以提醒相关人员及时进行处理。平时 BAS 不参与屏蔽门的正常处理过程,只对屏蔽门进行监控。只有在消防紧急情况状态下才会下达指令,让所有的屏蔽门打开。

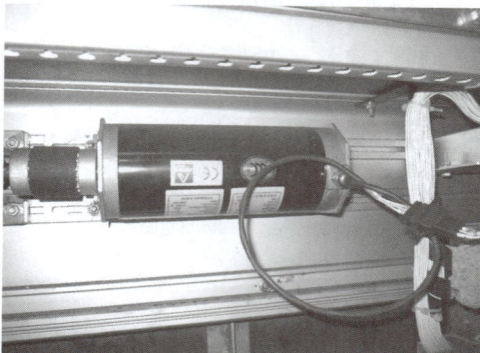

图 9.104　直流驱动电机

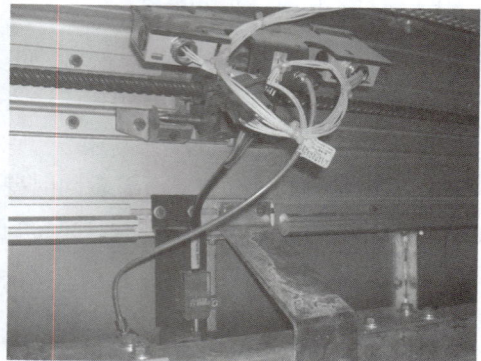

图 9.105　螺杆式传动机构

在车控室里,我们能够在环控工作站的显示器上看到屏蔽门的状态。

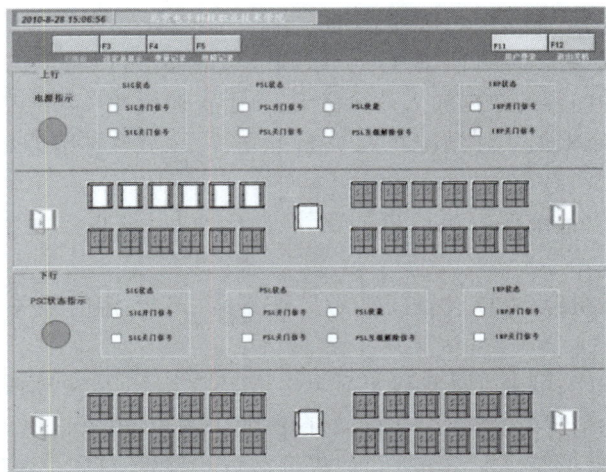

图 9.106　BAS 监控

问题与防治

屏蔽门故障主要出现在屏蔽门开启和关闭不到位而引起屏蔽门处理故障状态。其主要原因有屏蔽门传动机构故障和屏蔽门行程开关故障。

传动机构故障中,一是直流电机故障,二是传动机构"卡死"。解决方法是更换电机和调整机械结构。

在行程开关故障中,多数因机械疲劳而引起,应更换行程开关。

知识扩展

屏蔽门是轨道交通系统中的安全设施。因为屏蔽门"开关"次数较多,门的机械性能和电气性能就显得极为重要。特别是机械性能,在频繁地使用中会造成故障率的提高。

任务十　门禁系统

任务目标

了解门禁系统的构成和工作过程。

任务分析

重点及难点:识读卡的工作原理。

知识描述

门禁系统是最近几年才在国内广泛应用的又一高科技安全设施之一,现已成为现代建筑的智能化标志之一。在越来越注重规范管理和安全的今天,越来越多的企业采用了这一系统。门禁系统有以下几个方面的功能。

①保安管理功能:可以设置使用人的权限和进出时间,可以将使用人的姓名、年龄、职务、相片等多达18种内容的数据输入计算机中,便于查询统计及验证身份;

②考勤功能:可以根据实际情况将人员编组分类,针对各种节假日、工作日进行考勤记录;

③巡更功能:可以记录保安员巡更的路线、时间,以及巡更点发生的事件,如房门损坏、电梯故障等;

④多种门禁方式组合:可以设置门锁为只进不出、长开、定时开关等多种功能及各种组合;

⑤应急及统计功能:可以在计算机上显示出指定持卡人所处的物理位置,便于及时联系。发生火警等紧急情况时,防火门会自动打开,便于逃生,出入口也可以自动打开;当发生非法进出时,会自动报警。本系统还可以根据客户的需要,打印出各种统计报表。

一、门禁系统的基本构成

在轨道交通系统中,其性质是线长点多,因此需要进行长距离联网,加之本系统中通信网络系统为以太网通信方式,因此借助于这个网络可完成全线或者全系统中的门禁系统连接。

门禁系统中的主要设备有控制器、门磁(或者电控锁)、读卡器、出门开关、交换机、工作站(管理终端)、ID卡、网络连接线等,如图9.107所示。

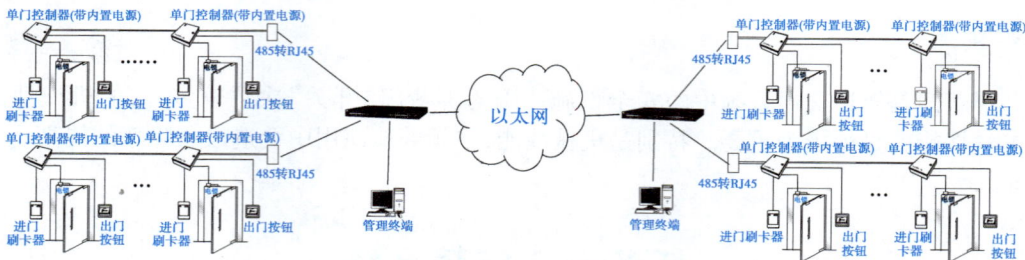

图9.107 门禁系统示意图

系统的工作过程:首先通过专用软件将新卡片持有者信息和卡片编号写入管理终端机中,管理终端再将卡片分配的级别来决定开对应的控制器上,而管理机再将数据下发到对应的控制器上。当卡片持有者将卡对对准读卡器上,控制器判断出该卡片是否"合法",如果"合法",则打开电磁锁并延时一段时间;反之,则不能打开门磁。

二、控制器

门禁控制器是门禁系统的中枢,就像人的大脑一样,里面存储了大量相关人员的卡号、密码等信息,这些资料的重要程度是显而易见的。另外,门禁控制器还负担着运行和处理的任务,对各种各样的出入请求作出判断和响应,其中有运算单元、存储单元、输入单元、输出单元、通信单元等。它是门禁系统的核心部分,也是门禁系统最重要的部分。

控制器电源部分:可以包含在控制器中,也可以是专门的整流电源(其一台电源设备供应多台控制器)。而在交流 220 V 中,要根据本控制器负荷等级来决定供应交流电的级别。

控制器常用的接口如图所示:485 通信口、读卡器接口(进和出)报警接口、电控锁接口、电源接口、按钮接口、门磁接口、火警输入接口、RJ45 接口。

三、门磁

门磁是门控系统中的主要设备,它用于是否打开门的执行元件。门磁在通常情况下处于加电状态,使门磁铁芯带磁,从而吸住门上的铁板,使门不能打开。这种门磁要与弹簧门配合使用。门磁的工作电压为直流 12 V,容许开门后,门磁断电,门打开。

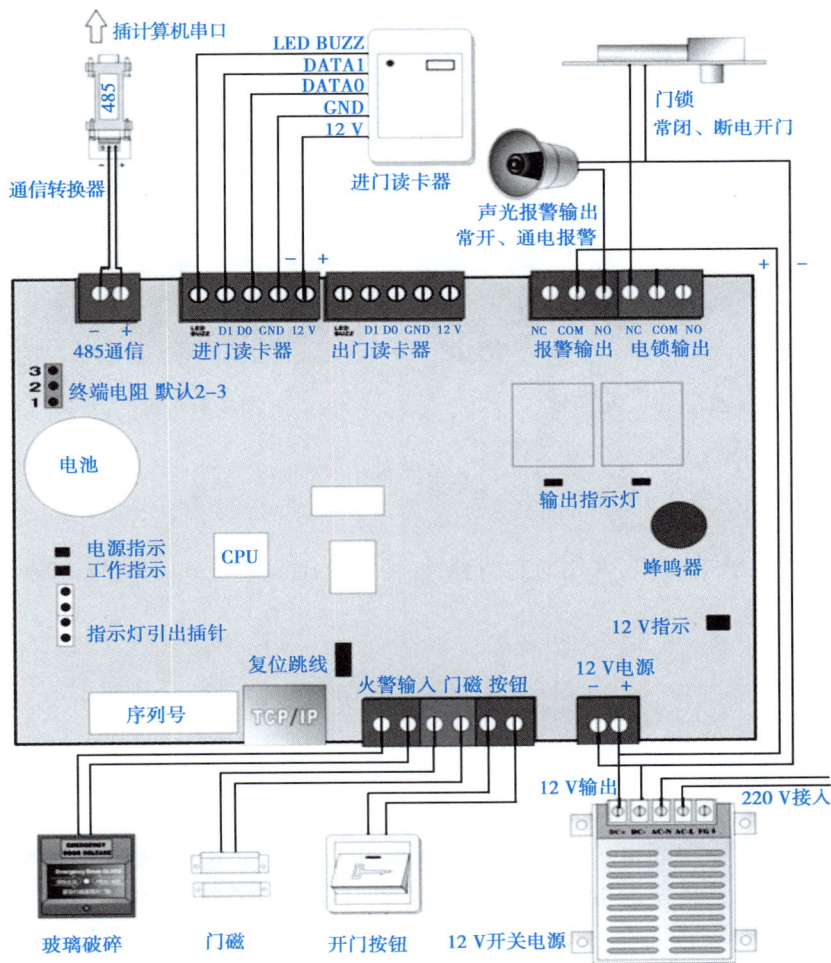

图 9.108　门禁控制器

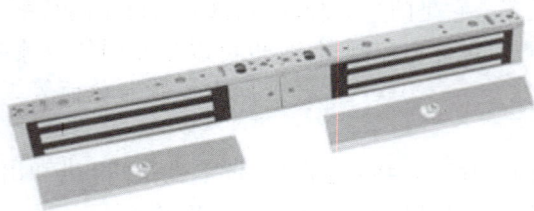

图 9.109　门磁

四、电控锁

电控锁也是门控中的设备,同样用于是否打开门的执行元件。电控锁在通常情况下处于断电状态,电控锁靠机械装置工作,就如一般常用的弹子锁。当容许打开后,电控锁加电,使锁芯插销动作并打开门。电控锁的工作电压为直流 12 V。

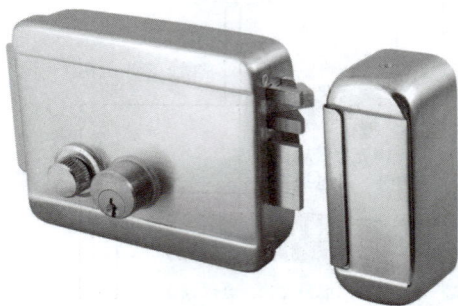

图 9.110　电控锁

图 9.111　按钮开关

五、按钮开关

按钮开关的形式有很多,常用的有两种,一种是常闭式按钮开关,用于门磁,另一种是常开式按钮开关用于电控锁。

六、读卡器

读卡器是我们进行门识别的专用设备,它的种类很多,有 ID 读卡器、IC 读卡器和磁条读卡器。由于在轨道交通系统中,多使用 ID 读卡器,因此,这里只介绍 ID 读卡器。

读卡器向 ID 发一组固定的 125 MHz 电磁波,卡内有一个 IC 串联谐振电路,其频率与读写器的频率相同,这样便产生电磁共振,从而使电容内有了电荷,在电容的另一端接有一个单向通的电子泵,将电容内的电荷送到另一个电容内储存,当储存积累的电荷达到 2 V 时,此电容可作电源为其他电路提供工作电压,将卡内数据发射出去或接收读写器的数据。

图 9.112　读卡器

图 9.113　ID 卡

七、非接触式 ID 卡

ID 卡即为 THRC12/13 只读式非接触 IC 卡,它靠读卡器感应供电并读出存储在芯片 EEPROM 中的唯一卡号。卡号在封卡前一次写入,封卡后不能更改。无源和免接触是该芯片两个最突出的特点,射频接口电路是关键的核心技术,它从读卡器接收射频能量,为芯片产生电源和时钟,并采用相移键控和加载调幅等技术实现卡与读卡器间的无线通信。

非接触式 ID 卡与 IC 卡不同的地方是,IC 卡可以写入数据。其应用在许多消费网络系统中。ID 卡的两面可以做成工作卡面。

八、门禁系统管理软件

门禁系统的管理软件由设备供应商提供,软件主要完成以下功能:

①建立卡主信息,分配卡主的使用权限,即"什么人进什么门",达到科学管理的目的。

②下达卡号信息给控制机,为控制机的判断提供依据。

③收集门禁读卡器信息,为分析人员流动提供依据。在安全级别较高的办公环境,往往要将出门的按钮改成出门的读卡器。

九、门禁与 BAS 的联动

在消防联动中,其控制方式有两种:一是断掉控制器的工作电源,使门磁失去工作电压,从而打开门;二是电控锁是靠提供开门电压的方式开门,因此为这类锁具要由 BAS 提供开门的电压信号,使电控锁在消防状态下始终处于开门状态。

问题与防治

在门禁系统中,多数故障出现在读卡器中和 ID(IC)卡中,电磁锁和电控锁故障都非常少,卡片故障较多,主要是卡片中储能电路失效而引起不能正确读卡,解决方法是更换卡片。读卡器也是系统中的主要故障,原则上更换读卡器就能解决故障。判断二者故障原因的方法很简单,用多张卡进行读卡操作就能判定。如果都不能读,则是读卡器故障;反之,则是卡片故障。

知识扩展

门禁系统也是计算机控制的一个典型。在这套系统中,最为关键的是使用的卡。一卡多用是卡发展的主要方向,如门禁与停车场和消费(就餐)等。

本单元小结

本单元共讲述了站场设备十大系统:站场低压供电系统、低压照明配电系统、给排水系统、FAS消防报警系统、BAS环控系统、空调设备系统、通风系统、电梯系统、门禁系统、SPD屏蔽门系统。这十大系统中以BAS控制系统为空调设备系统、通风系统、消防系统等的上层控制。而BAS又是以工业计算机网络控制体系为基础,因此在以后的学习中,应该着重学习计算机网络传输控制理论。本单元只是抛砖引玉,让学者对站场上的设备有个初步的了解。

参考文献

[1] 林瑜筠. 铁路信号基础[M]. 北京：中国铁道出版社,2006.

[2] 林瑜筠. 城市轨道交通信号[M]. 北京：中国铁道出版社,2008.

[3] 孙有望,李云清. 城市轨道交通概论[M]. 北京：中国铁道出版社,2000.

[4] 傅世善. 闭塞与列控概论[M]. 北京：中国铁道出版社,2006.

[5] 孙章,蒲琪. 城市轨道交通概论[M]. 北京：人民交通出版社,2010.

[6] 毛保华. 城市轨道交通系统运营管理[M]. 北京：人民交通出版社,2006.

[7] 何宗华,汪松滋,何其光. 城市轨道交通运营组织[M]. 北京：中国建筑工业出版社,2003.

[8] 鹿国庆,等. 城市轨道交通概论[M]. 北京：中央广播电视大学出版社,2010.

[9] 张国宝. 城市轨道交通运输组织[M]. 北京：中国铁道出版社,2000.

[10] 耿幸福,徐新玉. 城市轨道交通行车组织[M]. 北京：人民交通出版社,2010.

[11] 胡耀华. 信号继电器及检修[M]. 北京：中国铁道出版社,1999.